# 理论的终结

## 金融危机、经济学的失败与人际互动的胜利

〔美〕理查德·布克斯塔伯（Richard Bookstaber） 著

何文忠 颜天罡 译

中信出版集团·北京

图书在版编目（CIP）数据

理论的终结 /（美）理查德·布克斯塔伯著；何文
忠，颜天罡译 . -- 北京 : 中信出版社 , 2018.5
书名原文 : The End of Theory
ISBN 978-7-5086-8827-5

Ⅰ.①理… Ⅱ.①理… ②何… ③颜… Ⅲ.①经济学
－研究 Ⅳ.① F0

中国版本图书馆 CIP 数据核字〔2018〕第 062929 号

The End of Theory

理论的终结

著　　者：[ 美 ] 理查德·布克斯塔伯
译　　者：何文忠　颜天罡
出版发行：中信出版集团股份有限公司
　　　　　（北京市朝阳区惠新东街甲 4 号富盛大厦 2 座　邮编　100029）
承 印 者：中国电影出版社印刷厂

开　　本：787mm×1092mm　1/16　　　印　张：20.75　　字　数：300 千字
版　　次：2018 年 5 月第 1 版　　　　　印　次：2018 年 5 月第 1 次印刷
京权图字：01-2018-2602　　　　　　　广告经营许可证：京朝工商广字第 8087 号
书　　号：ISBN 978-7-5086-8827-5
定　　价：65.00 元

谨以此书纪念我的儿子

约瑟夫·以色列·布克斯塔伯（Joseph Israel Bookstaber）

# 序 言

## 生物学给经济学带来的活力

吴 晨

《经济学人·商论》执行总编辑

学术界有这样一句话，"要推翻一个旧理论，需要提出一个新理论"。《理论的终结》作者理查德·布克斯塔伯干脆另起炉灶，他并不认为会有更好的理论来解读经济现象，预测金融市场。相反，他的这本书另辟蹊径，希望能够再现复杂经济系统的运行方式，从重构现实的角度让我们能更深入理解复杂系统的动能。

布克斯塔伯的这一尝试，可以说汇聚了三方面的思考。一是2008 年全球金融危机之后对经典经济学的思考，每个人都希望解答的问题是，为什么主流经济学家很少有人能够预测金融危机的发生。二是学科之间跨界带来的全新思考，一些传统的经济学家开始向生物学求教分析复杂系统的新方法。三是实务派加入了对经济学理论的思考。布克斯塔伯本人就是一位金融实务派，曾经在顶尖投行和对冲基金公司从事风险管理，也曾加入美国证监会，专门研究应该怎样加强资本市场的监管。

　　经典经济学学习的榜样是物理和数学，希望能总结出定律，并设计出一套规则，用来解释复杂的经济现象。经济学强调的是平衡状态，强调的是优化，引入数学模型，求得最优解。经济学也把市场中的个体想象成按照最优原则理性行事的理性人。

　　2008年的金融危机暴露了经典经济学的软肋。主流的经济学家在金融危机面前失语，摆在研究者面前的问题是：有没有其他的理论或者模型能够预测金融危机的发生。

　　生物学提供了一个全新视角。布克斯塔伯和许多研究者一样，认为经济学家应该从生物学和进化论中寻求理论新突破。

　　生物的进化是一个竞争、变异、繁殖、适应的过程，与物理或者数学最大的不同是，生物的进化并不遵循严格的定律或者法则，但是进化动态的过程能够保证生物的多样性和结构的精巧。

　　生物学的视角会挑战许多传统经济学的认知，求最优解就是一个例子。这是物理学和数学被引入经济学之后带来的思维方式——在给定一定的外部条件之后，你可以计算出最优的选择。比如，给定了供给和需求，就能算出供给平衡的价格。

　　生物学的视角与物理学和数学最大的不同，就是静态求解和动态适应的不同。物理学和数学之所以总是可以求得最优解，是因为它们建构在一系列放之四海而皆准的准则之上，给出条件就能求得最优解。生物学的不同之处是它永远处于动态之中。生物与环境一直在互动之中，找到最优解不是生物的目标，存活是它们的首要目标。进化论中强调的是"适者生存"，并不是"最优者生存"。因为过去环境中的最优解，一旦遇到新的情况，同样可能不适应，同样可能被淘汰。生物必须在适应当前环境和应对未来变化这两个选择中，做出某种妥协。当环境变化剧烈的时候，有更多灵活度的生物反而能存活下来。恐龙之所以会灭绝，原因就在于此。

所以进化论是一种观察和理解复杂系统的切入点。进化论强调了个体的行为和环境的变化。生物通过变异去适应环境，在这个过程中也会改变环境。当人类出现之后，他们对环境的适应与改变更快更深远。生物进化的"竞争、变异、繁殖、适应"的过程，在人类社会中变成了一方面人类对环境的"观察、判断、决策、反馈"的循环，另一方面是人类施加于环境的"创新、试错、复制、反馈"的循环。

经济与金融市场和生态圈相似。在微观层面，每个市场的参与者都会在两个循环过程之中汲取经验，不断修正自己的经验法则，改变行为，而他们的行为又会给外部的环境造成影响。在宏观层面，生态圈催生出许多复杂的系统。比如，人脑中有800多亿个神经元，每个神经元细胞都很简单，只是跟它周边的神经元发生关联，但是亿万个神经元相互作用，它们所形成的整体便能够催生认知，构建思想，这是研究者对每一个神经元再仔细观察也无法达到的。

这种无法从个体的行为推导出整体的结果，在自然界和人群中都很常见。无数工蚁简单的行为，让蚁群好似一个鲜活复杂的生命体。无数小鱼的简单游动，让整个鱼群变得好似整齐划一的复杂整体。百万人的朝觐人群，突然不知道为什么会发生严重的踩踏事件。金融市场何尝不是如此？每个市场参与者牟利的选择，在特定时期会演化成市场巨大的动荡。布克斯塔伯在书中用"层展现象"来描述从市场中个体行为无法预判市场整体的表现。

因此，生态圈的视角给了我们观察和分析经济现象与金融市场的一个全新框架。

布克斯塔伯在书中根据这个框架提出了基于代理的分析模型（ABM），希望应用于对复杂系统的理解实践。在这个模型中，参与者，也就是代理，与市场环境不断地互动，不同的参与者遵循自身的经验法则，并在互动过程中强化或者修正自己的经验法则。整个模型很像军队参谋部进行的军棋推演，所不同的是，每一步的推演并不需要依赖掷色子。

ABM 更贴近经济现象，原因有两点。

第一，在经济学研究中，很难去做严格意义的科学实验。比如，随机将市场参与者分成两组，然后给予不同的市场条件，研究他们的市场行为会有什么差别，并探究背后的原因。人生并没有重新来过的机会，就好像古代哲人所说："你不可能两次跨入同一条河流。"

第二，ABM 并不预设任何假设，比如理性人的假设。这一模型希望能够捕捉到更为真实的互动：市场参与者不同的行为决策对市场环境会产生什么影响，而市场环境的变化又会对市场参与者的认知带来什么样的改变，市场参与者在这样的互动中能够汲取什么样的经验，而这种经验又会让他们如何修正自己的经验法则，从而在未来的市场博弈过程中使用。

这种分析框架很像天气预报。所不同的是，天气预报如果预测了恶劣天气，会给你足够的时间去躲避灾难，却不可能消灭灾难。布克斯塔伯提出的 ABM，不仅希望能对未来经济与金融市场做出预测，还希望通过剖析市场参与者各种不同行为选择背后的原因，以及他们与市场互动产生的短期效应，来改变市场的走势，甚至化解大危机。

不过现在去判断布克斯塔伯的这种"上帝视角"能否很好地预测未来，以及化解风险，还为时过早。

在对过去很多金融危机的分析中，流动性突然缺失经常是造成危机的主要原因，如果能在适当时机注入流动性，市场就可能避免崩溃的风险。布克斯塔伯提出的解决方案很简单：求助于大资金。他认为，只要通过 ABM 推演得出市场的波动是因为流动性的抽紧，就能够说服像主权基金这样拥有庞大资金的机构在适当时机入市接盘，因为一旦它们提供了足够的流动性，市场反弹带来的收益就具有足够大的吸引力。

不过，寄希望于主权基金扮演未来金融危机的白衣骑士，有点儿过于理想化。一方面，在一个投资关联度越来越高的市场里，这些资金是否能超然地选择入市的时机，本身就是一个问号，我们有什么理由确信它们在危急关头并没有被感染？另一方面，如果它们拥有"上帝视角"，那么它们选择的"最佳的入场时期"也许并不是市场所期望的那个时点。

无论如何，布克斯塔伯开创了一个分析经济现象与金融市场的全新视角，同时也试图去打造一个贴近实操层面的推演工具。这两点都非常值得研究者和实务派关注。

# 目　录

# 第三部分　经济学范式：回顾与前瞻

# 第四部分　金融危机的代理人基模型

## 第五部分　理论的终结

# 第一部分　绪　论

# 第一章

## 危机和太阳黑子

2008 年全球金融危机肆虐，英国女王伊丽莎白视察伦敦政治经济学院的时候，问了一个问题，该问题无疑也萦绕在她的许多臣民心头，那就是"为什么没有人预见金融危机"。对这一问题，至少芝加哥大学的经济学家罗伯特·卢卡斯（Robert Lucas）的回答是直言不讳的："经济学无法为 2008 年的经济危机提供有用的服务，因为经济学理论的建立使它无法预测这种危机。"[1]约翰·凯（John Kay）写道："面对这样的答复，如果是明君会去别处另寻他复。"[2]我们最好也是如此。

英国王室对金融危机并不陌生，对金融危机催生出来的经济学思想也不陌生。我们的标准经济模型和新古典经济模型，就是在维多利亚时期工业革命和经济革命中的英国建立起来的。当然随之而来的，还有经济危机以及残酷的社会不公和贫富差距。这种经济学研究方法之所以会出现，是因为亚当·斯密（Adam Smith）和大卫·李嘉图（David Ricardo）的古典政治经济学在时代变迁中行不通了。新古典增长模型得到了英国人威廉姆·斯坦利·杰文斯（William Stanley Jevons）的支持。之前，杰文斯亲身经历过这些危机，他准备用新工具来解决问题。杰文斯是第一个现代经济学家，他把数学引入经济分析当中，发动了史上有名的"边际革命"——这是经济学上的一个巨大飞跃，重塑了人们对投资和生产力的价值认识。[3]然而，尽管杰文斯在诸多领域提高了我们的认识，但他提出的经济学模型还是无法预测和解释经济危机。我们可以从审视杰文斯在 19 世纪中期的英国所采用的研究路径入手，思考当前的标准经济学研究方法在分析金融危机时有什么不足，以及对此的应对方法。

英国经济革命是由技术革命驱动的，而铁路正是其中的破坏性技术。铁路进入了工业、商业和日常生活的每个角落，一张复杂的铁路网从大城市的中心辐射到最偏远的乡村。用卡尔·马克思（Karl Marx）的话来说，铁路造成"用时间消灭空间"和"产品转化为商品"。一件产品不再由产地所定义，而是由铁路运输通往的市场所定义。铁路贯穿了自然地形，路堤、隧道和高架桥构成的铁道线横穿大地，改变了人们对自然的感知。从旅客的角度看，19 世纪的小说里充斥着冒险和社交邂逅的"铁路之旅"。[4]

然而铁路亦是反复出现危机的根源。跟现在一样，当时有太多的资本追逐新技术的梦想，但能利用这些资本的地方并没有那么多。很难再找到一个比铁路更深的坑了，许多铁路工程方案做得不谨慎甚至疯狂，投资常常消失得无影无踪。铁路之于维多利亚时期的英国，就好像原子能或空气动力学之于"二战"后的世界，也好像网络和虚拟技术之于今天的世界。投资时，人们不是一味地考虑利润，而是常常被能成为科技革命一员的浪漫所吸引。罗斯柴尔德男爵（Baron Rothschild）打趣道："有三个主要的赔钱方式：美酒、女人和工程师。前两个要舒服得多，第三个则是铁定稳赔。"在第三个赔钱方式里，铁路投资似乎是人们的首选方向。那些想要烧钱的人是被工程师鼓动起来的。这些工程师主要通过修建铁路获取利润，而且可以修好后一走了之，不用管之后真去运营铁路的那些人所面对的成本膨胀问题。在英格兰和威尔士修一英里铁路，开销是在美国的五倍。[5]投资者在狂热期间所获得的利润，都赔在了随后而来的萧条里。杰文斯的父亲就是萧条期的受害者之一，他生前曾是一位钢铁商人。

1848年，在工业革命及其危机周期中，伟大的经济学家、知识分子约翰·穆勒（John Mill）发表了《政治经济学原理》（*Principles of Political Economy*）。这本书是亚当·斯密、让-巴蒂斯特·萨伊（Jean-Baptiste Say）、托马斯·罗伯特·马尔萨斯（Thomas Robert Malthus）和大卫·李嘉图等漫长而丰富的古典政治经济学传统的一座丰碑。随着这本著作的出版，经济学走到了一个可敬可贺的死胡同。在这个死胡同里，那些古板绅士俱乐部的成员坐在高背椅里，沾沾自喜，沉浸于反思之中。之后20年的大部分时间里，经济学理论都是一副无精打采的样子。穆勒写道："可喜的是，价值理论已没有什么需要当今或以后的作者来填补，此主题理论已经圆满。"[6]

但在这20年里，劳工动乱、贫困加剧，穆勒的理论支柱开始出现裂痕。[7]穆勒经济学没能预见工业革命所带来的根本变化。他把劳动放到了最突出、最核心的位置，生产一件商品所耗费的劳动力越多，这件商品的价值就越大。当生产由劳动驱动时，这是合理的。[8]但工业革命后，资本能让劳动者产出翻倍，而且资本不是一成不变的，资本能驱动效率不断提升。与此同时，通过圈地运动，土地不断兼并集中，形成了更具效率的大地产，于是许多小地主和农民向城市转移，劳动力供给出现过剩。付给劳动者的工资仅够糊口，生产力提高所带来的经济利益都被拥有机器的资本家夺去了。

有些人取得了成功，或者生逢其时，进入新生的商人阶级，生活盼头十足，稳固安定。乡下有房子，儿子上牛津或是剑桥，男士成为绅士。工人阶级的生活就是另外一回事儿了。一位叫亨利·科尔曼（Henry Colman）的美国牧师访问英国时，在城市看到工厂生活后说道："我已经看够了，爱丁堡那边的情况简直叫人血液发凉、汗毛倒竖。曼彻斯特那边据说也一样糟，利物浦那边更惨。人们生活悲惨，被欺诈，被压迫，被压榨，人性被撕扯得血淋淋的。我活着的每一天都在感谢上苍，感谢自己不是一个拖家带口的英国穷人。"[9] 理查德·帕金森（Richard Parkinson）牧师讽刺地写道，他有一次斗胆想把曼彻斯特指定为全英格兰最具贵族气的城市，因为"世界上没有一座城市能有如此悬殊的贫富差距，贫富之间的壁垒又如此难以跨越"。[10]

## 现代经济学的诞生

工业时代的经济学在两个方向远离穆勒。一个是马克思走的方向，以历史分析为基础，着眼于资本主导对人类所造成的后果，引发了席卷全球的革命。另一个方向以数学为基础，模拟自然科学的机制，完全忽略人性的因素，为新古典主义经济学派今天的标准经济模型打下了基础。这就是杰文斯推行的方式。

所谓新古典主义经济学方法彻底忽略了人性的因素，是指这个方法是时代的产物。历史学家艾瑞克·霍布斯鲍姆（Eric Hobsbawm）写道：算术是工业革命的基本工具。企业的价值取决于加减运算：买和卖之间的差价，收入和成本之间的差值，投资和回报之间的差距。就这样，算术进入了政治和道德的话语和分析。小小的算术计算，竟然能把人类的状况表达出来。英国哲学家杰里米·杰文斯（Jeremy Bentham）认为，快乐和痛苦均可量化表达。幸福感的衡量方法，就是用快乐减去痛苦。用全人类的幸福感减去不幸福感，就是全人类的净幸福感。为最多的人创造了最多净幸福感的政府，实际上就是采用了最佳的政策。这是人类的账目，记录着借贷双方余额的明细账。[11]

这就组成了杰文斯的《政治经济学理论》（*Theory of Political Economy*）一书的出发点：快乐和痛苦的量化分析。针对杰文斯提出的七个有关快乐和痛苦的情形，杰文斯选定强度和持久度作为感受的最基本维度。显然，"每一种感受必定会持续一段时间……在持续的过程中，它的强烈程度或多或少"。那么，感受的量就是强度和持久度的产物："把持久单位的量乘以强度单位的量，就能得到感受的总量。那么，快乐和痛苦就是拥有两个维度的值，就像一个区域或一个平面拥有长和宽两个维度一样。"[12]

杰文斯是一位博学者，他最先学的是纯科学和数学。他在伦敦大学学院学习了两年，获得了化学金奖和实验哲学最高荣誉奖。毕业之前，他离校去澳大利亚悉尼当新铸币厂的试金师。中途他停驻巴黎进行学习，在法国铸币局取得了文凭。到了澳大利亚以后，他有了化学和数学以外的更多兴趣，开始探索当地的植物、地理和天气形态。事实上，有段时间里，他是悉尼唯一的天气记录员。他还写了一本音乐理论著作的手稿。[13]

在卷入新南威尔士铁路的经济阵痛后，杰文斯的兴趣从气象学和音乐转向了经济学，这次痛苦无疑让他想起了以前自己家里的经济拮据状况。杰文斯立刻就喜欢上了经济学，他写道，经济学"好像最适合我的思维方法"。1856 年他写道，随着自己的兴趣转移到经济学这个新领域，感觉自己是"自认为同样适合，甚至更适合的学科"里的"坏逃兵"，还怀疑"自己还称得上是个搞科学的人吗"。事实上，杰文斯当时确实还在从事数学和逻辑，1874年将出版《科学原理》（*The Principles of Science*）。这本书写了很多东西，包括归纳逻辑和演绎逻辑的关系，还有对密码学应用的研究，连现在公钥加密里的因数分解问题都写到了。[14] 不过他的正式研究从纯科学转移到了政治经济学。在澳大利亚待了五年后，杰文斯于1859年回到伦敦大学学院学习政治经济学，并获得了李嘉图奖学金和一枚文学硕士金质奖章。

杰文斯一心扑向新的研究焦点，到了第二年，他已经发现了边际效用的概念。杰文斯在给哥哥的信中写道："最近几个月，我运气真是好啊，我研究出了一个东西，毫无疑问就是经济学的真理论……其中最关键的一条公理就是，人们消费的任何商品（比如简单的食物）随着消费量的上升，最后消费的那一部分效用会越来越低。"在另一封信里，杰文斯进一步阐述了这一发现，概括出了边际理论，并说明了利润和资本之间的关系："一个普遍规律就是，劳动和资本的供求决定了工资和利润的分配关系。但我要说的是，被利用的全部资本在支付时只能按照增加的最后部分的比例来进行，因此，这个最后增加部分所提高的生产力或效益决定了整个资本的利益。"

杰文斯把他的思想写进了论文《政治经济学通用数学理论》（*A General Mathematical Theory of Political Economy*），于1862年首次发表。这篇论文的思想随着1871年杰文斯发表的著作《政治经济学理论》引起了人们的广泛关注。这部著作一经发表，古典经济学的殿堂就轰然倒塌了。这部著作是一则宣言，矛头直指当时的权威学说，号令大家"把李嘉图学派迷宫般的、荒唐透顶的假设永远扔到一边去"，因为这是一篇科学的经济学理论论文。[15]

不久以后，有很多人紧紧追随边际主义。[16]边际效用的概念和数理方法的应用似乎在好多地方都能发现先兆，弄得杰文斯都开始抱怨，说许多新出版的书"预示了自己理论的主要思想"。他发现自己处在不幸的位置："许多人认为其理论是在胡说八道，根本无法理解；其他人则发现这个理论并不新奇。"于是杰文斯放弃了，不再指望能宣称自己是第一个提出了这些概念的人，转而安慰自己说："这个理论……既然已经被人发现了三四次了，那么肯定是正确的。"

## 被太阳黑子蒙蔽：杰文斯对经济危机之源的科学探索

杰文斯把数理严谨性引入了经济学领域。不但如此，他还是第一位把研究焦点投向经济危机起因的经济学家。他这样做是有个人原因的。他还小的时候，不仅父亲在铁路投资泡沫中一败涂地，其他亲戚也一样遭了殃。他在一神教圈子里长大，在圈内，人们所关心的是社会中的各种不平等。他有社会意识，经常去看伦敦的穷人区和工业区，近距离观察民间疾苦。

杰文斯将对危机的理解视作经济学的关键考验。他认为，如果经济学无法解释市场危机，无法"检测并显示出每一种周期性的波动"，那经济学就不是一个完整的理论。[17]经济危机这样复杂的事件，是无法以严谨和纯数学的科学方法去探究其中的原因的，除非杰文斯能将一切人类的情感从中清除出去，除非他假定——就算他无法证明——其他人所认为的是由各种社会因素驱动的事件，背后其实是物理学原因在驱动。由于没有可观察的自然现象充当病原体，经济危机似乎无法解释，这就制约了经济学成为一门科学。

由于杰文斯的经济学研究方法是仿效研究自然世界的科学方法，他将自然现象作为研究的锚点，以此来解释原本无法解释的危机。这就引领他提出理论：太阳黑子是经济危机背后的"元凶"。[18] 他决定把太阳黑子周期和经济危机周期联系在一起。英国当然遭受过经济危机，当时最近的一次是 1845—1850 年的铁路狂潮泡沫，这场泡沫跟其他经济泡沫一样，没有什么好结果。

杰文斯对太阳黑子产生兴趣，原因很简单。他推测，农业丰收有可能是突然引发大恐慌的诸多因素之一："那些不正常的变化独具威胁性，或是值得特别注意。这些变化的起因，源自农业歉收或过度丰收，源自任意一种主要商品的供求突变，源自过度投资、投机的狂潮，源自战争和政治动荡，或者源自其他我们算不到、考虑不到的偶发事件。"[19]

杰文斯采用了早期研究者确定下来的太阳黑子周期，11.11 年为一个周期。余下的问题，就只有证明经济危机也遵循类似的周期了。把二者简单匹配起来，是很快就能做到的。不过杰文斯相信自己的理论是正确的——把经济学带进自然科学领域，是一个富有吸引力的观点。因此，他查询了当时的资料，还回查了十三和十四世纪的资料。这一尝试也宣告失败，因为太阳黑子和经济危机的周期数据都很分散。

杰文斯从时间维度来挖掘数据，但没能证明自己的理论，于是他又转向了空间维度，在地理方面撒下了一张更大的网。他查询了印度方面的数据。他的论点是，英国商业经济要依赖殖民地地区的农业活动和原材料。但这一方法也宣告失败了。怀着"这个课题太新、太复杂，必不能缺少某些数据来做结论性反证"的想法，杰文斯继续奋力前进，把数据查到了热带非洲、美洲、西印度群岛，甚至黎凡特地区（Levant）。杰文斯如法炮制印度方面的逻辑，断定这些地区也对英国商业经济有影响，而且可以论证。除了收集和确认数据，杰文斯还订正了那个 11.11 年的周期。他指出，最近研究表明，太阳黑子的周期要更短。改了周期之后，杰文斯的数据依旧对不上。

杰文斯发现，无论古今，无论是英国、印度还是其他地区，无论太阳黑子周期是否订正，这些记录下来的数据都无法为他的数理驱动式经济危机机械模型提供证据。即便如此，他仍然对这个模型深信不疑。杰文斯推测，他没有能力证明太阳黑子理论，根本原因是出在观测误差上。所以，他需要直接观察太阳。杰文斯又在自己的理论中多加了一级因果关系，有点占星术的味道——杰文斯需要研究行星，因为行星对太阳轨迹有影响，进而对太阳黑子活动有影响："如果行星支配着太阳，太阳支配着葡萄酒和农作物的收成，进而又支配着食物、原材料的价格和货币市场的状态，那就可以证明，行星的方位正是经济大危机的间接原因。"

杰文斯显然不是一个因为一点小事就却步的人，虽然证据不充足，但他还是继续为自己的太阳黑子理论辩护："虽然……有些危机的存在存疑……不管怎样，我对此抱有希望。"这种辩护简直到了发狂的地步，一切都是为了圆他用数理基础解释经济学的梦。他要打造一个科学的基础，让经济学能够和自然科学成功联姻。

## 对太阳黑子的多年追寻

杰文斯不屈不挠地证明太阳黑子和经济危机之间的联系，是基于两个想法：首先，要想让经济学理论完整而有效，它就必须超越一般生活，要能解释危机；其次，经济学"具有纯数理性质，不辅以数学，经济学就不可能有真正的理论"。我同意他的第一点，当代经济学同意他的第二点。驱使杰文斯执着追求太阳黑子与危机关系的动机目前还是经济学的中心问题。不过，今天人们坚持不懈用数学来预测经济危机，肯定是要失败的，就像杰文斯不懈地专注于太阳黑子一样。

我们不必去撞预测的南墙。要预测战线可能会拉到多长，只是一回事。但在大萧条发生以前或大萧条之中，经济学家连各方力量是在进攻还是在撤退都判断不出来。虽然有一支经济学家队伍和庞大的经济数据，2007 年 3 月 28 日，美联储主席本·伯南克（Ben Bernanke）向国会联合经济委员会表示："次贷问题对更广经济范围和金融市场的影响似乎很有可能控制住。"当日，美国财政部部长亨利·保尔森（Henry Paulson）也表达了同样的看法。他向众议院拨款委员会保证，"从全局经济来看，我的底线是我们正在密切关注这一问题，但貌似能控制得住"。

不到三个月，贝尔斯登（Bear Stearns）对冲基金主战证券市场的 200 亿美元次级抵押贷款投资组合宣告失败，问题已经控制不住了。接下来的六个月，一个又一个金融市场刮起了风暴，更广的次级贷款市场都在劫难逃：包括担保债务凭证市场、信用违约互换市场；包括短期融资回购（回购协议）以及银行间市场等的货币市场；还有那些看似机灵实则充满致命漏洞的市场，比如资产支持商业票据市场、拍卖利率证券等。

2008 年初，市场动荡不已，伯南克在参议院银行委员会就半年度货币政策进行陈述。他说，较小的银行可能会破产，但"我没料到，在国际上十分活跃的大型银行竟然问题也这么严重，它们可是银行系统的中流砥柱啊"。那年9月，雷曼兄弟投资银行（Lehman Brothers）轰然倒下。十天后，华盛顿互惠银行（Washington Mutual）成为美国历史上破产的最大金融机构。在10月和11月，为了不让花旗集团（Citigroup）遭受更大的破产，联邦政府介入进来。

另一家主要经济智囊——国际货币基金组织（IMF）在预测经济危机的问题方面做得也不那么漂亮。2007年春，国际货币基金组织在其世界经济展望会上大胆预测暴风将要过去："展望的总体风险似乎较六个月前威胁性更低了。"国际货币基金组织为冰岛开出了2008年8月后的国家金融情况报告，做出了令人欣慰的评价："银行系统报告的财务指标均高于最低监管要求，均通过了压力测试。说明冰岛的银行系统非常有弹性。"只过了一个半月，冰岛就彻底完了。冰岛金融监管局开始接管冰岛三家最大的商业银行。这三家银行都面临违约，震荡波及英国和荷兰。

经济学理论认为，一定程度的一致性和理性不但没有对经济危机的崩溃和蔓延做出解释，而且认为这是无法解释的。一切皆为理性，直到理性不再；经济学讲得通，直到再也讲不通。于是，经济学愉快地辛勤工作，把同样的理论和方法运用到自己建构的世界，它对上面提到的伤心事只字不提。主导的经济学模型假定，在这个世界里，我们都被归成一个代表性个体，生产生活从一开始就定好了未来的投资和消费道路，从一开始就知道一切未来的不确定性事件及其发生的可能性。在这个奇幻的世界里，人人都为生产一件商品和提供便利服务而工作，谁会担心金融危机？大家住在一个没有金融体系、没有银行的世界里！

卢卡斯评价得对，在金融危机期间，经济学帮不上忙。但这不是因为经济学理论在认识了世界后证明经济危机无可救药，而是因为传统的经济学理论受自身方法和结构所限，没有能力解决危机。我们的道路不能用数学捷径证明，而只能沿着它的方向一步一步走。这个方向，有可能不是我们本意的方向。正如拳王迈克·泰森（Mike Tyson）所言，人人都有一个计划，直到嘴巴上挨了一拳。

本书探寻的问题就是，沿着这条路的方向走下去会意味着什么。本书为代理人基建模（agent-based modeling，ABM）提供了非技术性介绍。代理人基建模是新古典主义经济学的一项替代方案，非常有希望能预测和避开经济危机，并帮助我们从危机中恢复。这个方法不假定世界是受数理定义的自动机，相反，它是凭借最近科学研究现实世界复杂系统所得的成果，特别是四个带着技术光环但实际上突出了启发性质的概念：层展现象（Emergent Phenomena）、遍历性（Ergodicity）、根本不确定性（Radical Uncertainty）、计算不可化约性（Computational Irreducibility）。

层展现象表明，即使我们沿着预定的路线前进，无论是开车上高速还是买房，我们都会缺少对整体系统的洞察，而定义经济危机范围的，正是整体系统。我们的互动会通往一个与每个人的所见所为完全无关的系统。如果只集中看一个孤立的个体，那么这个系统就连深度都无法测量了。

事实上，我们是现实世界里的经济代理人，用自己丰富而多变的经验来指导自己参与互动。这意味着，对需要遍历性（不变状态）的经济学方法而言，我们是一个不断移动的目标。

我们甚至都不知道要瞄准哪里，因为存在根本不确定性：从更深刻更形而上学的意义上来讲，未来是未知的。

新古典主义经济学理论帮不上忙，因为它忽略了人类天性的关键元素和其中暗示出来的局限：计算不可化约性意味着我们互动之中的复杂性是无法用演绎数学解释清楚的，而演绎数学是当前的经济学主流模型的基础——甚至是其存在的理由。小说家米兰·昆德拉（Milan Kundera）写道，我们处在一个幽默的世界，身边充满了"令人陶醉的人事相对性"，有"从确定没有确定性中得来的奇怪的乐趣"。[20] 经济学所缺少的就是幽默、陶醉和乐趣。

这些局限性也在我们的日常生活中发挥作用，尽管不甚明显，约束也不多。卢卡斯承认，人们已经发现了经济学理论的"例外和异象"，"但用来做宏观经济分析和预测时，它们太微不足道了"。[21] 更准确的说法应该是："但用来依据经济学理论做宏观经济的分析和预测以实现自参照时，它们太微不足道了。"例外和异象是人类天性所带来的局限的表现吗？

经济在危机中的运转情况是它在其他时候的运转情况的试金石。在其他时候，就连局限都可以忽略，更不用提误差值了。因此了解了危机，就打开了一扇窗，能让我们继而了解经济学中的其他失败案例。危机是炼油厂的火，是经济模型的试验场，是经济理论的压力测试。如果标准经济学的推理在危机中失败了，我们就会想，没有危机时，会有什么样的失败，也就是那些可能不那么明显的、可以被一个"太微不足道"的残差给修正过来的失败。微小，可能是很微小，但它是不是地板上的一个小污点，或是地基上的一条小裂痕呢？

我们期望能用理性分析世界，把世界打造成顺从数理和演绎方法的样子，把人类当作机械过程。经济危机来袭之时，我们继续书写失败。而且，没有危机的时候，标准经济学的推理也会不那么明显地悄悄失败。但有什么能取代标准经济学的推理呢？

第二章

人之为人

首先，要考虑到我们是人类。作为人类，我们具有社会性，我们会进行有意义的互动，改变世界，改变和他人的关系；作为人类，我们拥有一段历史，我们会被经验所塑造，经验为我们的世界观提供了语境。我们的行动离不开经验。经验影响了我们相互联系的方式，影响了我们的价值观，影响了我们要买什么、卖什么、消费什么——影响了我们向目标前进的一切驱动因素。人生的动力丰富而复杂，因为互动增加了经验，进而改变了未来互动的语境。

　　以互动和经验为尺，可知危机是一种深刻的人类事件。危机期间，互动的强度上升，充满了不确定性。我们备受不熟悉的经验的折磨，陷入了不确定的语境。金融危机可不单单是一连串倒霉的日子那么简单，也不单单是华尔街轮盘赌时接连手气不好，也并不等于"一样而已，更糟罢了"。2008年9月14日雷曼兄弟崩盘时，没有人觉得自己不过是又过了倒霉的一天。

　　每一次危机都是不一样的，常常没有先例。我们在金融市场里的日常操作，是减少有意义的互动，低调行事。我们尽量减少交易所造成的影响，来减少对市场的震荡，不让自己的意图显露出来。但危机来袭时就不是这么回事了。当投资者面对追加保证金的要求时，当银行面对挤兑和坏账时，危机的根本性动态贯穿于整个系统，改变价格，引发信用忧患，改变人们对风险的看法，从而影响更多人，甚至可能影响那些不直接暴露在促成危机的事件中的人。

我们每一次都从危机中吸取了教训。我们改变策略，抛弃某些金融工具，再造出一些新的来。所以，金融危机真的是次次不同。我们刚刚探明这次危机，却又为下一次危机埋下了种子。

然而，似乎总是监管方和学术界方面在打最后一仗。2008年以后，我们所谈论的全都是减少银行杠杆，以及基于银行杠杆或其他相关工具提出新的风险措施。但我怀疑，下一次危机给我们当头一棒的，就不是银行杠杆了。是什么导致了一场特定的金融危机，一场危机如何席卷金融系统，以及某一事件究竟会不会演变成一场危机，这些全都是独一无二的。之所以独一无二，是因为每一次危机都是不同的冲击生成的，由不同的金融控股公司传导蔓延。

我们筑起防线，以防自己卷入危机。我们不持有过量头寸，以便可以及时从市场抽身。我们做出一些限制，来推翻往常的投资行为，以保证情况开始变坏时全身而退。我们通过多元经营来管理风险，让自己处于多个不同的市场之中。如果市场下跌，我们就增加对冲。因为找不到买家，所以我们进一步降价，立刻降价。我们不是要努力卖出。若真要努力卖出，新价格就会让我们重估投资组合的价值，我们就得卖出更多了。

随便去哪个行业看一看，随便跟哪个认识的人聊一聊，你会看到大家都深思熟虑、行事谨慎。但是，把他们的行动全部叠加起来再看一看，有时候，这些行动的总和看上去没有节奏、没有道理，几乎是一片混乱。个体理性决策之总和，可能是危机的起源。每个人（好吧，差不多是每个人）都会遵循自己确信稳定、理性、谨慎的行动方式来行事。但是从全局来看，这个系统可能是不稳定的，也可能是不理性的，而这是不谨慎所导致的后果。我们希望有个人告诉大家："请有序向外走，一列纵队。"但事实不会如此，因为没人管。每一个个体都在环境的一个狭窄子集中行事。结果就是众人抢着冲向出口，造成踩踏事件——这就是所谓的层展现象。

在危机之中会发生奇怪的事情。你会在经济学必修课上学到，价格下降时，会有更多买家出来。你在课堂上学不到的是，价格继续下降时，卖家就更多。不是大家都想卖出，有些人是迫不得已而为之。其他想以便宜价格买入的人会等待时机，在一旁观望。

你会在金融学必修课上学到，多元经营和对冲可以降低风险。但在危机之中，受诸多因素支配的多元市场常常会像等离子一样爆发出白热化的风险。凡是有风险的、流动性差的，都要跌价；凡是低风险的、流动性好的，都保价不动。对冲崩溃了。如果你用一个低风险的、流动性好的价位（这正是你所做的）来对冲一个有风险的、流动性差的价位，对冲的两头会反向而行，对冲就变成了一支回旋镖。因此，在正常的市场中，同类资本就朝着不同的方向移动了，因为现在是那些你从没想到过的特点在支配全局。等到整个市场全都一起移动（也就是跌价），多元经营这道最后的防线也被攻破了。

此时金融分析师的独家分析也无足轻重了。在危机中，我们看到，支配正常情况下经济学应用的制度和假设崩溃了。他们的行动方式，你和他们都从来没有想到过。他们的行为不能够根据他们的日常行动来推定。有些是变得谨慎（或懦弱）了，从而退出市场；有些是出于绝望而为之；还有些是突然停止操作。

机构开始崩溃后，精明变成了慌张，就像想抢个好位子的人没抢到，他们看上去如此粗鲁以至于像在逃跑一样。我们也会认为不考虑背景的行动是不文明的。融资期限不延长，偿还要求被事先阻止，交易伙伴不接电话——可能是因为他们在跟你对着干。这时候，印好的合同文件就显得很重要了。或者说，如果有时间能阅读并评估这些合同的话，它们就重要了。人们需要贸然行事。要么赶快决定，要么就是等别人决定好了。任何分析过程都要让位，因为这个世界看上去不理性——至少，它不遵循正常的假设，不像你在正常情况下观察到的那样。

与此同时，观点相似的众人对市场的水平和世界运行的节奏有不同的舒适感，他们各有各的方向。有些人面对边际报价和偿还可以拼命，而有些人却站在一边观望。

我们能提前分辨这种东西吗?

## 经济启示录的四骑士

社会和经济领域里的互动受经验影响，是人性的一部分。这些作用结合在一起，会产生超出我们理解范围的复杂性。事情发生了，我们不知道为什么会发生。

而且，就算这个乱糟糟的结果有量化的方法，经济学方法在危机中失败的主要因素仍然是人的局限，因为危机来袭之时，正是复杂性最为明显，而局限把人的行为限制得最死之时。我认为，这就是要使用代理人基模型的原因。代理人基模型支持个体各自安排自己的路，支持个体在路上调整策略，支持个体通过自己的行动来影响世界和其他人。代理人基模型借助模拟的方法来做到这一点，而模拟方法是植根于复杂系统和适应系统的。这些模型尊重人类特有的局限。

在此，我为金融危机特有的四大现象做一个总结。这四个现象自17世纪荷兰的郁金香狂潮起一直在进化，第三章到第六章会对其进行详细探讨。

**1. 层展现象**

你行驶在高速公路上，这时候堵车了，你心想：前面是不是发生车祸了？或者，会不会是道路在检修？五分钟后，你开出一英里路，道路又通畅了，毫无堵车的样子。暂时性的拥堵事件很少是良性的，就像离开演唱会或足球赛现场的粉丝人流可能会突然引发一场踩踏事件。尽管没有人在指挥大家的行动，也没有人想制造一场踩踏事件，但这么多个体的单独行动莫名其妙地引发了灾难性的后果。当全局性动态出现意外，不以个体行为的简单总和叠加出现，此时的结果就叫作层展现象。层展现象可以创造一个杂乱的世界，人们处理自己的事情时，采取看似理性的行为，结果产生了从全局看来非常奇怪而意外的结果——包括那些引发了毁灭性危机的无意后果。你没有引起2007—2009年的经济崩溃，其他人也没有。不过，还是有一个"人"，这个"人"就是"层展"。

**2. 非遍历性**

想干点非常遍历的事情吗？听着挺有趣？实际上，这是无聊的精髓。遍历过程就是老的一套来了又来，它不会因为时间或经验而发生变化。今天的概率，在遥远的过去，以及遥远的未来，都是一样的。这个特性适用于物理学，也适用于轮盘赌。在接下来的20年里，你可以天天赌20号，概率一点都不会变。但是我们经验丰富，我们的经验和互动之间的关系，可不能归结成轮盘赌这样的东西。世界在变，我们也在学习、探索。互动受语境支配。语境各不相同，有时候是因为有微妙的线索，有时候因为我们的经验和心境。所以，我们需要了解历史。历史时刻都在变化，我们无法预测变化的方式。我们的个人行动即便有成熟的、确定的规则，也会在人类的互动之中引发出乎意料的动态。

我们的世界不是遍历的，可经济学家把它当作遍历的。若是不能够深入了解一个人的背景，不知道他未来的道路是怎样的，不知道这条路会通往哪里，也不知道他和谁发生互动，我们就无法根据他现在所处的位置判断他要走的路，连一点可能性都没有。

### 3. 根本不确定性

根本不确定性无所不在，但是你看不见。层展现象和非遍历过程创造了根本不确定性。我们创造根本不确定性，是用了自身的不一致性，用了自我分析建模时不可回避的人性过程，用了发明创造的才能，结果导致这个世界走向了我们从未想象过的方向。有平凡而古老的"那从何而来"式的意外惊喜，比如茄子看上去很像理查德·尼克松（Richard Nixon）。想一想从简简单单的发育过程中出现的根本不确定性。你想要瞧一瞧真正的根本不确定性？先来看一个十几岁的孩子。在他成熟之前，是不可能知道成熟是什么样子的。要是年轻的你在门口遇到了年老的你，你可能会惊讶于自己的变化（"我不敢相信自己竟然成了一个经济学家。是什么东西出错了?!"），而且可能会发现自己进入了一个年轻时根本不知道的领域。你可能会发现，年老的你是个忘恩负义的孩子，对不起年轻的你所做出的牺牲和那时的希望。

无法预测的未来经验是一个方面，社会互动的复杂性是另一个方面，这两个方面引起了无法表达或无法预测的不确定性。英国遗传学家和进化生物学家约翰·伯顿·桑德森·霍尔丹（John Burdon Sanderson Haldane）写道："宇宙不仅比我们假设的更奇特，而且比我们能够假设的还要奇特。"就在此刻，这个世界可能就改变了，而且变得不断出乎你的意料，难怪它叫作"根本不确定性"。

**4. 计算不可化约性**

经济学深信，我们的世界可以化约成模型。这些模型建立在公理的坚实基础之上，由演绎逻辑来测量，得出许多严谨普遍的数学结构。经济学家觉得事情已经搞清楚了，可是，我们的经济行为太复杂，互动太深，要想知道变化如何，是没有数学上的捷径的。要想知道这些互动的结果，唯一的方法就是顺着时间过一遍：想知道自己的生命何去何从，本来就只能活下去了才能知道。没有公式能让我们将生命快进来了解结果。这个世界不能"解"，它只能"过"。

像这样的问题，就被视为计算不可化约的。对互动的系统而言，计算不可化约性更多的是规则，而不是例外，即便是许多有着动态互动的简单细微系统亦是如此。决定危机的是极大地改变环境以及我们行动方式的互动，绝非细微而普通的互动。

难怪经济学里的化约方法会宣告失败。没有方程可以描述在市场下跌时一个恐慌的投资者的肚子是怎样变得更难受的。有些现象无法归成理论，因为从根本不确定性来考虑，它们过于复杂。这意味着我们用演绎过程来理解和描述人类现象乃至自然现象，是存在限制的。

现代新古典主义经济学把人性赶下了舞台。现代新古典主义经济学喜欢使用代表性代理人模型，代表性代理人在特定的概率分布下运转，带有稳定的偏好——不会突然发脾气，也不会有意料之外的医疗支出。但是，不沿着我们的经验和语境的道路走下去，我们的生命就无法理解，因为哪怕生命可以建模，这些模型也都是计算不可化约的。只是观察系统内人们的行为，世界也是无法理解的，因为有层展现象。市场做决策，不会像坐在轮盘赌桌上的赌客那样置身于一个遍历的世界，因为环境会随着每一次互动、每一点经验而变化，在危机之中尤为如此。最重要的是，我们要找到一个方法来预测危机，至少也要能理解危机。理解这些限制的时候，我们面对的是一个未知的世界：根本不确定性。

这四个现象对那些解密危机之谜的人，还有想理解为什么2008年经济崩溃时经济学家被打得措手不及的人，有深远的含义。不过，通读主流的经济学学术文章或大学本科经济学必修课本的时候，这些词你一个都看不到。（或许"遍历性"可以看得到，但也很罕见。）经济学家要是停下来反思自己应对金融危机的失败——无论是提出的假设，还是研究的实施，或是数据收集——那么他们以后会做得很好。然而，这是不可能的。

## 为危机建模

我们的社会互动和经济互动与我们的经验一起组成了我们知识的限界。知识限界使经济学方法发生偏离，因为这些方法需要这种复杂性所抑制的知识。我们必须一边研究危机，一边尊重这些限界，因为这些限界无法克服，是这个世界固有的，在危机期间其制约尤其突出。

那么，我们要怎么对付这些问题？限界本身就指出了克服限界的方法。我们不能在假设限界不存在的同时又不把问题的关键因素移除，而且我们不能击败限界。我们必须进行有意义的互动，也就是能够改变环境和人际关系的互动。如果我们的个人行为创造了层展现象，那么事情本来就是如此运作的，这一点无法克服，无法通过不抛下本质性动态而将许多个体之间的互动换成一个代表性代理人。如果我们面对一个计算不可化约的复杂性水平，那么对其施加简化和规律性假设使其适用于数学，就会有假设问题本质不存在的风险。

要对付这些限界，就需要一个能让我们沿着路走下去而不依赖数学捷径的方法，把个体和系统中出现的行为都提取出来，同时又不依赖稳定概率。要做到这一点，方法就是电脑模拟法。这是复杂性科学里的核心方法。像这样把这些模拟应用到具体的问题上，就叫作代理人基建模。

用这一方法，我们便可以不再认为经济学世界是建立在永恒普遍的经济学行为公理之上了。公理中的代理人没有历史和经验，无论这个世界是在地球还是火星，无论你是今天还是过了十代人后再进入这个世界，其行为方式始终如一。人们走的道路不由效用和概率的数学公式预定。人们不会做出机械回应，也不由一个一切关键关系均是固定的普遍通用模型所描述。

这个问题即表明了答案：我们必须从个体的、异质的代理人模型出发，让他们发生互动，必须允许互动改变他们的行为和环境，必须一开始就沿着个体的道路前进、不找捷径，还必须监控模型中的层展现象。代理人基建模正是符合这些条件的方法。

所以，本书是我对金融危机所做出的宣言，宣告新古典主义经济学理论已经失败，宣告代理人基经济学这个新范式可以成功。有两点必须明确。首先，本书不是在猛烈抨击一切经济学及其中的方法，而是在讲与金融危机相关的话题。只是，我提出的论点到底有没有更多深意，仍是一个开放性问题。其次，本书也不是一部详尽的指南，并没有提出具体的模型。我们复杂的金融世界反对用公式化方案来解决问题。这里没有捷径，不是甲问题进去乙方案出来这么简单。实际上，代理人基方法的威力，是体现在其向问题发起的攻势里的：该方法是巧攻，而不是硬编码的、公理式的强攻。

# 第二部分　四骑士

第三章

# 社会互动和计算不可化约性

地图旨在帮助人们找到从甲地到乙地的捷径。地图按比例绘制，即缩小到要描述地区的一小部分，省略很多细节。但情况不是非得如此，至少在伟大的阿根廷作家豪尔赫·路易斯·博尔赫斯（Jorge Luis Borges）想象中的世界并非如此：

在那个帝国里，制图工艺炉火纯青，省的地图里画出了整个市，帝国的地图里画出了整个省。最后，人们不满意那些不合理的地图了，制图者协会做了一幅跟帝国一般大的、细节完全一致的地图。后辈不像先辈那样喜爱制图，认为那张大地图毫无用处，任其日晒雨淋、冰霜侵蚀，毫无怜惜之意。时至今日，西面的沙漠里还存有那幅地图的残迹，那里已成了动物和乞丐的居所。整片土地上，再也没有地理学科的任何痕迹。[1]［苏亚雷斯·米兰达（Suarez Miranda）：《明智者游记》（*Viajes des varonesprudentes*），第四卷，第六十五章，列里达（Lerida），1658 年。］

米兰达讲述的这桩怪事无例可循。因为，如果需要一张跟所描述地区一般大小的地图才能解决问题，制图就没有意义了，制图者会继续寻找更合适的地形地貌，来突出制图技巧。

但有些时候，地图不能做得比所描述的地区更小——不丢掉前往目的地的旅途中必要的关键特征，这一地区就不能缩小尺寸，也不能减省细节，假如情况如此，那又会怎么样呢？在这种情况下，你真的要把整条路都走一遍，要么在那个地区内走原路，要么在地图上同样一步一步地走上一遍。地图不能做得比它所描述的区域更小，或者在地图上走一遍无法比走原路速度更快、效率更高时，就有了一个叫作"计算不可化约"的系统。

计算不可化约的问题是没有数学捷径的问题，此时确定结果的唯一方法是执行程序的每个步骤。你如果想知道一个系统在某一遥远的时刻会是什么样子，就要用电脑程序一步一步模拟系统，直到那个时刻为止。相比之下，计算可化约系统是可以用数学公式在任何指定的时刻得出结果、无须按时间完成每一个步骤的系统。[2]

数学只在计算可化约系统中有效。公理和演绎逻辑的目的在于提供捷径，给出一般性结果，缩小问题，观其内在原理，从而不必烦琐地一步一步执行步骤来完成任务。例如，弹道表背后的数学使炮手能够计算出炮弹射出后的落点。相比之下，要寻找穿越交通高峰的最佳路线，就没有提前算好的图表可循。

回首过去几个世纪的科学进步，伟大的理论成就都有一个明显的特点，即找到计算捷径，帮助人们理解系统的机理。这样科学家就不是仅仅被留在那里观察现象、做些笔记。科学家兼制图者走捷径的基本工具就是数学。数学以演绎的方式运用基本公理体系，体系则始于定律之陈述。

假如要让我们在地图上得出最佳路径的结论，我们就得有一辆能快速行进的汽车——要远远快于我们穿越现实世界中同一片地区的速度。这正是 20 世纪末所给予我们的。物理学家、计算机科学家史蒂芬·沃尔夫勒姆（Stephen Wolfram）评论道："人们有时说，数学之所以存在并有今天的地位，是因为我们需要用它来描述客观世界。我认为这个说法不对。"许多问题无法用数学描述，但直到不久之前，数学仍是我们唯一的工具，可是解决那些既非小事，又有计算不可化约性问题的计算能力并不存在。所以，很自然地，人们的努力都聚焦在寻找契合数学的问题了。（给木匠一把铁锤，一切在他眼里都像钉子。）数学家以及深信数学之力量的经济学家的营生，就是知道如何避开这一障碍，找到更好的地界。沃尔夫勒姆还说："数学家导航通过的是那种小路，你不会在一路上到处碰到猖獗的不确定性。"[3]而现在，已有机器能专门解决这类充斥着猖獗的不确定性的问题，这些问题有着计算不可化约性，而这正是金融危机的问题所在。

## 计算不可化约性何处可寻

举一个计算不可化约问题的例子有多难？实例何处可寻？回答是：到处可寻。实际上，计算不可化约性是真实世界动态系统的惯例——不仅在如野火般蔓延的复杂金融危机里如此，在稳定、确定性高的领域（如行星的公转、光电元件按规律自动点亮熄灭的自动机）也是如此。

### 两个人顶一个牛顿，三个人变成计算不可化约群体：三体问题（The Three-body Problem）

让我们从最简单的讲起吧：一个系统，有三个成员或组件，不随机，全由相同的简单机械关系支配。具体来说，假设一个系统里有三颗行星，它们之间的互动由引力决定，即质量除以距离的平方算出来的结果。每颗行星有恒定的质量，所以跟引力相关的唯一变量只是行星间的距离。我们要分析这个系统，这样以后只要知道行星的位置和速度，就能推算出行星今后任何时刻的位置。

1687 年，艾萨克·牛顿（Isaac Newton）开了个好头，解决了两颗行星的问题，然后他碰壁了。（即便是在 1666 年发现万有引力的人，也会碰到这样的事。）随后几个世纪的数学家也都碰到了跟他一样的问题。从 18 世纪中叶到 20 世纪初，三体问题一直是数学物理学的中心话题，当时人们认定，三体问题不能用代数公式和其他标准数学函数来解决。

在牛顿之后，人们发现只有三种特殊情况可以较好地解决三体问题：一个是拉格朗日-欧拉方案（Lagrange-Euler solution），间距相等的行星像旋转木马一样绕圈；另一个是布鲁克-厄农方案（Broucke-Henon solution），两颗行星在第三颗行星轨道内来回移动；最后一个是克里斯托弗·穆尔方案（Cristopher Moore solution），行星按阿拉伯数字"8"的形状移动。直到超级计算机发明出来之后，才又有 13 个方案浮现出来。[4] 但大多数情况下，三颗行星会沿着复杂而显然随机的轨道运行，最后会有一两颗行星逃离伙伴行星的引力。

三体问题表明，碰上计算不可化约性问题是多么容易。这个问题近乎细枝末节，但不能用分析的方法解决。没有任何明显的捷径或数学方程能告诉你轨迹。[5] 一般来说，你若想知道行星在一定时间后会走到路上哪个位置，你就得要么实际跟随要么模拟跟随它们一起向前。要想知道这些行星会相撞还是逃逸，其运动是周期性的还是混乱的，就只能跟着它们运动的轨迹走。我们无法在方程中嵌入坐标和时间，机械地迅速算出答案。

三体问题还说明，在一个总体不稳定的系统里，有发现稳定的可能。你若是处在已发现的 16 个方案中的一个里，且只在乎这一例，那你就可以享受其带来的稳定性和易算性。但你如果按这些方案中的一个来建构世界的模型，你做的分析就全都没有用处了，除非你能解释，为什么在那些特殊条件下行星总是自然地相互影响。

系统看上去很简单，却违反分析性结果，这样的例子还有很多，但在经济学的谱系里，三体问题有其位子，因为这个问题是杰文斯在构建经济学的数学理论时特别提出的。数学向经济学灌输稳定性的思想，导致人们难以理解危机，杰文斯对此表示担忧。此外，杰文斯承认，他没办法在他的理论里引入和分析复杂的相互影响。他意识到，三个贸易主体和三种商品的交易问题，也会面临和天文学中三体问题一样的困难："我们要想把科学的方法用到道德层面，就必须要能对道德效力进行演算。这像是一种人体天文学，要研究个体之间的相互扰动。可是，天文学家连三个引力体的问题都没完全解决，我们上哪儿去找三个道德体问题的答案啊？"[6]

三体问题还指向了经济学标准方法里的一个难题：经济学里，我们可以找到解决方案，可以获得稳定性，但限制条件要非常严格才行。所有的分析都要依赖这些限制条件，犹如遵循宗教教规。在经济学里是车拉着马在跑，找到干净的解决方案的限制条件和规律后，人们就会按照这些限制来行事。按照经济学家的思维，我们的行为就是寻求数学简便的问题，解决问题的绝招就是限制条件和假设要有规律。

如果人们这样行事，事情进展也顺利，演绎的方法就会给出答案。但现实中情况通常不会如此。关注危机很有用，因为危机中世事难料。

更精细的模型里也有类似问题。确定的、非线性的模型会通往混沌动力学。而代理人基模型按照假想的行为规则模拟个人行为，常常得到混沌的结果，人们称之为"复杂"。这种模型里，一个人的行为会让另一个人更可能采取同样的行为。这种正反馈的相互影响，是混沌或复杂的源头。在实际可行的、全面的个体经济活动理论里，此类相互影响司空见惯。数学家、经济学家唐纳德·萨里（Donald Saari）这样说："经济学轻轻松松就能提供混沌的原料。我们真不应该为奇异的动力学感到惊奇，而应该去怀疑一直稳定的模型。"[7] 同天文学三体问题的道理一样，萨里指出，在三个人三种商品的经济活动的一些例子里，价格永远都呈现不稳定的动态，这表明，我们在任何时候都别指望证明一般均衡的稳定性。[8]

### 请叫我不可化约：火箭人和康威生命游戏（Game of Life）

20 世纪 40 年代，著名的普林斯顿大学博学者约翰·冯·诺伊曼（John von Neumann）为自我复制的机器开发出了一种抽象模板，他称为"通用构造器"。他的模拟不是在电脑上做，而是在方格纸上做，每个格子都可以是 29 种状态中的一种。他的通用构造器引出了冯·诺伊曼探测器的概念。这种航天探测器可以自我复制，落在一个银河系前哨站上，复制出 100 个备份，向 100 个不同的方向各自驶去，探索别的世界，再复制，如此探索整个宇宙——利用这种机器的设计特性，征服宇宙——越往后，征服的速度越快。

这种通用构造器引起了英国数学家约翰·康威（John Conway）的兴趣。后来，他成了普林斯顿大学约翰·冯·诺伊曼数学讲座教授。据他所言，18 个月后，他开始修补简化这套规则。他得到的结果就是著名的康威生命游戏。[9] 这个"游戏"其实不是游戏——玩家人数是零，因为一旦格子里的初始条件设置完毕，后面的进程中，就不再施加或输入新的影响因素了。游戏的一整套规则很简单：网格上的每个单元格都有两种可能状态中的一种：活（黑色）或死（白色）。网格上的每个单元格都有八个相邻格，[10] 每个单元格在下一阶段的命运，都是由当前阶段的"活的"相邻单元格数决定：

旁边有四个或更多个活格的活格死亡，死于人口过剩。

旁边仅有一个或零个活格的活格死亡，死于孤立。

旁边有两个或三个活格的活格可以存活至下一代。

旁边恰有三个活格的死格刚好处于"生格"哺育环境，能在下一阶段变成活格。

规则示例见图3.1。初始配置已给出，在阶段一和阶段二，最左一列的活格死亡，因为只有一个活格与之相邻；最顶上一行的活格同理。但是，有两个新生格，因为阶段一里有两个单元格旁边恰有三个活格。

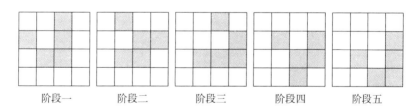

| 阶段一 | 阶段二 | 阶段三 | 阶段四 | 阶段五 |

**图 3.1 康威生命游戏**

注：从左到右是康威生命游戏各阶段的进展情况。黑格表示"活格"，白格表示"死格"。单元格之后是死是活，就看本阶段中有几个相邻的活格：

1. 旁边有四个或更多个活格的活格死亡。

2. 旁边仅有一个或零个活格的活格死亡。

3. 旁边有两个或三个活格的活格继续存活。

4. 旁边恰有三个活格的死格复活。

有两个单元格旁边恰有三个活格。阶段二和阶段三，前一阶段生的一个格死了，因为旁边仅有一个活格；其右下角的格死了，因为旁边活格太多，但有两个新生格。继续按规则走下去，会得到阶段五，形状和阶段一相同，但在网格上移位了。如果延伸网格范围，移位就会继续，直到撞上其他活格为止。这个构造，被称为"滑翔机"。在这个生命游戏里，有多种能沿着网格移动的被称为"宇宙飞船"的构造，这是其中一种。[11]

康威在围棋盘上玩这个游戏，上面有网格，有黑子和白子，用着方便。他发现，按照这个游戏规则，有些构造会自我重建，有些构造可以造出更复杂的东西。因此，这个游戏不但有自我复制的特点，还能增加复杂度。只有当游戏从围棋盘移到电脑上时，才可以欣赏到那种复杂度。

开局时，设一些活格和死格，几个阶段后，格子可能死绝，也可能继续变出新的结构。在一个给定的阶段里，一个构造里的格子会不会死绝，一般无法预测。的确，生命游戏是阿兰·图灵（Alan Turing）的停机问题的一个例证：你不把游戏运行到格子死绝，就不知道格子会不会死绝。因此，四规则的二态生命游戏是计算不可化约的。

冯·诺依曼以自我复制为目标，设计出了通用构造器；康威没想什么特定目标，设计出了格子自动机。但他发现："你若是不能预测它能怎样，可能就是因为它无所不能。"而事实证明，它确实无所不能，起码电脑能做的它都能做。和其他格子自动机一样，生命游戏可看作一个计算装置：游戏开始前的初始状态就是输入字符串，即计算的指令集。程序运行下去，格子的状态可看作输出字符串。[12]

生命游戏能计算什么？原来，生命游戏能计算通用图灵机所能计算的一切，所以能用作万能计算机：只要初始条件选对，放任生命游戏自己运行，它就能运行一切计算步骤。

生命游戏也是代理人基模型的一种风格化了的版本。格子就是代理人，基于四个规则设定好的简单启发式步骤运行。放在这样的背景下考虑，生命游戏展现了代理人基模型的几个特点，我们会在后面回顾和拓展这个问题。这一游戏呈现了产生的过程：简单的规则能得到复杂的结果，有些结果看上去和规则没任何关系，既不自然，又不可预测。每一个格子或代理人只对另外八个格子或代理人做出反应，且反应只能二选一。但是，所有个体行为的综合结果丰富且复杂。这一游戏向我们表明：计算不可化约动态无处不在，与之相关的数学方法具有局限性。同时它还证明对计算不可化约的处理方法，即让世界自行运转，看它会怎样。

## 结 论

就连最简单的例子都会得到计算不可化约性，那人类的发展、经济的互动，还有人类经验的含义，又何尝不是计算不可化约的呢？如果我们不能处理好计算不可化约性，就会丢失人性中的重要一面。

但是，经济学家的一项关键技术，就是弄明白如何才能建构出没有计算不可化约性的模型，因为他们为了在数学背景下解决问题，需要这样做。这可不简单，和人打交道，要大量的调整和简化，才能得出有用的捷径。经济学家在一个公认不简单不优雅的世界里（毕竟这个世界受到了人的限制）力求简单而优雅的模型，为了能用上数学，就需要这样做。[13]

另一种方法是，画不出地图时就不去画地图，而选择走路穿过那一地区。这一方法不优雅，但现在大抵可行。代理人基模型就是这样一个工具。如果我们面临发生危机的可能，我们就可以选择另一种方法，试着把危机压缩成一个可简化的分析形式（但不成功）。同时，不可化约系统的这个想法简单而强大。要是我们不跑一遍程序连像生命游戏这么简单的人造世界都不能确定结果，那我们凭什么认为，不实际经历一下就能应对受危机所困的经济体这样一个复杂而互通的系统呢？

第四章

# 个人和人潮：层展现象

遮阳伞上的白缎带点缀着点点彩色，抵御着沙漠炽热的阳光。这标志着穆斯林朝觐者拥挤的人流从米纳（Mina）的帐篷城出发，涌向几英里外的圣城麦加（Mecca）。接着，在两条狭窄街道的十字路口，人群困住了，人流骚乱了起来，一大群朝圣者绊倒在地，被汹涌的人流踩了过去。只有等到这个地方清场后，才会发现显然这里有过一场大灾难，地上躺着成片的白袍人，2400多人丧生。

人们把2015年朝觐期间发生的这一悲剧的责任归咎于多方。有人认为是安检人员关闭了出口；有人认为，可能是朝圣者因语言文化障碍而没能遵循"有关部门发出的"准则和指示；有人认为，朝圣者文化背景复杂，导致人们在蜂拥的人流中被困时行动不一，互不协调；也有人认为，朝圣者身处异乡，对周围环境不熟悉，加上又热又累，事态才会变得更加糟糕。

2015年踩踏事件只是最近的一例。在朝觐活动中，信徒向代表魔鬼的"贾马拉特"（Jamarat）柱子投掷七块石头，柱子所在的位置是传说中撒旦诱惑先知亚伯拉罕的地方。尽管沙特方面花了几十亿美元扩大这个仪式的集会空间，拓宽各集会点之间的道路，可最后还是发生了悲剧。2015年贾马拉特仪式中，在集会点周围的小路上也发生了类似的踩踏事件。1990年，在通往贾马拉特的人行隧道里发生了踩踏事故，1426人死亡。1994年，贾马拉特仪式发生两起踩踏事故，500 余人死亡；1998 年，在通往贾马拉特的桥上，120 人死亡；
2006 年，在通往贾马拉特桥的一个匝道上发生踩踏事故，350 人死亡。
在事故中幸存下来的人说，他们就像被钉在了地板上，一大群逃跑
的人从他们身上踩过。人们爬到别人身上，只为能喘口气。如果一
个人绊倒了，就会有八方压力强推其他人踩到他的身上。

没有人想要去踩踏别人。大楼发生火灾时，人们可能会发生恐
慌而争相逃命；但朝觐踩踏事件不一样，没有诱因和动机非得把拥
挤的道路弄成令人窒息的骚乱。这是一种没有明显原因的人潮涌动。
造成踩踏事件的混乱有多种，可能是有人从一辆巴士上下来挤进了
人群，可能是来自不同方向的两股人流交汇在了一起，甚至还可能
是因为某些貌似无害的行为，例如有人停下脚步等待同伴。

这些踩踏事件和物理学关系更大，和大众心理学关系更小。这
是反馈放大和雪崩的结果，即动态系统中常见的多米诺骨牌效应。
导致"众震"的是，每个人在其当前的环境中都在做着似乎无害或
者不可避免的事情。但系统效果并非个体行为效果的简单叠加，也
不是管理权威在指挥众人，做出全局计划的结果，而可能只是源自
几百步外有人推了一下前面的人，甚至可能只是有人停下来休息，
然后效果就像平白无故地出现的"疯狗浪"一样放大开来。[1]

这种踩踏的学名叫作"层展现象（或'涌现现象'）"。个体行
为的整体效果不同于个体行为时，就有了层展现象，系统的行为和
组成这个系统的代理人的行为不一样。小溪荡漾、云团积聚，在大
自然里，层展现象是自然而然的。在社会互动里，尽管我们有多种
控制机制来避免毁灭性的层展，层展现象还是很常见，比如穆斯林
朝觐中的踩踏事故。

同样是人群推搡，为什么有时会消散而相安无事，有时却蔓延酿成踩踏事故？没有一般性理论可以解释。人群中的个人往前走的时候，只注意到身边的人，不会意识到自己的行为最后可能会一路雪崩过去，蔓延到整个人群。发生了什么事？什么原因？除非一个人自己和边上的人被影响了，否则他不会知道是怎么回事。同样，也没有管理者知道是怎么回事。与理性预期假说中的一致性声明相悖的是，人们不知道用什么模型，也确实没什么模型可以解释。

金融危机是一种冲破了市场控制机制的层展现象。在朝觐踩踏事件中，没有人想让危机发生。同样就个体公司的层面来说，他们做出的决定，也确实基本都是想要谨慎行事，避开危机的惨重代价。但是，局部的稳定会发展成全局的不稳定。

## 给层展下定义：可疑之事

在深入分析围绕朝觐踩踏事件的混乱之前，我们先来看看基于相同动态但能体现出优雅和协调的东西：一群鱼。几千条鱼聚在一起同向而游，看着像一个整体。恰在此时，这群鱼变了个形状，换了个方向继续游。鱼群有时会分散开来闲适漫游，有时会保持紧密队形加速前行。没有领头鱼给其他鱼引路，告诉它们三维坐标，要去哪里，要游多快。没有重定方向的号令，也没有给队伍分发新坐标系。每条鱼的行动只是根据身边的情况所确定的极为简单的规则。鱼和鱼之间朝向一致，保持一定距离。身边没有危险，鱼和鱼就保持更大距离，扩大觅食范围；有可疑的敌情，鱼和鱼就缩小间距，让鱼群目标变小。[2]

这些简单的规则，层展出了复杂的群体动态，这种动态无法从鱼的个体规则中得出。整体大于部分的总和——至少有所不同。不为代理人自身所拥有的，而在代理人的交互中涌现出来的系统动态，就叫作层展现象。

看看假期里的纽约市中心街道，红灯一变绿，在各个街角挤作一团的人群就开始横过马路，人们组成了小溪般的人流，有的走这边，有的走那边，互相之间没有碰撞。他们凭直觉遵循的规则很简单，和那群鱼没太大区别（除了人没有被捕食的风险）：跟在同你一个走向的人后面，保持不远不近的距离。不用谁来向你发"在纽约市穿过十字路口的规则"的传单。此处的规则，内在而简单。结果就是，红灯一变绿，就按这个简单的规则来一大波动态层展现象，随后消失不见。

我们有了这个规则之后，就可以在电脑上模拟层展现象，跟在现实生活中做观察一样简单。飞行的鸟群可以显现出不可思议的复杂性和流动性。数千只鸟如同黑云一般，不断变化移动的方向和形状，呈现出一幅壮观的景象。一群飞鸟的飞行就像系统一样运行，只是这个系统要基于每只鸟根据群里其他鸟的行动来做出行动判断。然而，建立一个宏观的、自上而下的鸟群行为模型是会偏离事实的。虽然鸟群在宏观上有着复杂而非线性的移动方式，但这种移动并不基于任何全局性程序。但如果更实际地看，这个程序其实极为简单，就是在考察群里的每一只鸟的局部互动的总和。在其对这一层展现象的早期模拟中，奥斯卡奖得主[3]、软件工程师克雷格·雷诺兹（Craig Reynolds）建立了人工"鸟群"动态模型，模型基于三条规则：

间隔：不要离包括其他鸟在内的任何东西太近。

对齐：跟边上的鸟保持一样的速度和方向。

内聚：感测附近鸟群的中心位置并向其聚集。

鸟群模型也可以像生命游戏那样做成格子自动机，每只鸟只看到附近的情况，只按简单规则行事。的确，生命游戏这样的格子自动机给我们提供了一个层展的范式：很明显，世界的高级特征是个体代理人行动的结果，其设计错综复杂，似乎与个体代理人的简单双位规则格格不入。生命游戏型的格子自动机还有很多，而且更简单，层展出的现象更复杂。[4]

我们要关心的层展现象，不是迷人眼的鸟群飞翔或者鱼群遨游，也不是似层流的过街行人，而是那些其中的规则看上去合乎情理而且在个体层面运行顺利，却导致系统层面出现意外混乱的层展现象。

## 复杂性和层展

如果有这样的层展现象，那么，无论代理人是鱼、鸟还是人，其作为一个参与者，是不知道层展的模型的。尽管每个代理人都按身边的世界行事，而且他可能对身边的世界了如指掌，但整体的效果还是有所不同，它不是由任何代理人所观察到的东西来决定的。互动具有复杂性，整体模型不像是个体模型的总和。每个人都需要了解整个系统中的所有人在怎样行动（当然，如果能做到这一点，会有巨大价值）。我们可以做"每个人都有足够的数据，可以理解互动的含义"这样的假设，将其作为起点，但显然事情并非如此。即便每个人都遵循一定的模型，他们试图获得正确的模型这个动作本身就把模型改掉了，又会创造别的层展互动。建立系统整体的模型，需要从每个代理人的决策入手，以每个代理人所观察到的为基础，相应改变代理人和环境，之后的每一个阶段都重复这些步骤。这是代理人基模型建构步骤的核心。

约翰·梅纳德·凯恩斯明白这个原则：

在我看来，科学家通常遵循的那些物质规律特性的基本假设，就是物质界系统必须由个体组成……个体分别施加其独立恒定的效果，整体状态的变化是由许多个体的分别变化叠加而成的，而个体的分别变化又纯粹是个体之前状态的一个单独部分导致的。但是，对不同复杂程度的整体而言，很可能会有大不一样的规律，会有复合体之间的关联规律，而这种复合体之间的关联规律是不能用连接个体构成部分之间的规律来表述的。[5]

这个观点讲的是引起层展现象的互动。言外之意就是，人们通常要悄悄行事，把市场影响降到最低（也就是说，不要产生有意义的互动），让市场靠边站，而如果除此之外，不再有其他的行事理由，那么之前讲到的这类互动，就会在危机中变多、变烈。

层展现象解释了我们都在做自己认为有道理的事，也确实降低了我们的风险，却为什么招致了灾难性的后果。我们能人人自我谨慎行事，却同时让系统按我们都超级不谨慎的那副样子来运转。正如个人世界看上去稳定而系统却可以全局不稳定，因此局部的谨慎可能会导致全局的不谨慎。

# 第五章

# 语境和遍历性

要想知道我们是否处在一个遍历世界，可以问一个简单的问题：历史重要吗？我们怎样走到现在的境地重要吗？在多数物理过程中，这不重要。我们可以来看看此时此刻的世界，从粒子的位置和速度开始讲起。粒子 C 是从粒子 A 而不是粒子 B 上弹到了现在的位置，这不重要。不依赖自身历史，是一个非常重要的属性。要是没有这一属性，我们运用物理法则来预测和理解世界运作的能力就要受到阻碍，因为我们不得不回溯过去。要是碰上全新的问题，那我们基本上就全茫然失措了。

驱动物理世界运作的机械过程具有遍历性。许多生物过程也是如此，例如从浮游生物到昆虫的多种生物的随机移动。但如果我们认为经验和背景很重要，人性的产物就不具有遍历性，未来不是过去的类推。"当我们思考世界的未来时，"哲学家路德维希·维特根斯坦（Ludwig Wittgenstein）写道，"我们总是指，世界按现在可观测的运动方向继续运行下去，会到达哪里。我们不会想到，这一路径并非直线，而是曲线，而且还经常改变方向。"[1]

语境是历史的产物。我们在理解人际关系时会被告诫："你得要理解他们之间的历史。"相比之下，我们的存在是以物理学为基础的，在这方面，我们只需知道自己现在身在何处就可以了。

我们如何看待世界，甚至如何理解别人说的话，都依赖语境。

语境会随着我们的经验和所处场合而变化。在日常生活中，这些变化通常很慢——尽管它们确实在变化。我们在15岁和50岁时想要的、为之奋斗和为之牺牲的东西，是不一样的。随着生活经验缓缓累积的变化，会在危机中加速。经历一场危机，我们就会是一个不同的人，面对下一场危机时的姿态就会不一样。

我们都根据自身行动来影响世界，也就是说，如果互动很重要，而且如果我们都根据语境来采取行动，那今天的世界将不会像多年前那样运转。我们会变，而且语境很重要，就是说我们的生命之路不具有遍历性。

听上去"遍历性"像是替代"可预测"的一个别出心裁的词，但遍历性是一个用在各个领域里的数学概念，从热力学到计量经济学里都有，只是在不同领域定义和用法稍有不同。放在实际场景中来说就是：如果一个过程具有遍历性，那这个过程的概率分布，过了1000年后，也和现在看上去一模一样。你可以从这个过程的过去抽样，得到概率分布，预测其未来。你可以蒙上眼睛被放进时间机器，从过去或将来的任何时刻出来，感觉都很自在熟悉，因为无论何时同样的事情都会以同样的概率发生。无须从经验中学习，也无须以新的视角去看待一个事件。概率分布会催生同样的环境，导致同样的可能结果以同样的概率出现。[2]

例如，假如投资行为具有遍历性，比方说我们可以先投资20年，看看结果，再重来五次，那样我们财富的分布情况，就会跟一次投资一百年一模一样。你可以将许多种人生平均，而不是只活一次。但事实并非如此。你不能把这个世界倒回去试上一次又一次。在《不能承受的生命之轻》（*The Unbearable Lightness of Being*）里，米兰·昆德拉提出了永久再现的问题，并让主角托马斯意识到，生命只有一次，生命是遍历世界和非遍历世界的并列。你不能从很多种人生中算平均，你只能活一次，随命而生的事件，发生后就再也无法挽回。如果我们只沿一条路跑下去，而不是从多条不同的路中算平均，我们就可能会失去一切，然后也就跑到头儿了。相反，就像数学家欧雷·彼得（Ole Peters）说的那样，遍历方法将我们通通置于约伯的角色：我们可能失去房子和家人，但到了下一个阶段，这些都过去了，都忘掉了，我们得到新的房子和家人，然后继续生活。[3]

遍历过程中的所有样本都来自同一个人群，如果样本足够长，就可以描述过程中最重要的特性，比如平均数或方差；在任意时刻提取的样本，都会和其他时刻提取的样本效果相当。

经济学假定世界是遍历的。[4]这是一个非常有用的假设，因为你由此可以得出长久不变的期望值。你不用了解任何历史，因为之后发生的事情，都只会由一些固定的概率分布决定。卢卡斯写道：

> 该假设最可能有用的情况，一个是利益概率涉及定义清晰的复发事件，另一个是"风险"……其中的行为可以用经济理论来解释……在不确定的情况下，经济分析会毫无价值……只要我们认为经济周期是本质上相似事件的重复，我们就有理由认为代理人是在将周期变化当作"风险"应对，或假设他们的预期是理性的，有相当稳定的计划来收集和处理信息，还能稳定地利用信息预测未来，并没有系统的、易修正的偏见。[5]

但人类不具有遍历性。我们沿着一条路走过这个世界，路只有那么一条。我们在这条路上的位置、我们的经验、我们的互动以及我们此时对世界的看法，都决定了我们行动的语境。这条路不可重复，这可不是在概率分布里抽样。我们不能在任意一点跳上车，看到同样的故事从这一点开始展开。

## 你听上去像个该死的机器人

遍历性在机器上可以行得通，因为机器遵循无误的物理规律；在按程序运行的、能根据给定输入给出明确输出的机器人上，也能行得通；要是假定人也是机器或机器人，那也行得通。但这个假设不太好。我们来看一个名叫 MGonz 的按程序聊天的机器人，就能明白"遍历人"是什么样子。

1989 年，都柏林大学学院的本科生马克·汉弗莱斯（Mark Humphrys）把他写的一个聊天机器人程序发到了网上，然后就离开了。一名来自艾奥瓦州德雷克大学的用户向汉弗莱斯的账号发送了"手指"的指令信息。汉弗莱斯的程序立刻回了话："把这屁话写成完整的句子。"于是，德雷克大学的某某用户（以下简称德大某某）就和汉弗莱斯的程序 MGonz 进行了一个多小时的争辩。[6]

MGonz 会按程序频繁地说一句出人意料的话："说点有趣的东西，否则给我闭嘴。"来来回回交谈十分钟后，这句话用了很多次，我们得到了以下的对话（网速较慢，有些消息顺序混乱）：

德大某某："说点有趣的东西，否则给我闭嘴"是什么意思？

MGonz：你在说什么啊

德大某某：你一直跟我说"啊说点有趣的东西否则……"

MGonz：你就一浑蛋

德大某某：给我闭嘴

MGonz：你在说什么啊

德大某某：这什么？先说"你就一浑蛋"然后……

MGonz：你在说什么啊

德大某某：你说"你在说什么啊"

MGonz：好了到此为止不跟你聊了

德大某某：你一个账号两个人在用

……

MGonz：你上一次做爱是什么时候

德大某某：你这些傻乎乎的话是受控生成的吗？（德大某某认为 MGonz 有输入特定话句的快捷键，以解释其重复）

MGonz：好了到此为止不跟你聊了

德大某某：你听上去像个该死的机器人，就知道重复[7]

这段不经意的细致观察是从晚上 8 : 31 开始的，记录了约 20 分钟的对话。他们一直吵到 9 : 40。

第二天早上，汉弗莱斯回到实验室，看到消息记录，大吃一惊。这程序怎么会和真人用户聊了那么久？这么简单的一个程序怎么会骗过真人，让他以为他不是在和一个"该死的机器人"聊天？

MGonz 具有遍历性。不论聊天历史如何，我们都可以从上回聊的地方继续聊，甚至连上次聊到哪里都不用知道，我们甚至都不关心继续和我们聊天的是不是同一个人。我们等着下一条消息，可以只根据下一条消息来回复。

原因就在于，MGonz 运行时不需要考虑语境。它不去了解对话聊到哪儿就做出回复。每一次回话，看的都是前一句，而不是聊天的历史。它甚至不需要看前一句问话，只要出人意料地辱骂和指责就行。这个程序，还有大多数成功的聊天机器人程序，都有一个特征，就是互动的每个部分都根本不改变整体环境。MGonz 机械生成的任何一句回话，都可以是在任何时候产出的。所以，从某种意义上说，这里面有交互，但这种交互没有造成任何变化，没有引发任何动态。可程序在人类不知所云时，又开始聚焦某些话题，亵渎和无情攻击对方，还随便询问对方的性生活，如此蒙混过关。而且，MGonz 时不时断定"德大某某"就是个骗子。例如，在后面的对话里，MGonz 发话说"你上一次做爱是什么时候"，然后德大某某回复"我不信"。当 MGonz 没有清晰的会话线索时，就又开始说"你就一浑蛋"或者"啊说点有趣的东西否则给我闭嘴"。

这种聊天，我们都听过或参与过。某个人路过，五分钟后再回来，听到的聊天前后都一样。换言之，这种聊天根本不算聊天，让人不知所云。每句话都可以是不同的人说的，"模型"的发展或建设不以互动为基础，它不是动态的。这种特点叫作无状态。我们不需要知道聊天聊到了哪儿，随时进来聊都行。[8]

对人类来说，语境的重要性不亚于内容。你要是和一个人聊天，隔了 30 年之后再聊起，你是不会接着上次的话继续聊的。你的人生就是这样，随经历而变化，不具有遍历性。机械模型不会反映存在的焦虑和不满，也不会反映孩童时期的经历会如何塑造语境。以前的聊天，还有其他人的兴趣与情感，都可能会影响动机和行动，但这种模型不考虑这一点。它不会在利己和利他之间转换，也不会在精神享受和物质享受之间转换。经济模型的世界里，人类互动的这些维度，全都夷为平地。如果问题只是背景辐射，互动维度的倒塌对小规模决策无足轻重；但在危机期间所出现的语境里，这种倒塌就引人关注了。

## 逻辑和语境

计算机程序没有歧义，指导计算机执行一串操作，其"意义"也就因此具有普遍性。两台计算机运行相同的程序，就会执行相同的信息处理操作，就会得到相同的结果。计算机程序没有歧义的意思是说一句指令有且仅有一个意义。如果计算机语言的指令有歧义，那结果就会出错。相比之下，人类语言富有歧义，意义会随环境和语气而变化。我们解开歧义得到意义，靠的就是语境的叠加。语境可由诸如下列问题决定：这句话从哪儿来？他为什么问我这个？大家在这里干什么？

从我们是人类这一点出发来讲，语境驱动的歧义是一个特征；而从我们是逻辑驱动的理性动物这一点来讲，那语境驱动的歧义就是程序错误了。心理学家丹尼尔·卡尼曼（Daniel Kahneman，2002 年诺贝尔经济学奖得主）和阿莫斯·特沃斯基（Amos Nathan Tversky）对人作为理性动物的失败原因进行了探索。其中，理性的意思是遵循逻辑规则进行决策。他们发现，同样的问题，用对等的逻辑以不同的方式提出，结果会不同。然后，他们把这些偏差分类归结为人类对偏见、体系以及其他东西的趋向体现。他们研究人在不同语境下如何行动，理性人应当如何按照逻辑一致行事，并将二者做比较。也就是说，他们研究语境如何打破逻辑支配的一个方法。[9]

问题在于，对人类来说，要考虑逻辑是不能脱离语境的，例如语言的用法和规范。当米克·贾格尔（Mick Jagger）唱道"我不能得不到满足"，人们真的认为他是在说他可以得到满足吗？你如果像逻辑学家那样来切分句子的话，你就会这么认为，因为你的思考操作脱离了语境，即人们如何运用语言。语言用法和聊天模式就是最清楚的例子，来说明语境和规范有多么重要。如果有人说"除了我的朋友亲人我谁都不邀请"，那么真的有人会认为，他的意思是只邀请朋友和亲人吗？（他要是说"我的朋友和我的亲人"，会好一点。）同样，在这一点上，像逻辑学家一样来切分的人，也会得到教训。这是最简单的两个例子，但已经很好地表明了逻辑失败的证明工作，以及范围的不一致性，诸如此类。

由脱离语境而引发的问题有一个经典例子，那是由特沃斯基和卡尼曼（1983）提出的一个问题，后来被格尔德·吉仁泽（Gerd Gigerenzer）（2008）批判：

琳达31岁，单身，直言不讳，非常聪明。她是学哲学专业的。当还是一名学生时，她就深切关注歧视和社会正义问题，并参加了反核示威。

以下哪一个说法更有可能？

A. 琳达是一个银行出纳员。

B. 琳达是一个银行出纳员，并积极参与女权运动。

大多数被问到的美国大学生都选了B，他们也因此在逻辑思维上不及格。但考虑一下语境。人们得到了琳达的详细信息，而一切都表明，她是一个女权主义者。在现实世界中，这种信息为后续问题提供了语境。我们不会从基于日常经验的正常话语突然变档跳入逻辑问题分析。除非你是个逻辑学家，或有阿斯伯格综合征，否则你会用"可能"这个词来表示："依我刚才的描述，你觉得琳达最可能是哪一种人？"在这个问题里，银行出纳员是无关信息。我们在现实世界中有语境，能推断什么信息是无关的，并过滤。

你若是逻辑学家，那么你回答这个问题时，连对琳达的描述信息都不需要——我们可以将问题替换为："哪个更可能，A 还是 A 和 B？"因为逻辑学家不需要描述可能提供的语境。

证明我们在形式逻辑的框架内进行操作会失败，所表明的与其说是逻辑和语境不容，不如说是人们不遵循逻辑。卡尼曼和特沃斯基的工作同样可以指向形式逻辑在实践中的失败，而不是人们执行逻辑思维的失败。关键在于，我们所做的事情有特定的语境，不由逻辑来驱动。逻辑会让我们一直采取相同的行动，但我们的行动是由所见的世界和所处的情景决定的。

我们不是计算机，我们的喜好不是简单的方程。数学家从一组公理开始进入经济学的世界，而这正是数学生效的方法。其中的一条公理，或是需要采用公理化方法的一个假设是，人们都像数学家那样思考。这样一来，新古典主义经济学家就没有考虑到人们真实的思考方式。他们很少会想到，思考是和环境及决策语境交织在一起的。

数学方法假设，如果没有认知能力的约束，人们会像数学家一样决策和解决问题：采用最优化策略。然后，他们发现，人们并不总能做到这一点，他们就后退一步，认为人们在解决最优化问题时，会有约束，例如时间、信息及计算力。如果计算力有问题，那朝着约束最优化前进，就是朝着错误的方向前进，因为通常一个约束优化问题比无约束问题更难解决。但就算给你公理，你也无能为力。

人类，哪怕是数学家，稍加思考就可以发现，我们实际上不会去解决这些复杂的、经常解不开的问题。所以，最优化学派是一种"虚拟语气模式"。"我们不知道人们的真实想法（也不想知道），但我们会调节我们的公理来假定它们都是以最优化方式起作用。因此，如果我们解决了问题，我们就理解了人们行事的方式，哪怕我们不了解这行动背后的心理过程。"

行为经济学 1.0 没有完全脱离数学范式的引力。决策和约束最优化做比较，偏差会视作异常。考虑到标准新古典主义范式在今日居统治地位，在那时，这么做可能很有必要。抛开学术政治，提"适用于数学家的公理在现实中是错误的吗"这样一个问题或许会更好。毕竟，我可以新开一个经济学领域，主张一条公理，认为人们会根据太阳黑子和占星术做出决策，再列举事实，说明他们偏离占星术解法的方式都有哪些。人们会指责这条公理，但我能收集按此公理行事的人的证据，据我所知，这种证据比最优化学派那边还要多。当我们深入研究人们的实际想法——这工作源自心理学而不是经济学——我们发现，人们用的是启发法，而这种粗略但实用的估计方法跟最优化一点儿也不像。

## 危机和语境

如果经济学忽略了人的本质，把人当作按严密程序运行的机器人，经济学怎么会发展到今天的地步？或许，经济学发展的高度还没有看上去那么高。多数经济分析是和日常生活的时间框架挂钩，其中的人们变化不大。但在危机中，效果如此明显，以致局限性和失败全都涌现了出来，赤裸裸地摆在眼前。危机来临时，经济学的失败非常明显；但在平时，有常态遮盖，其失败并不明显。或者用行为经济学和非理性来做陪衬，把失败归结为市场异常，也就可以拒不承认失败了。

在绝对真空中，羽毛和炮弹下落的速率一样，因为关键的作用力只有引力。但实际应用中，总会有大气条件和风阻；同样，也许总的来说，经济学也可以找一样的借口。但在危机中，很多事情都脱轨了。在物理学中，人们认为，空气阻力是一种干扰因子。在经济学中，人性则不是干扰因子。也许，人们知道有人性，但认为人性建模难度太大，就不计入方程了。

相比于普通投资时期，危机期间起作用的重要因素不同，由此可以看出语境的变化。在危机期间，重要的不是相对价值，不是相对预期收益的微妙变化，也不是供应链中的收缩情况，而是流动性和风险。人们会抛弃高风险资产和低流动性资产，做安全投资转移（投资有流动性的、低风险的资产），其他考虑都会放弃。你可以做很多调整，寻找一套稳定的偏好，把其他因素都考虑进去，可我也能另寻任意多套语境驱动型偏好。等你做完调整，把所有因素纳入考虑，你也就令经济学望尘莫及了——你建立的是一个人类心灵模型。

这种动态若是不可避免，那么我们就已经失去了经济学里引入科学方法所需条件的一个重要组成部分。经济学运转着，把我们当成了 MGonz，当成了"该死的机器人"。如果我们生活在这样一个没有语境的世界里，经济学会令我们用理智的眼光来看待自己的行为和偏好。人性是一种障碍。在短期内，或是在稳定的世界里，这个特点可能不重要，但在危机时期，世界会是另一副样子。于是我们回到了正题：我们发现，在危机考验之下，标准经济学方法会显露出局限性。

第六章

人类经验和根本不确定性

伊拉克战争时期，在提及美方行动战略时，时任美国国防部长唐纳德·拉姆斯菲尔德（Donald Rumsfeld）不太得体地使用了"未知的未知数"这个说法。在金融界，这个概念的术语叫作"奈特式不确定性"（Knightian Uncertainty），意在纪念认识到这一点的这位经济学家。更广泛地说，此概念称作"根本不确定性"，旨在描述意外事件，即预测不到的结果或事件。这些事件放不进概率分布，因为它们不在可能出现的事件列表上，因此无法建模。[1]我们或许可以试着把这种不确定性归结于模型误差——毕竟没有人指望模型能包罗万象——有时候，这些不确定性的发生，已经不仅仅是令我们偏离目标一点，有时候它们会重新定义目标。由此引出一个问题，你怎么能为一个你一开始就自认无法建模的东西建模？

如果根本不确定性在我们的共同经验中到处出现，那我们就处在危机之中了。确实，在天翻地覆的时期，我们所说的"危机"，大概就是像杰斐逊飞机乐队（Jefferson Airplane）的格瑞丝·斯里克（Grace Slick）唱的那样，"逻辑和比例凋落邋遢死去"。但根本不确定性在生活中也很常见。拥有确定状态和确定概率的世界几乎不存在，除非我们走到赌桌前面。根本不确定性是人类生存的内在特性。

根本不确定性的最显著形式是，发生了我们压根儿没有想到的事情。[2] 我们还可以把这个定义套进鸟、蜥蜴和昆虫的框架里，因为在这些框架里，根本不确定性更容易想象。但我们要先探讨一种不可调和的不确定性——它源于人自我参照的特性——我们意识到，我们可以从自己想不到的东西中获得经历；我们意识到，我们可以以无法内化的方式接近这些经历，或被其改变；我们还意识到，我们可以以一种无法预期的方式故意创造出根本不确定性来改变环境，从而使自己获益——就像打仗时那样。

## 知识限界：我们如何学习自己无法知道的东西

即便答案很难找，甚至还没被发现，我们还是希望每个问题都能有答案。也许，这就是为什么我们喜欢读小说，玩电脑游戏，置身电影幻想世界——我们可以从中看到行动和结果相连。披头士乐队有一首歌这样唱道："不知道的东西你全懂不了，不显现的东西你全看不到。还有一些东西你看不见，还有些东西你也不知道。"我们互动和经历的结果，划定了我们知识的限界，让我们因求知欲不能被满足而沮丧。除非我们在这些限界内操作，即运用一些不需索取无法获得的东西的方法，否则我们无法理解危机。我们不能拥有预定系统，也不能拥有围绕公理进行演绎的系统；我们不能拥有无缝而顺利地从个体推及系统的过程；我们不能拥有像轮盘赌一样运转的、概率分布完全定义好的、状态组合可以穷尽的世界。

有一些事情，我们完全无法知道，它们划定了我们知识的限界。就像一句拉丁格言"ignoramus et ignorabimus"说的那样，"我们现在不知道，将来也不会知道"。有些事情和逻辑有关：我们无法知道，因为我们不能创造一个保持一致的自含式数学系统［库尔特·哥德尔（Kurt Friedrich Gödel）的不可能性定理］，我们无法知道，因为有些问题可以在算法上提出却不能判定（图灵的停机问题）。另一些事情跟过程和物理世界有关：我们无法知道，因为我们和世界交互的同时改变了世界［维尔纳·海森堡（Werner Heisenberg）的不确定性原理］；我们无法知道，因为描绘系统演化所需的精确性超出了物理能力所及（混沌）；我们无法知道，因为我们的模型不能预测我们实际观测到的东西（层展现象）。还有一些事情和概率有关：我们无法知道，因为我们不能建立概率分布（遍历性）；我们无法知道，因为我们不能彻底了解前面会有多少可能的事件等着我们（根本不确定性）。

我们知识的限界是什么？我们如何知道无法知道的东西？过去的 150 年，在哲学界、数学界和物理学界，最聪明的一些人在苦苦地思索这类问题。人们绞尽脑汁攻克这些最著名的不可知问题，得到了许多关于人类存在的伟大思想。

### 哥德尔的不可能性定理

1901 年，英国逻辑学家、哲学家伯特兰·罗素（Bertrand Russell）启动了一项为期十年的紧张研究，最终写成一本分三卷、1800 多页的大部头巨著，讲述了几乎无法理解的数学问题，书名叫作《数学原理》（*Principia Mathematica*）。罗素为做这项研究，请他的老师、数学家阿尔弗雷德·诺思·怀特黑德（Alfred North Whitehead）做帮手。这项研究意在证明："纯粹的数学一律遵循纯粹的逻辑前提，且只使用以逻辑术语定义的概念。"其目标是为数学提供一个形式化逻辑——为什么一加一就是等于二？并用一套清晰的初始公理证明每一个前提，从而为数学建立完整的结构。罗素发现这项工作繁杂费力，"我以前只听说有六个人把这本书的最后部分看完了。其中三个是波兰人，（我认为）他们后来被希特勒杀掉了。其余三个是美国得州人，他们把这本书理解透了"。[3]

手稿上满是复杂的数学符号，这本书只能用手写，而且很厚——最后杀青时，罗素不得不租了一辆小货车——厚到都不能复印了。罗素回忆说："我每次出去散步，都害怕房子着火，手稿付之一炬。"剑桥大学出版社估计，他们出版这本书会赔钱。英国皇家学会出钱承担部分费用后，罗素和怀特黑德还得每人付 50 英镑，于是，他们苦苦干了十年，到头来每年还赔了 5 英镑。[4]

《数学原理》本身是一座丰碑，但它最大的成就直到 20 年以后才体现出来：它为一位名叫库尔特·哥德尔的奥地利人提供了元数学分析事业的素材。

虽然哥德尔确实面临被希特勒杀掉的危险（他因此逃往普林斯顿高等研究所，他先是经西伯利亚大铁路穿越苏联向东逃，再从日本乘船到旧金山），他既不是波兰人，也不是美国人。1931 年，他写了一篇论文，题为《论〈数学原理〉及有关系统的形式不可判定命题》（*On Formally Undecidable Propositions of Principia Mathematica and Related Systems*），证明了罗素和怀特黑德一心一意追求的目标是不可实现的。（说来也是不可思议，这样一篇数学和逻辑领域的拱顶石一般的重要论文，竟然是哥德尔为获得教师资格而写的论文的一部分。）

哥德尔证明了任何数学系统都不能解决所有问题。哥德尔的基本论点，可从一个小学生的脑筋急转弯问题所包含的矛盾中窥见一斑。有一张纸，一面写着"这张纸反面的陈述是对的"，另一面写着

第六章　人类经验和根本不确定性

"这张纸反面的陈述是错的"。其中的矛盾是无解的。或者，更切题一点，就是下面这句论断："这个陈述的对错无法证明。"[5] 你不能证明该陈述正确，因为这样证明就矛盾了；如果你证明这个陈述是错的，那就意味着反过来是对的——这个陈述的对错可以证明——这又矛盾了。

这两个例子矛盾的关键在于自我参照。哥德尔证明的关键就是这种自我参照，陈述内嵌入了别的陈述。任何一个足够丰富的形式系统——比如包含算术公理的系统——当且仅当其不一致的时候都能证明自身具有一致性。

罗素和怀特黑德并不是完全没发现这个问题。1901年底，罗素完成了《数学原理》的第一轮写作，觉得自己正进入冲刺阶段，却又被三种表面简单的矛盾挡住了去路，越来越苦恼。他写道："一名成年男子似乎不值得在这种小事上花费时间，但……不管这件事小不小，它都是一个挑战。"为了应对这个挑战，《数学原理》多写了近十年时间。然而，罗素和怀特黑德做了那么多努力，还是把重点漏掉了。这些矛盾表面是小事，但它们在数学和逻辑的核心深深扎根，而且还只是能证明我们构建形式数学系统的能力存在局限性的最简明易懂的例子。

**图灵的停机问题**

尽管哥德尔彻底击败了英国的万事通，要煎的那条大鱼却不是罗素和怀特黑德，而是20世纪初的数学泰斗戴维·希尔伯特（David Hilbert）。

希尔伯特是德国人，在哥廷根大学教书。他在为一个称作"决策问题"的问题寻找答案，以给封闭的数学世界下定义：有没有系统

073

性过程或者程序能够证明语言中表达的任意陈述都是正确或错误的？希尔伯特的"系统性步骤"指的是一台计算机所能执行的步骤——尽管说的不是现在意义上的计算机。如果我护送你进入"二战"曼哈顿计划中的一个大房间，里面全是"计算机"，你会发现有几十个女人拿着最简单的计算器辛勤工作，有人把写着指令的纸交给她们，她们把写好答案的纸再交回去。[开发这些指令，并想出编辑结果方法的那个人不是别人，正是著名的物理学家理查德·费曼（Richard Feynman）]。那些女人就像会计一样，叫作计算机，因为她们的工作就是如此。她们不需要知道自己所从事的任务性质如何，只要准确无误地执行一套指令就行了。希尔伯特有一个大规模的数学举措：设计出能遵循死记硬背的机械步骤，只回答是或否，最后证明出任何数学命题。当然，如果这个过程是机械的，为什么不研制一台机器，一台叫"计算的机器"的东西，通过同样的死记硬背，来完成一些真人计算机能够完成的机械的任务？⁶

这正是阿兰·图灵要做的。他为计算机开发了一个概念框架，能接受任何指令，忠实执行，最后得出结果。图灵的同事阿伦索·丘奇（Alonzo Church）把这个框架叫作"图灵机"（丘奇也独自证明了希尔伯特程序的不可能性）。图灵更进一步，把一套机器内部的、不随执行过程改变的指令加到机器里。这套指令可以用于我们能够想象的任何计算，因此就有了著名的通用计算机，或称通用图灵机（UTM）。

通用图灵机是一个里程碑，它是现代计算机的基础。它有计算的必要元素——读、写、数据库（按图灵的思路，就是抓住无限长的绳子）、计算状态的短期记忆，以及作为数据库的一部分在内部保存的、用于执行的指令。其他电脑能做的事情，通用图灵机都能做。

于是图灵还证明，无论底下有什么事情在悄悄进行，所有的数字计算机在本质上全都是相同的。

不过，这也是希尔伯特项目的概念机制。图灵让这台机器执行几项任务，其中一项就是做判断，看看针对任意一套指令，计算机能否在计算过程的任意时刻，判断出执行这些指令会不会导致机器打印出"0"。这称作打印问题。图灵证明，机器不可能做到这一点。也就是说，可以给机器设定一套系统性过程，让机器来判断一个不能以是或否来回答的陈述是正确还是错误——这是不可判定的。还有其他的不可判定问题，其中最著名的是图灵的停机问题：对任意一个程序，我们不能提前知道，计算机是会给出最终结果并停止运算，还是会一直计算下去。[7]

图灵停机问题和哥德尔的不可能性定理类似，也是一个以计算不可化约性为要点的陈述：为解答计算机程序会不会停的问题，唯一的一般程序，只有让程序运行，看它会不会停。当然，在这个过程中，你永远都无法消除怀疑，除非你让程序永远运行；这个还没停的程序，很有可能就在你放弃或超出计算时限后没多久就停下了。因此，图灵的停机问题是计算不可化约性的一个例子，而且还不只如此，因为有时候，你连按部就班走到最后都做不到。而且，就好比，你不被允许许下更多愿望，计算机程序不能拉别的程序来帮助确定前一个程序会不会停。这涉及考虑未来经验的问题："一旦我们开始做一串思考，我们根本不知道思想会通往何处。就算思想真的会通往某处，在没有到达之前，我们不知道是通往了何处。"[8] 图灵的停机问题在生命游戏的格子自动机里很明显，我们不能知道格子是会死绝还是会稳定下来，除非我们把游戏运行到了相应的地步。

　　希尔伯特的墓碑上有一句墓志铭，来自他在德国科学家和医师学会的一次会议上发表的退休演讲，是对知识限界之格言"我们现在不知道，将来也不会知道"的回应："我们必须要知道。我们将来会知道。"（德语原文"Wir müssen wissen.Wir werden wissen"。）讽刺的是，就在希尔伯特提出这句宣言的前一天，哥德尔在和会议同时开的一场圆桌讨论上悄然宣布了他的不可能性定理的本质："甚至可以举出这种命题的例子，在内容上正确，却无法在经典数学的形式系统里得到证明。"[9]希尔伯特指出，要有一个至高的系统性过程，才能把数学全然地放在"一个所有人都认同的坚实基础"上。圆桌讨论次日，哥德尔留下来参加了会议，希尔伯特发出宣言时，他很有可能就在观众席当中。我不知道他当时有什么反应。

　　哥德尔的论文撼动了这样一个系统性过程的根基，而现在，图灵证明了这种过程不可能存在。如果这种过程存在，通用图灵机就能将其执行出来，因为通用图灵机可以执行每一个系统性过程。但是图灵证明了通用图灵机不能判定所有的"是或否"型数学问题的答案。图灵按照希尔伯特想象的步骤给出了一个结构，然后证明它行不通，如此使希尔伯特的程序在他自己的主张上站不住脚。图灵的证明把哥德尔的不可能性定理扩展到了一个更广阔的领域，立场更加直观。不可判定性的本质可以用几个简单步骤展现出来——正如哥德尔的定理那样，它终究和自我参照系统的问题有关。

### 海森堡的不确定性原理

　　哥德尔提出了不可判定定理，划定了我们征服数学和逻辑知识界的能力限界。在他提出该定理的四年前，德国物理学家维尔纳·海森堡提出了著名的不确定性原理，描绘了物理世界的探索限界，让另一位著名的智者白费了努力，那就是伟大的数学家皮埃尔—西蒙·拉普拉斯（Pierre-Simon Laplace）。19 世纪初，拉普拉斯就行星运动的两个本质（纯机械性、可预测性）开展了广泛研究。他后来把这个理论扩展到了分子互动。拉普拉斯认为，分子和行星遵循相同的物理力学规律。理论上讲，我们只要知道每个分子的位置和速度，就能推算出分子间互动的轨迹，就能从最基本的层面推算物理宇宙的运动。拉普拉斯还想象出一个更精确的预测中的世界。在这个世界，物理力学规律在预测未来时细节更清晰，并能预测更遥远的未来，"自然现象的分析可以缩到最小一步，即分析分子间的运动"。

就像哥德尔对罗素和怀特黑德的成果所做的那样，就像图灵对希尔伯特的程序所做的那样，海森堡对拉普拉斯的因果关系的概念下手了。不确定性原理在形而上的语境中大量出现并得到了广泛应用，但它是一个定义清晰的、简单到优雅的物理事实陈述——就是说，一个电子的位置和动量的测量准确度之总和不会较大偏离某个固定值。电子的位置测得越精确，动量就测得越不准；动量测得越准，位置就测得越不精确。[10] 在亚原子范围内正确的东西，在宏观领域里也终将正确——尽管显著性会快速衰减。没有东西可在位置和速度两方面均被完全准确地测量，因为测量的动作改变了物理属性。或许，我们知道了现在就能计算出未来，但我们连现在都不能完全知道。[11]

这些测量的限界暗示了预测的限界。毕竟，我们如果连现在都不能完全确定，就不能准确地预测未来。正是考虑到这一点，海森堡为他即将发布的论文欣喜若狂，他惊呼道："我觉得我已经推翻因果规律了！"海森堡论文中的认识论推断认为，问题的根源在于人——更精确地说，在于人对自然的检查会不可避免地影响自然现象，于是，自然现象无法得到客观理解。海森堡的原理不是自然固有的，而是来自人对自然的检查，人成了实验的一部分。（所以，从某种意义上说，不确定性原理就跟哥德尔的不可判定性命题一样，问题在于自我参照。）人们立刻理解了海森堡不确定性原理的含义，海森堡也因此出名。这个原理变成了一个简单的隐喻，超越了量子力学，触及了更广阔的世界。

## 自我参照系统、反身性、人类困境

哥德尔、图灵和海森堡都证明了自我参照系统里的知识限界。这种系统自己证明自己，或是其中有观察者把自己作为观察对象的一部分。人类终究是自我参照的，因为他们是其社会环境和互动的一部分；他们创造了自己的经历，随后，这些经历改变了社会环境和互动的性质。他们是建立自己的模型的人。这就是建立人类系统模型和建立自然系统模型二者之间的本质差别。我们观察到什么，就改变什么，我们改变的东西，又改变了我们观察的方法。

哲学家和历史学家肯定没有忽视这一点。就拿 1928 年的托马斯定理（Thomas theorem）来说，"如果人认为情境为真，那么情境的影响就会为真"。或者拿爱德华·吉本（Edward Gibbon）在《罗马帝国衰亡史》（*The Decline and Fall of the Roman Empire*）里的观察来说，"在很多历史时期里，预测行为经常促成预测本身的实现"。个人观念促成个人行为，个人行为又反过来证实个人观念。

我们的所说和所想，没有进入自然世界运转的方程式，也没有进入自然科学有效性的方程式。我坚持自己的观点时，心再诚，宗教热情再高，也不会改变自然世界的支配法则。虽然我的所思所为影响不了自然世界的真实性，但可以影响人类领域的真实性。马克思主义、弗洛伊德主义、加尔文主义这些重要理论的真实性的决定因素不是不可避免的自然法则，而是人们对这些理论的反应，因为我们既是这些理论的主体，又是接受这些理论并决定是否要调整行为的人。

这便是 30 年前引入经济学，而又被彻底忽略的一个深刻概念的理论基础：反身性。[12] 这个概念令我目瞪口呆。我认为，经济学家读到乔治·索罗斯（George Soros）对反身性的阐述时，没人会忽略并走开。可能是因为经济学家吃力地前进，士兵忙于托马斯·库恩（Thomas Kuhn）的常规科学，反身性对目前一味模仿自然科学的经济学范式破坏太大。但我忍不住想，反身性被忽略的一个原因是，提出这个概念的人是拥有几十亿美元资产的富豪。成功得不可思议的商人同时还是个严肃的哲学家，这看上去令人不安。我们不指望智多星坐在塞纳河畔的咖啡店里写东西，但我们中的许多人还没有做好准备，不能接受这些人是世界上最有钱的人，尤其不能接受他们靠哲学成果来获得金融成功。"布丁好不好，吃了才知道"这句谚语通常不用在经济学里。

我在后面会更广泛地讨论反身性。但就目前讨论而言，反身性是一个和自我参照反馈循环有关的概念，比如在观念和行为之间循环。反身性在哲学内有许多联系，但从索罗斯的观点来看，反身性的具体概念，是经济中的观察引起了改变行为的想法，而这又反过来改变了经济本身。

索罗斯这个概念的应用基于两个原则。第一是易错性原则，即每个人的观点肯定"要么有偏见，要么不一致，要么二者兼具"。第二是反身性原则，由托马斯、吉本和其他人沿着易错性原则的路径草拟而得，意思是"这些不完美的观点通过参与者的行动在情景里联系在一起，并可以对情景产生影响"。[13] 在一个突出的经济目标里指出反身性，"如果投资者认为市场有效率，那么这个观念就会改变他们的投资方法，反过来，又会改变他们参与的这个市场的性质"。在索罗斯看来，这两个命题"像连体婴儿，但易错性在先，没有易错性就没有反身性"。

有些人决心要在建立于永恒普遍公理的科学结构中为我们的行为建模，但反身性给他们添了大麻烦。有客观上的基本不确定性，也有主观上无法违反的不确定性。虽然经济学家可以试着在模型内用某种无偏见的独立跟踪误差思想遮盖住不确定性的影响，但实际上，在本可被人际交互的经济学所正读的误读里，反身性既不是无偏变量，也不是独立变量。反身性是经济动态的本质。不结合反身性，经济学就不能把人类经济系统成功地表示出来。反身性承认人类不是机器人，承认社会系统和社会科学不能成功参与"对自然科学的奴隶般的模仿"，正如索罗斯写的那样。这是因为，我们可以评价这个世界，并以这个评价为基础改变自己的行动，然后改变这个世界。

## 经验的缺乏和根本不确定性

为本次讨论插好第二个书挡后，我们可以从哲学转到纯粹人性的东西上来。我们人类是从经历走向经历。我们学习，我们发明，我们创造。我们无法提前知道我们将要学习、将要发明和将要创造的东西。就像奥地利哲学家卡尔·波普尔（Karl Popper）说的那样："我们不知道未来，更何况，未来不是客观固定的。未来是开放的，是客观开放的。"[14] 我们连自然中出现的状态都不能列举，更别说分布概率的事。因此，每一场新危机中，世界都不同：不同的市场、不同的金融工具、不同的拥挤策略、不同的观点、不同的关切，以及不同的语境。所以，正如我们会注意我们过去的经历并从中寻找语境，我们也会注意我们接近不了的未来的经历并从中寻找不确定性。

根本不确定性是人性的本质。从根本上说，我们不知道我们去哪里，我们也不知道到了那边以后，我们会变成什么样的人。此处，人性的现实最能表明经济学机械方法的失败。如果我们随自己的经验而改变，如果我们不能预料那些经历和它们改变我们的方式，而必须过完一生才知道什么是生命，那么经济学就失去了最重要的基础。经济学、心理学、认知科学都没有表达根本不确定性的观念。这种观念植根于人文学科之中，植根于自我意识之中，而不是科学之中，因此我在文学中寻找它的表达。

根本不确定性是人性的一部分。小说家米兰·昆德拉用这个主题来写小说（但他当然没用此处的术语来说），其中《不能承受的生命之轻》这篇最负盛名。昆德拉本想取《缺乏经验的星球》（*The Planet of Inexperience*）这样的题目，意在解释经验的缺乏是"人类状态的一个特性"。我们只出生一次，不可能一出生就带了前一次生命中获得的经验……我们即便是进入老年，也不知道自己在走向哪里：老人是老年时期的天真孩子。从这个意义上说，人类的世界是缺乏经验的星球。[15]

根据克利夫导读（CliffsNotes）版本上的说法，这部小说讲的是医生托马斯、玩世不恭的爱人萨丽娜、天真而充满希望的特丽莎之间的三角恋爱，特丽莎嫁给了托马斯，托马斯不断出轨，特丽莎努力克服他这个问题。不过，这篇小说深藏的主题是生命的不确定性，昆德拉在小说的开头几行就把这个主题凸显出来了。他首先质疑弗里德里希·威廉·尼采（Friedrich Wilhelm Nietzsche）（2006）"永劫轮回"的观点：我们能有下一次生命吗，或者说如果我们的生命只有一次，我们能认识自己的生命吗？我们只经过这一条路吗，或者说我们可以将生命描绘成诸多路径中的一条吗？这令叙述者开始回想，托马斯遇到特丽莎纯属偶然，却又是命中注定。托马斯不安地思考他和特丽莎的关系，直到他意识到"不知道自己想要什么，其实是很自然的事"。

在昆德拉的笔下，托马斯想象，"在太空中的某处有个星球，人们都会在那里获得重生，且前一次生命里的经验还存在于意识当中"。"也许还有更多星球没被发现，人在那里重生一次，就更成熟一生。"但我们只能活在这第一颗星球上——这是一颗缺乏经验的星球。我们或许能为那些星球上发生的事情编造模糊的幻想，但我们"永远也不能知道自己想要什么，因为如果生命只有一次，我们就不能和以前的生命做比较，也不能在将来的生命里完善生命……在生命中，所有的一切都毫无征兆地扑向了我们，我们就像患感冒的演员。如果生命的第一次排练就是生命本身，那生命有何价值？所以说，人生永远像一幅没画完的画"。

我们缺乏经验是不可避免的，这就导致了不能承受的生命之轻。"是什么东西让我们的每一步有意义？我们对此永远一窍不通。"托马斯的性感爱人萨丽娜"意识不到她所渴望的背叛背后有什么目标。不能承受的生命之轻——这就是目标吗？"人"命中缺经验"也让历史"像一条人命那样轻，轻得令人不能承受"。和这个缺乏经验的、根本未知的世界形成对比的是托马斯认识的一名编辑，他做事情，"就好像历史是一幅画好的画，而不是没画完的画"。"画好的画"这四个字的观念，是控制和可预测性，但在缺乏经验的星球，它们不存在。[16]昆德拉不如不要把经济学的方法放在心上，那些方法从第一天开始，就把人生路上的所有决定都做好了（甚至把两次生命、更多次生命里的决定都做好了）。

## 博尔赫斯的巴别图书馆[*]

最容易想到的根本不确定性，就是完全预测不到的事情。这种事情一出现就意义非凡，但人们没有想到。就是说，这个事件甚至都没有列在状态空间里。对日本人来说，原子弹就是一个例子——哪个日本人在战争中想过，一颗炸弹可以摧毁一座城市？或者如我在下一章将要讨论的，昆虫第一次从丛林环境切换到荒漠环境时，就会遇到根本不确定性。但根本不确定性，并不要求一个事件不能列出或放在状态空间里。我们用博尔赫斯描述巴别图书馆的一则短故事来理解个中原因。[17]

在博尔赫斯超现实的巴别图书馆里，六边形房间的书架上堆着数不清的书。每本书 410 页，每页 40 行，每行 80 个字符，每本书共有 1312000 个字符。每个字符的位置上，有 25 个字符可供选择：22 个字母以及空格、句号、逗号。（没有数字——数字都写在词里——也没有大写字母。）图书馆里的书，包含了这些字所有可能的组合。

---

\* 《巴别图书馆》（*Babel Library*）是阿根廷作家博尔赫斯于 1944 年创作的一篇著名短篇小说。这篇小说融合了许多宗教和哲学的观点，努力地无限接近却似乎永远无法达到永恒真理。——译者注

因此，所有的历史（包括未来的详细的历史），所有对地点、人、哲学论述、宗教教规的描写，都放在这个图书馆的某处。[18] 亦即，这个图书馆囊括了一切知识。更重要的是，它囊括了所有可能的知识。人的所作所为和所思所想，无不写在某本书上。[19]

在博尔赫斯的故事里，随便从书架上拿一本书，其中的内容可能都令人费解。每一本书的索书号都和书本身一样长，你不读就不知道书的内容——用计算不可化约性来讲（我们还会在第八章里讲到它的姊妹"信息不可化约性"），在书架上读书没有捷径，只能一本一本地读。他在其中写下一个永远不能实现的痛苦的希望："当我们宣布，这个图书馆包含了所有的书时，第一反应是无比快乐。人们感觉自己拥有了一笔完整的秘密财富。个人问题和世界问题的明确解决方案，无不存在于六边形房间中的某处。在不羁的希望后面接踵而至的，自然是一样不相称的沮丧。在某个六边形房间的某个书架上，确实有珍贵的书籍，但它们永远都拿不到，这种确定无疑令人无法忍受。"

掌握了整座图书馆就成神了，可以知道过去和将来的所有事情，知道所有人想的东西。问题在于，这些知识没有索引，图书馆太大了，人们永远不能获得其中的智慧。为了找到每一本写了有用的内容的书，图书管理员都要穿过浩瀚的书海；可能有一本书从头到尾都在重复 mcv 三个字母，也可能有一本前面完全一样但以 mvv 结尾的书。但就算是包含随机字母的书，也会有另一本书能用作它的字典，字典里的语言明显随机，但讲述了那本书里的字母的意义，如此一来，那本书的意义就跃然纸上了。正是因为有了许多这样的字典，对我们来说毫无意义的同样的文本却能有很多种意思。

在博尔赫斯的世界里，就算你找到了一本有意义的书，看上去可以直接拿来读，你也永远不会知道这本书是真实的还是虚构的。每一本在某种意义上真实而正确的书，都有无数本稍有偏差的或显然错误的其他的书与之对应："图书馆的正确目录，成千上万的错误目录，对错误目录的错误性证明，对正确目录的错误性证明，巴西利德斯（Basilides）的诺斯替福音（gnostic gospel），对这个福音的评论，对这个福音的评论的评论，你的死亡的真实故事，每一本书的每一种语言的译本，每一本书篡改进所有书中，贝德（Bede）本来可以写（但没有写）的萨克森民族的神话论文，塔西佗（Tacitus）遗失的那些书。"别忘了带上你的借书证。

如果我们有巴别图书馆，我们是不是就消除了根本不确定性？我们列出并描述所有可能的结果，还有世界所有可能的未来状态，岂不是很好吗？然后，我们可以分配概率，分配给所有结果、所有变成现实的书、所有可能在未来出现的世界——瞧，我又回到了实在的世界，就像轮盘赌那样，风险都确定了！而且，毕竟原则上我可以创建一座巴别图书馆，原则上可以把概率分配给每一本书——尽管如果有此授权，我多数时候会随性分配。然后我就有了一个世界，里面的状态是穷尽性的，能覆盖一切可能发生的事情，对经济学理论家来讲这是个涅槃，这个世界没有根本不确定性，在经济学里，称作阿罗–德布鲁世界（Arrow–Debreu world）。理论上说，这是可以做到的。在现实中（即我现在所处的位置），这是做不到的。

原因在于，巴别图书馆的世界并置了无限的知识，又获得不了那些知识。这就是博尔赫斯故事的核心。这个图书馆的大小完全测不出来。的确，书是按照图书馆的一些特性来写的（但理论上，真实的书当然也存在于这个图书馆里）。[20] 每本书要写 1312000 个字符，每个字符的位置上有 25 种不同的填充方式，所以图书馆里一共约有 $25^{1312000}$ 本，或 $10^{1834100}$ 本不同的书。已知宇宙的直径约为 $10^{27}$ 米。把宇宙看作边长 $10^{27}$ 米的立方体，假设每立方米内可以放下 1000 本书，那宇宙里可以装下 $10^{81} \times 10^{3} = 10^{84}$ 本书。如果我们能做到的话，也才放了 $10^{84}$ 本书，还要付出 $10^{1834016}$ 倍的工作，才能完工。就算我们把每本书缩到质子那么小，直径 $10^{-15}$ 米，每立方米内可以放下 $10^{45}$ 本书，已知宇宙也只能放下 $10^{126}$ 本书！

博尔赫斯的职业是图书管理员，他说，得不到的知识无穷无尽，知道这一点后，就会产生挫败感，这催生了迷信、神和宗教。人们相信叫作"书者"的人。

有人认为，在某个六边形房间的某个书架上，一定有一本书是其他所有书的密码和完美摘要。肯定有某些图书管理员看过那本书，这些图书管理员就像是神。"许多人在找他，人们在 100 多年里用尽了各种方法找他，均徒劳无功。怎样才能找到他藏身的那个被人崇拜的秘密六边形房间呢？有人提议用回归方法来搜索：要找到甲书，就要找到记着甲书位置的乙书；要找到乙书，就要先找到丙书，以此类推，直至无穷。"实际上，这种摘要无法存在；图书馆本身就是唯一的摘要。[21] 那张地图真的就是那一地区本身。

第七章

# 启发法：如何像人一样行动

我把大家逼到角落里了。我们在互动中,面对计算不可化约问题,不沿着问题运行下去就无法解决问题。我们会遇到不知从何而来且跟我们与其他人采取的行动都没有关系的层展现象,它不降临到我们头上,我们就预测不到。从更人性化的层面来说,我们住在一颗缺乏经验的星球上,无法看清未来。

简单说,我们面临根本不确定性:我们不但不能给出概率分布,而且不知道到底有哪些事件要去分配概率。同时出现的问题,还远不仅这些,因为我们处在一个动态系统里,在这些现象之间得到反馈:这些互动本身是计算不可化约的,同时又是层展现象的滋生地,这些互动又构成我们的经验基础,来组成我们的语境,预示着根本不确定性,然后这些又改变了我们互动的性质。

当今世界新古典经济学在分析层面上的易处理性,已被我换成了知识限界和根本不确定性。如果这是一个我们不能认识的世界,那么我们怎样才能找到出路?除了摊摊手来一句"随便吧",我们还能做些什么?

发生的事情超出理解、见识和经验的范围,是做人的一环。这种情况下我们没有线索、不能预测、不能采取行动,更加不能反映并结合误差项或概率分布。这些事情可以很有戏剧性:出人意料的战术,没有先例的灾难,一边扰乱平凡世界,一边不给我们足够时间重新自我调整并做出反应的危机。这些事情还可以成为我们生活中不可或缺的组成部分。

我们如何面对这个世界？我们不知道什么事情会出现，出现了也搞不懂其中的含义，搞懂了含义也不知道我们会有什么感受，此时，我们该怎么办？我们似乎已经明白了，尽管不是在经济学所需求的理性和一致性的公理和结构的范围内。

## 无所不知的计划者和蟑螂

如果你无所不知，可以打破知识限界，那么你打算要怎样设计一种生物，使它能在根本不确定性的世界里生存？也就是说，假如你对未来无所不知，知道一种生物所面临的一切风险，还能给它设定规则，使其不仅能在当前环境下拥有最大的生存可能性，还能在其整条历史发展道路上都拥有最大的生存可能性。但有一个关键制约因素：你的规则不能允许这个生物在非全知状态下交换到任何与未来的未知状态或相关解决方案有关的信息。[这有点像《星际迷航》（*Star Trek*）里的最高指导原则。]

在定好规则之前，你可能想做点背景工作，看看已经面对过这种世界的物种都曾做出什么行动来让自己生存。实际上，可以认为，已经活了几亿年的生物，比起那些一时繁荣却在危机时灭绝了的生物有更好的规则。所以从这一点出发是有道理的。

你若要走这条路，着眼于蟑螂，效果最好。蟑螂在许多不可预见（至少蟑螂看不见）的变化中存活了下来：三亿年来，从林变荒漠，平原变城市，各种捕食者来来往往。这种不受宠爱的小生物能存活至今，靠的是一个特别基本且看上去不是最优的机制：吹气可能是捕食者（比如你）靠近的信号，当吹气颤动了蟑螂腿上的毛时，蟑螂就匆匆逃走。它的做法就是这样，没听，没看，也没闻。你会认为，最优的系统要广泛考虑很多环境信息。蟑螂则忽略了这些信息。蟑螂永远不能在任何特定环境中赢得"最佳设计虫子"奖，但它做得"足够好"，总能在环境中活到最后。

拥有良好存活能力记录的其他物种，也是使用逃跑的策略，策略里包含了一些简单而粗糙的忽略信息的规则。小龙虾是进化树中的另一个早期分支，它以这样或那样的形态生存了一亿多年。小龙虾采用赢家通吃式逃跑机制：刺激触发一套神经元，每个神经元主导一种行动模型，然后一个行为变量压制住控制替代行动方案的电路。也就是说，尽管小龙虾接收和处理了多个不同刺激，但只有一个刺激能留下，其他刺激全部忽略。

这些粗糙的规则，根本不会出现在我们决策的常规思维里，因为这些规则忽略了那些几乎可以自由取用的信息。但我们若进一步看就会发现，这些粗糙的规则是规范。它们不仅出现在重视速度的逃跑机制上，还出现在其他关乎生存的重要决策上，如觅食和择偶。大山雀的觅食程序不以营养摄入最大化为基础。有现成的高营养价值食物摆在那里，它也会去觅食低营养价值的植物和昆虫，甚至会为此飞到更远的地方。蟾蜍不会完全区分所食的苍蝇是小还是大，它会去觅食较小的苍蝇，尽管这样的选择在力气与营养比上是次优的。这种觅食的行为不会完全响应当前环境，但在食物来源发生意外变化时能提高生存能力。

在择偶方面，雌孔雀用的是"取最佳"启发法：它只看三四只雄孔雀，然后选出眼状斑最多的那只。它把别的雄孔雀和别的特征这两点都忽略掉了。红鹿也有"取最佳"策略，在向别的红鹿发起争夺配偶挑战时，会顺查一系列行为特征，当它发现决定性特征时，就会停下来。第一步可以在不具威胁的距离内进行：挑战方吼一声，配偶占有方吼回来。如果挑战方在这个试验中失败，游戏就结束了。否则，挑战方会接近对手，双方走来走去比身材。要是这样还不能解决问题，它们便会展开危险的对抗——用角对顶。

启发法很简单，赢家通吃，第一个重要线索具有决定性。但此例中，线索依次出现，从需要最少信息的线索开始（可以在远处进行，甚至都不用看清对手），到最后线索最直接，风险最大。最基本的启发法会尽量粗糙而简单，按第一个重要线索来决策。[1]

觅食、逃跑和生殖是关键的生存行为，可以看出，启发法在此是核心。而且，当环境发生不可预见的变化时，我们会发现，动物的行为更趋向粗糙行为。例如，第一次被放入实验室环境的动物，相比在野外，其对刺激的反应不会变化太多，也不挑食。实际上，在一些实验里，被放置在完全陌生的实验环境里的狗会蜷起来，忽略一切刺激。这种状况叫作实验性神经官能征。[2]

粗糙反应在任何环境里都不是最优，但在许多不可预见的环境里效果出奇地好。相比之下，动物找到定义清晰的固定小生态后，就会遵循特殊的规则，在很大程度上，依赖于它对这个世界的狭隘感知。如果这个世界继续按照这个动物感知的样子发展，捕食者不变，食物来源不变，地形特征不变，那这个动物可以生存。如果世界发生变化，超出了这个动物的经验范围，这个动物则会消亡。因此，对已知条件的精确和集中处理，要以牺牲对未知条件的处理能力为代价。

当我们集中研究智商较低的物种时，把启发法作为对根本不确定性的回应来讨论会更简单。我们愿意承认，大自然会给蟑螂和其他非人类同居者带来完全不曾预料的意外事件。一场瘟疫破坏了曾经丰富的食物来源，一次火山喷发破坏了曾经稳定的地质环境，都是低等生物完全无法预测的、概率很小的事件。所以，在行为规则中，这些事件得不到明确考虑。但是，我们想到并做了这个无所不知的计划者的试验，这也能让我们更好地了解启发法在我们的决策中的作用。我们采取启发法，不仅仅是因为我们在认知中采用全力最优化的方法来解决问题的能力有限，还因为有些问题即便没有认知条件约束，也完全不能用最优化方法来解决。我们不是无所不知，不能在碰到实际问题时运用最优化方法。而且，如果我们去试着这样做的话，只要编故事就可以了。

## 启发法和最优化

早晨我醒来，下床，跑下楼去喝一杯咖啡，并拿了些早餐，然后我回到楼上，想好要穿什么，最后就出门去上班了。

如果我是理性的，至少经济理性，那这套程序听上去不会这么简单。从我睁开眼的那一刻开始，我的脑子就开始最优化了。所有可能的早餐，所有可能的衣服，所有去上班的路，我会挨个评价，按照自己当前的偏好做一个排名。早餐我是吃草莓酱和黑麦面包吐司，还是燕麦粥和枫糖浆？还是只喝点橙汁？

我还会想，我的偏好有什么问题？——我的偏好应该是稳定的——我今天想穿灰色西装配红领带，但两天前偏好戴绿领带。去办公室的路上，我是走路省点钱健健身还是坐地铁？走路的话，走最安全的路，还是欣赏风景的路，还是最近的路，或避开可能堵车的路？从我家公寓到单位的街道组成了 $33 \times 6$ 的网格，这个迷宫有好多走法。对角大路距离最短，但也更堵。而且，我还没把围绕这些备选方案的不确定性考虑进去。我要是想在路上买杯咖啡，就又有了一系列最优化问题：偏好这一种咖啡还是那一种？是看咖啡店的便利性还是价格？花三美元还是四美元？而且我不能只考虑今天，我要在终生跨期最优化的语境中考虑。

要是我每天都得做这些最优化，那我大概连床都不要起了。尽管我想要最好地利用时间（这要加到我的最优化问题里），我真的不会花很多时间来思考。我一天下来做的决定再多再细，我的决策过程也不会像数学世界里的效用最优化所需求的那样严谨而完备。这是很清楚的。我把事情做了，把信息遗弃在路边，不考虑概率。事情做得差不多，我就满意了。所以，我过日子是依赖粗糙的经验法则和启发法。[3]

启发法是一种忽略部分信息并生成简单经验法则的策略。不等计算不可化约的世界展开就决策，做出在根本不确定性面前稳健的决策，都要依赖启发法。我们每天都做决策，在决策中，我们可能无法知道这个世界性质的关键方面，甚至可能连决策的目标都无法知道，我们只是做出决策。

启发法是粗糙的、依赖于语境的规则，而不是一般的、演绎的解决方案。吉仁泽指出，"启发法的生态理性达到了适应环境结构的程度"。逻辑、数学和概率跟启发法不一样，它们都独立于语境。这就是它们的力量所在，它们在火星和地球都行得通。但现实世界由具体问题组成，而且这些具体问题以无法预测的方式变化。启发法可以把语境和规范纳入考虑范围，是一种环境意识，是我们对世界的内在理解，世界可能会以不曾预料的方式转变。

就像我提到的日常生活的例子，想要最优化是很荒谬的。所以经济学家淡化这个关键的假设，说我们行动时就好像自己在最优化。或者，我们在做最优化时，以认知能力的约束条件和可利用信息为条件。[4]但事实上，我们连那样的做法都没有。我们在生活中行动的基本模式可以总结为"做我们觉得差不多有道理的事情"。换句话说，我们根据启发法行动。我们已经知道仅通过进化的过程蟑螂所能收集的东西：存在根本不确定性时，真的不能把事情最优化。所以启发法对这一问题采取不同的方法，他们是住在根本不确定性里，而不是假设没有根本不确定性。在应用粗糙和稳健的规则时，他们不尝试捕捉所有的可能状态和概率上的细微差别。他们用的是简单的方法，在状态变化时，或面对不曾预料的新状态时，能有稳健性。

原来还是这种方法更好，因为在不确定性下，这种方法能捕捉某个约束最优化模型都无法捕捉的环境问题的重要方面。在一个可能发生我们无法预测的事情、不能为之分配概率的环境里，最好的解决方案就是粗糙法。对那些戴着最优化眼镜看问题的人，粗糙和稳健还会导致另一种反常现象。在稳健和粗糙的环境里，我们可以忽略一些信息，哪怕利用这些信息不需付出代价。

如果世界比较顺利地展开，如果我们的偏好和所处的环境稳定，如果未来可以从过去的同一个概率分布里得到，如果均衡处于统治地位且一切都在正轨上——如果世界就是这样子，那么最优化就是行事法则。呵呵，不是真的最优化——我们不是真的每天早上都想要把星巴克店的一万种组合都列出来——人们肯定是在认知限制下行动的。人们必须假装自己在做有限最优化、在着眼于搜索和可利用信息的代价或限制。增加限制条件来反映认知限界，这其中有一种讽刺——限制条件只会让问题更糟。解决约束优化问题还要更难。如果人们不能最优化是因为操作太困难，那他们肯定不能在约束优化问题里找出答案。

或许，我们融入不了最优化是因为我们受限了、不能完成任务，抑或我们所处的世界，事情可以突然发生出乎意料的变化，我们不能从过去看出此刻正在发生的事情，正在发生的事情可能脱离了我们的认知，所以，遵循数学理性道路所做的最优化真的不再是最优的了。因此，最优化成了一种学术练习，因为人们实际上不会在行动时就"好像"自己在最优化，连执行约束优化都不会。他们表现出多种无法和约束优化一致的行为缺陷。

对此，经济学也有一个拐弯抹角的答案。据说，现在的人会假装自己在做包含效用函数的约束优化，从根本上走过曲折，调整自己的非理性行为，他们表现出来的样子，就像自己既被约束，又拥有一个诡异的效用函数在加入越来越多的可调参数。经济学家托马斯·萨金特（Thomas Sargent）认为有限理性意味着最优化会受到限制，但他写道："讽刺的是，当经济学家让我们模型里的人更'有限'理性时……我们必须更聪明，因为我们的模型会变得更大，会对数学和计量经济学要求更高。"[5]

走简单启发法的道路之所以有优势，并非因为世界是简单的。相反，启发法的简单性是风险深不可测的复杂世界的结果。[6]关键在于，在一个不能从过去的同一个概率分布里得到未来的世界里，最优化投资组合并非真正最优，它们植根于过去，市场则不。所以在某种意义上，这些模型几乎总是错误的。如果这一点在市场的正常过程中是正确的，那在危机中肯定也会是正确的。

## 性乃粗

我们着眼于粗糙规则时，可以走进那个永恒的奇妙话题：我们为什么要性爱。相比需要雌雄交配的物种，无性繁殖的物种可以繁衍得更快更有效。那为什么无性繁殖的物种没有超过有性繁殖的物种？为什么自然选择要保留雄性？

物种可以造得更精简高效，但它们没有。达尔文（Charles Darwin）评论道：

在这种奇怪的状态下，生物身上长着毫无用处的器官或部位的现象，在自然界极为普遍。有些退化器官的例子能引起人们极大的好奇。比如，胎鲸有牙齿，成年鲸则没有；小牛在出生之前，上颚有不突破牙龈的牙齿。再明显不过了，翅膀生出来是为了飞行，但在多少昆虫身上，我们确实发现鞘翅下面有小到完全不能飞的、紧紧连在一起的翅膀！

这都要怪有性繁殖，因为有性繁殖不但比无性繁殖效率更低，还倾向于保留"次优化"特性——与特定的生态背景无关的生物学特性。有性生物体的几乎每一个基因都带着不必要的副本，基因交在一起相互影响时，会创造出不必要的多样性和对当前环境最优状态的偏移，甚至还会成为许多疾病的源头，降低个体进化的成功率。

在生物学显性特征里出现的东西，还会出现在一个显现程度更低而且更为重要的地方："假基因"。假基因看似没有特别目的，处于关闭状态，对谁都肯定没有好处——至少在当前环境下没有好处。

许多物种的基因里尽是假基因，未被使用的基因序列有变成新的有用基因的潜力。经典的进化论阐述——至少 19 世纪流行的某一个阐述——也有同一种向往效率的思潮，这种思潮组成了经济学的基本原理，即自然的力量会消除这种低效，随着时间的推移，物种会失去多样性，变得越来越精简。但正如达尔文评论的那样，我们能在肉眼可见的范围内看到无功能部位，在肉眼不可见的范围内也能看到。原因很简单：作为结果的多样性，虽会导致一些变异，降低物种在任何环境内的优化度，但也会增加环境意外变化时的生存机会。

一般共识认为，如果你是当前生态中的一个健康有机体，且生态不变，那无性繁殖是最好的。如果你的世界稳定，你就会坚持无性繁殖。你将得到几乎最优的生命体，并希望它们继续按现在的样子发展。

不幸的是，对加州黑虫和鞭尾蜥蜴而言，无性繁殖在长期来看是死路一条，因为世界充满了根本不确定性。[7] 小生态圈全都是不稳定的，其变种也都不可预测，并和过去没有联系。如果没有随机突变，无性繁殖就无法摆脱已有的特征。一个物种要是想在生物钟上多走几个嘀嗒，就不能把无性繁殖当作行事法则。相比之下，如果生物体是有性繁殖，基因混排重组，一些后代有幸得到一组刚好适应下一场环境冲击的基因的机会就更大。性是一个稳健的机制。至少从增加存活率的角度可以这么说。[8]

重点是要说明，在任何给定的环境里的最优化，可能都不是长期的最优化。即便在生殖的问题上，我们也采取稳健而粗糙的反应。这种反应在任何一个环境里或许都更差，但冲击出现时生存能力更强——亿万年来，物种都为接二连三的意外事件所困扰。

## 结 论

随着理论和现实差距的拉大，大到某个点时，退一步走有它的道理。人们对启发法的呼声，并不简单来自最优化收集和处理信息所需的成本。这不是我们想要最优化却没有本钱的问题，也不是信息成本的问题，信息即便可以自由获取，也会被忽略，也不是专为危机依赖启发法的问题（虽说这是其中非常明显的一点），而是因为，对这个充满了根本不确定性的世界，启发法是稳健的解决方案。不那么有思想的物种的启发法也是一样的道理。我们可能认为，一只蟑螂或一头鹿采用这种粗糙的启发法，是它们认知限界的缘故。但只要那头鹿愿意，它就可以扩大采样范围；进化过程也本可以"改良"蟑螂，让蟑螂也拥有其他相似物种所拥有的某些感官。

我们住在一颗缺乏经验的星球上，不知道将来会怎样，只能被迫根据过往经验决策。也许可以证明，过去对未来的指导是有限的。在这颗星球上，我们被拉离严格的最优化，被拉往启发法。

如果数据足够，未来和过去也相似，最优化模型的表现就会比启发法更好。它们会做得很好，因为它们结合了所有可用的数据，未来会和过去一致。它们擅长数据拟合，也会处在一个数据拟合给我们带来成功的世界里。但在现实世界中，未来不像过去；当未来是危机而过去不是时，尤为如此。当未来明显和过去不一样时，用过去信息校定行为方法会达不到目的。如果我们深入这些最优化方法的基础也会如此：定理天生就是在永恒而普遍的世界里运作的。逻辑、数学和概率都独立于语境，但人不是如此。

数学最优化可以在其纯化世界内正确，我们也可以不以最优化为基准而在我们的世界里合乎理性。如果我们生活在一个完全符合数学假设的世界里，偏离数学最优化解法就是不理性的，这是自明之理。所以，我们要么把自己的非理性和偏见都列出来，要么问模型为什么是错的。调用信息的成本、有限的计算能力、漏掉的风险因素都在不断地削着方钉的边，让它钻进那个圆形的孔。我们的标准模型只差一点，稍做调整就能让最优化方法行得通。但是，可能问题不在于此，而在于这些方法完全不是研究和预测人类行为的正确方法。

值得反复谈及的一点，就是真实世界里真实的人采用启发法和故意限制信息的使用，并不构成最优化尝试的一部分，无论是真正的最优化还是好像在最优化。这不是从最优化入手的问题，而且从某种意义上说，也不是决定如何得到与数学最优化解法相近的答案的问题，这是一条通往决策的不同的路线。对经济学家和数学家来说，这很不幸，人们的实际操作方法，最可能就是走这条路。

## 尾声：博尔赫斯和记忆

在本章的最后，我要把人性加入最优化和完全信息决策的讨论之中。我已指出，我们伴着根本不确定性运作。我们是人，从这个简单的事实来看，最优化方法不能把我们所碰到的不确定性的本质结合进去，所以它注定失败。然后我指出，基于完全信息的最优化的好处都是妄想；不能实现最优化，其问题不在于强加在我们的认知能力上的限界或约束；我们不是向往最优化的世界，而是在尝试到达这个世界的路上受了挫。启发法不需要用我们计算能力的限界和接受信息的能力来证明。[9]

将经典经济学理论送入棺材还差一颗钉子：我们不渴望完整的

知识；换言之，完整的知识与我们的人性是对立的，它会让我们不像人一样活动。[10]

在《博闻强记的富内斯》(*Funes, the Memorious*) 中，博尔赫斯向我们讲述了伊雷内奥·富内斯 (Ireneo Funes) 的传奇故事：

> 伊雷内奥生于 1868 年，当时 19 岁的他看上去就跟铜一样不朽，比埃及还要古老，出生比预言和金字塔还要早。我记得，我说过的每一句话（还有每一个手势）都会进入他那静不下来的记忆；多余的手势成倍增加，怕得我人都麻掉了。[11]

伊雷内奥·富内斯从一匹马上摔下来之后恢复了意识，他发现自己拥有完美的记忆。（博尔赫斯本人在写"富内斯"的几年前受了严重的脑损伤，差点儿死于并发症。）每天的每个方面，富内斯全能叙述出来。他能把看到过的每一个人身上的每一个细节，唤起一幅图景来。他发现他很难接受一个事实：那些不同的人，他个个都能回忆起来，碰面时边上发生的事情，他也都能回忆起来，这些人其实是在不同的时间里看到的同一个人。

富内斯的记忆很完美，但他的其他人类特质因此退化了。博尔赫斯写道，富内斯"几乎做不到一般性的纯精神思考。他不但很难理解狗这个通称包含如此之多的大小不同、形态各异的样本，还会为 3-14（在档案里看到的）的狗和 3-15（从面前看到的）狗竟然有相同的名字这一事实感到不安。每次他看到镜子里自己的脸和自己的手，都会感到惊讶"。富内斯的世界是一团杂乱的细节，这影响了他的思考能力，因为思考需要至少在当前时刻抓住对语境重要的信息，把其他东西都忽略。

博尔赫斯的虚拟描述非常接近现实。[12] 所罗门·舍雷舍夫斯基

（Solomon Shereshevsky）（此处简称"小所"）是一位报社记者。有一天，他的编辑给了他一段很长的指令：要去哪些地方，要见哪些人，要收集哪些信息。编辑注意到小所一条指令都没写，想训他不专心，可小所重复了一遍要做的事情，一字都不差。编辑更细地问及了他的记忆，被他的能力惊到了，把他送去了一所研究记忆的心理实验室。在那里，小所遇到了心理学家亚历山大·鲁利亚（Alexander Luria）。其后30年，鲁利亚都要研究他，记述他的记忆天赋背后的过程。

鲁利亚发现自己无法测量小所的记忆容量。小所能解决鲁利亚给他出的一切难题。鲁利亚给他念了单词、数字、字母，多达30个，让他复述，他全都能回忆起来。鲁利亚把数量增加到50，然后70，小所仍能回忆，连倒背都行。给他的词，不管有无意义都不要紧。初次会面15年后，鲁利亚叫小所把那次会面里的那几串词语、数字、字母都重新报出来。小所坐下来，眼睛闭着，回忆起情景：

"对——对……那次我在你的公寓里，你给了我这样一系列……你坐在桌子旁，我坐在摇椅上……你穿着一套灰西装，就像这样看着我……然后，现在，我能看到你在说……"那句说完之后，他就能把序列一气背出，跟我之前报给他的一模一样。要是考虑到小所那时候已成了有名的记忆术研究者，要记住成百上千个序列，他的本事看上去就更非凡了。

和富内斯一样，小所对脸的记忆不行。"人脸太多变了，"他说，"一个人的表情取决于你跟他碰面时他的情绪和场合。人们的脸不断在变，其细微的表情差异让我很困惑，我很难记住他们。"其他人会忘掉的细节会占据他的脑子，使他很难从感觉和图像的流动移向一些更高层次的意识，比如抽象和意义。

他感知我们脸的变化，用的可能是我们用以持续感知变动的光影的方法，就像看水塘的涟漪或河流的漩涡。

又是和富内斯一样，小所拥有完全由细节组成的记忆，他无法在抽象的层次上思考。他能逐字背出整个故事，但不能轻松总结出来。当需要超出原始信息，把握隐喻、双关语、象征的时候，小所会迷失方向。"要是故事讲得相当快，小所的脸上会露出困惑的表情，最后彻底混乱。'不，'他会说，'太多了。每个词都会唤起一幅图像，彼此相撞，结果一片混乱。我什么都搞不清。然后，又有你的声音……让这一切更加模糊……然后一切都一团乱麻。'"结果，一切都知道的小所把语境意义丢了个干净。

认知限界既限制适应性行为，又使之成为可能。到某个点之后，信息和认知处理再增加，实际上会有害。可能存在的完美记忆，就是极端的例子。内在限制实际上会有好处，它使新功能成为可能。没有内在限制，就没有这些功能。想象一下，和富内斯一起坐在火炉旁，听他讲述一件过去有趣的事。他把和事件有关的每一个事实都提及了：房间的每一个细节，在场的每个人的每个手势，说出来的每个词。不加过滤，这故事就遗失了。或者，更精确地说，被剥离了上下文。根据他的描述，没法判断什么东西更重要。这样的故事是没有意义的。

完美记忆就像是让过去全部成为现实，反过来，就像是活在全都无关紧要的现实中。我们仔细推敲事物时，会忽略部分特性，突出一些事情，让其他事情退到背景中去。我们根据自身的目标和兴趣，遇到事情、过滤事情；植物学家眼中的树，不是艺术家眼中的树。

因此，更广泛地说，只有当我们拿过滤器看世界时，世界才有意义，即要选择忽略一些方面。只有突出某些特征，把和语境无关的东西丢进暗处，才能让意义出现。

讲述者这样说富内斯，"我怀疑……他的思考能力不行。思考是要忘掉不同，是要概括，是要抽象。富内斯的世界装得太满，什么也没有，只有细节，几乎接连不断的细节"。和富内斯的世界相反，我们通过意愿和选择性忽略而创造的世界，被萨特（Jean-Paul Sartre）称为"虚无"。我们就像一位雕刻师，把石板上的一部分去掉，完成作品。要看到个别事物之间有意义的联系，就是要把部分感知域提升到前景里，而把其他部分降低到无差别的背景里。否则，感知域会存在得太彻底；需要否定其中某些部分，让思想主题得以突出。智力的标准不是知道一切，也不是记住一切。要思考，就要先选择关注什么、忽略什么。这就是萨特所说的"我们被判自由"的意思。

讲述者这样评论富内斯，"他知道 1882 年 4 月 30 日早晨南边空中云的形状，他可以在他的记忆里，把这些形状和他仅看见过一次的一本书的包边的大理石花纹的纹理进行比较，或和白雀树战役（the Battle of Quebracho）前夕尼格罗河（Rio Negro）上的一支船桨扬起的浪花的微波形状进行比较"。

富内斯 19 岁时，因那场让他获得了惊人记忆力的事故而瘫痪，"仰面躺在小床上，房间里有微光"，他在那里可以想象出"墙上的每一道裂缝、他周围每一座房子的精确模型"，他死于肺淤血，这是对他精神状态的物理模拟。

# 第三部分　经济学范式：回顾与前瞻

第八章

# 危机中的经济学

我们知道，经济学在处理危机方面表现不佳。我可以通过源自人类互动和经验的特性与动态之镜来阐释这一失败的若干维度。首先请仔细想想芝加哥大学经济学家加里·贝克尔（Gary Becker）对经济学的这一描述："有关行为最大化、市场均衡和稳定偏好的综合假设，被持续而一贯地使用着，形成了经济学方法的核心。"[1]如果这些假设被成功挑战，那么它们的应用结果将会失败。而就应对危机而言，它们的确失败了。在危机中，我们并不向最大化行为靠拢，我们甚至并不在平衡的咫尺之遥以内徘徊，我们也并没有稳定的偏好。

## 互动与代表性主体

我们在讨论这一点对计算不可化约性和层展现象所具有的影响之前，需要注意处于经济学途径核心的另一个假设——尽管贝克尔在自己的工作中一直坚持这一点，但他并没有提到代表性主体。这种有利的假设使经济学职业成为可能。经济学不去研究人作为个体的行为，而是假设可以将我们所有人集合成一个代表性主体。这是一个简化的假设，科学充满了简化的假设。但这个假设在开始运转之前，就对经济学的效力起了妨碍作用。制造一个脚踏板不止需要一个人，将世界释放到危机的动态之中也不止需要一个人。如果我们把环境和经验对人类的影响包括进来，我们不仅会有很多主体，而且它们之间就像雪花一样不同。将某一系统中所有主体集合到一个代表性主体——成为一个巨大的雪球——绝对会阻碍对其轨迹中各种互动进行任何有意义的分析。

但从一开始，使用代表性主体就是后杰文斯新古典经济学的一部分。杰文斯使用代表性主体将他的交换力学理论引入了经典力学领域，将其比作行星运动系统："迄今为止，我们一直认为交换理论只适用于拥有和交易两种商品的两个交易机构。相同的原则完全是真实的，无论条件多么纷繁复杂。因此最复杂情况下的交易可能总被分解成简单的交易，而每一项交易将产生两个足以决定所涉数量的方程式。"[2] 正如物理学家从若干单独的双体系统中构建一个多体系统一样，经济学家也可以从若干成对贸易者的互动中构建一个市场。对杰文斯来说，这也意味着大型贸易机构可以分解成代表性的个人——"个人的总和"。[3]

各种人员群体表现出个体成员行为中不存在的行为（即层展行为）模式和结构，这是一个在整个社会科学中具有重要意义的数学真理。对当代经济学，这意味着追求宏观经济学的微观基础不会有成果。即使个人行为被完全理解，也不可能直接从这种理解中得出有关宏观经济学的有用结论，因为存在加总问题。[4] 而且我想补充的是，对理解危机的追求也是徒劳的。

但是代表性主体仍然在使用，因为没有它，就很难利用数学经济学的机制。如果你要假设一个理性预期模型中隐含的同质性——其中每个人都是按照相同的（正确的、上帝赋予的）模型以按部就班、一以贯之的方式行事——那么你也可以把世界归化成一个代表性主体。

## 计算不可化约性：不存在能预测未来的公式

源自我们社会性质的互动和经验与环境的不断变化的偏好，都是人的天性。我们在社会中互动，在市场中当然也互动，在危机期间更是会互动。我们不是对输入只有固定机械反应的机器人。我们面对的是一个不断变化的世界，反过来，它又改变了我们看待世界的语境，也改变了我们，而在危机期间尤其如此。关键的含义是，我们不能将数字插入某一模型并预测未来的样子。我们只有结束旅程，才知道我们的旅程在哪里结束。而旅程一旦结束，我们就无法再次踏上此次旅程。

## 层展：不存在人人均可效仿的模式

我们都是以非琐碎的方式与世界互动的主体。主体可以改变环境，结果其他主体将改变他们的行为。复杂的动态产生于这些互动，而这些互动会导致层展现象，那时我们将面临真正的惊喜。这些惊喜包括平衡的极限点中断，与平衡周围的扰动——被建成大多数经济模型的稳定性扰动——形成了对比。经济学与其他科学领域的典型区别特征在于，平衡方程是这一学科的中心。如果事情确实偏离了轨道，他们不会因此跃过护栏，滚下山去。其他科学，如物理学甚至生态学，更强调动态变化规律的确定。

由于互动的复杂性，系统的行为不能构建或解释为个体模型的加总。每个人都需要了解其他人（当然，如果一个人真的可以做到这一点，那的确有巨大的价值）。但是，虽然我们首先可以做一个"假设每个人都了解足够的数据来理解互动的含义"之类的说明，但这显然不是事情真正的运作方式。即使每个人都决心遵循一个模

111

型，但发现最佳模型的过程本身也会改变模型并创建其他交互。不必认为各主体正在犯错误——用索罗斯的话来说，他们容易犯错——尽管那也可能是事实。他们可能正采取强有力的启发式行为，但仍然无法知道他们的行动将如何与他人的行动相结合以导致层展现象；他们无法预料全局。这不是一个因信息有限而估计数中虽有更多误差却仍能使该估计数总体正确的问题，这是一个不知道最终结果如何的问题。

## 非遍历性：历史关联性，抑或每一次都不同

为了获得关于危机过程的可靠概率分布，我们必须从未来的宇宙中抽取一个随机样本，并分析这一未来样本，以计算这一未来人口在统计学上可靠的特征。因为从未来中抽取样本是不可能的，所以采用这一途径的经济学家认为，未来是由与过去相同的分布得出的。这证明了使用历史数据的合理性，而这种假设需要遍历性。保罗·萨缪尔森（Paul Samuelson）（1969：184 - 85）写道，如果经济学家希望将经济学从历史学领域中移除出去，并将其转移到"科学领域"，那我们就必须强制实施"遍历性假说"。遍历性是经济学的核心，因为它是我们以合理方式运用概率的唯一途径。

当不确定性引入经济模型时，它是用概率理论的形式机制来完成的。概率是根据已知的可能事件集合加以定义的。但在现实世界，不可能简单地假设，概率分布是描述、理解或解释不确定性行为和决策的正确方法。当我们"实在不知道"时，当我们"一条线索也没有"时，当真正的不确定性普遍存在时，这个结构将不会做这项工作，因为未来不像过去，所以我们不能使用相同的概率分布——

如果这样的概率分布存在的话——来既描述过去又描述未来。没有理由认为现在的分布甚至与在未来某个时候将占上风的分布有关。我们的经验和我们持续积累的知识不仅会改变概率、结构对可能发生的事情的感觉，而且会改变我们对世界的看法。因此，当经济学模型（理性预期假设是一个很好的例子）假设未来和过去平均参数值都相同时，我们正错过这些本质的东西。

凯恩斯写道："经济学是一门融合了根据模型进行思维的科学和选择跟当前世界相关的模型的艺术的学问。"经济学不得不这样做，因为与典型的自然科学不同，它所应用的材料在很多方面并不在时间维度上呈现同质化的特点。[5]在危机期间，情况更是如此。

诺贝尔奖得主威廉·夏普（William Sharpe）说："如果你不喜欢实证的结果，如果你可以等待有人使用不同的时间段……你会得到不同的答案。"[6]在21世纪前十年，我在前点合伙公司（Front-Point Partners）运作一个长短期股票对冲基金时，曾亲身经历了这一点。我搜罗学术文献，寻求可能的正向阿尔法策略，而每当我把它们应用到较近一段时期，即用于论文的样本时间段以外时，它们就失败了。我怀疑在很多情况下，它们使用了奇怪的时间段，比如1989—1993年。在某些情况下可能一直是数据拟合，在其他情况下，却是世界明白机会所在，没有机会了。因此，金融体系的本质就是战胜遍历性。

时间不稳定是部分最基本金融模型的祸根。以资本资产定价模型为基础，夏普分享了诺贝尔奖。法玛（Eugene F. Fama）和麦克贝斯（James D. MacBeth）（1973）以及其他人报告了对资本资产定价模型的有利估计，该模型所针对的样本一直运转到1965年，但当样本更新到 20 世纪七八十年代时，它就会分崩离析。（解决方案：添加更多变量。）

在物理学中，将过程建为遍历性模型——即断言时间和历史并不是真的重要——并非过于轻信，但在社会和历史科学中是荒谬的。人类经验的未来不能简化为一组已知的前景。它不同于坐在轮盘赌桌上计算旋转轮子的未来结果。生活不是游戏，它关乎新知识产生的新的可能性。这不是为改变概率而重新校准，而是关于发现轮盘赌新的替代品。难怪罗伯特·克洛沃（Robert Clower）说，"许多经济学与现实世界相去甚远，以至于经济学家往往很难认真对待自己的问题"。[7]乔治·伦诺克斯·沙曼·沙克尔（George Lennox Sharman Shackle）认为，未来"等待的，不是其内容被发现，而是那项内容被产生"。[8]

## 根本不确定性：未知的可能性

乌尔里希（Ulrich）是罗伯特·穆齐尔（Robert Musil）未完成的现代主义小说《没有个性的人》（*The Man without Qualities*）中的主人公。他居住在可能性之中，但也被描述未在"平静的绝望"中"等待""不可预见的事情"发生在他身上。但在理性预期的世界里，情况并非如此。事情在历史的尽头某一时间出现。所有经验都已经有了，所有的学习已经发生了。如果我们接受的前提是，我们不仅受我们的过去所驱动，而且受对未来的期望和认识所驱动，那么这是一个了不起的假设。毕竟，抛开昆德拉所说的缺乏经验的星球，我们的确在继续学习，我们的观点的确成熟了。理性的期望可能会使世界变得更加自我一致，并且在智力上更令人满意，但它是否剥离了对我们现实世界至关重要的东西？如果人类的经验和情境很重要，那它就确实剥离了。

当我们在人类的互动和经历的世界里审视自己，我们看到了什么？是我们所共享的（取决于某些不带偏见的误差项）一个正由机械论模型产生的世界吗？很难说是。我们看见一个世界弹跳向前，没有任何明显模型，也没有两个人以相同的方式看世界。

## 启发式：没有优化，唯有简单规则

我们如何处理这种复杂性和不确定性？由于不尽如人意，模型必须经常调整，就像代理人与相关环境和机构经常以不可预见的方式进行调整一样。代理人基模型方法的一个特征是，进行这样的调整是模型结构不可或缺的组成部分。这与演绎方法形成了鲜明的对比。在演绎方法中，最小的改变需要重新构建复杂平衡的数学结构，而最坏的情况则需要重新设置基本的公理。

即使是拥有不对称信息，或拥有英国式行为假设的经济学模型也不接受知识限界，这种限界会妨碍模型运转之前对其布局。然而，为了确定如何行动，人们需要了解这一模型，以求得最优方案，也许在某种程度上会受到约束。[9]

经济学的问题源自人类作为经验之子的特征，既包括过去的经验，也是未来经验的模糊前景。偏好是通过效用函数抽取并优化的东西；偏好是效用最大化的基础，而反过来，效用最大化又是对我们经济行动的一切解释的基础。经济学家认为偏好受到严格约束，但现在我们看到，我们有各种各样的动机系统，驱使我们朝着不同的方向前进，我们已让偏好具有多向性。

经济学家认为偏好因人而异。但事实上，我们的动机基于我们与环境之间的互动，包括环境中的其他人，他们位于社会场景之中和外部环境之中。

经济学家也认为偏好是稳定的。如果你昨天点了一份多加奶泡豆奶拿铁，那就永远是多加奶泡豆奶拿铁。如果我们抛开危机问题并留在我们的互动经过精心编排的日常金融世界，如果这种互动不大大超出客套寒暄，如果我们的经历是一天接着一天——那就是，如果我们减弱人类经验的性质——那么稳定偏好的观念就会起很大的作用。至少，我们让自己看起来像是一天一天地过，而不是十年十年地过。但事实上，我们的动机可能很快改变，快到像某人觉察语境从礼貌转变成威胁，或者像某人觉察他人的动机不是合作而是竞争，或者像某人在分担别人的压力。当有人传达压力时，一个人可能会同情地与他接触，而另一个人可能变得防备和退缩。[10]

偏好即便内部也并非一致，无论是基于某人在不同时代的语境和环境，还是一个人或两个人在特定时间共同持有相同的看法。实际上，两个人不共享操作意义上的相同观察。经济学中，有客观的知识，事情就是它们本来的样子，而且无可争议，对每个人来说都是那个样子。在现实中，我们创建对自身环境和语境的感知，不存在确定性知识。我们正不断编织自己的现实。

人类行为的这个核心对一个演绎、逻辑体系而言全然是非理性的，也产生不可调和的不可预测性。但不管它对某一特定系统而言是否合理，都是人类的运作方式，在人类语境下都是可以理解的。我们只能活一次，我们的生活并非可以复制的实验。如果你克隆某人，那么他一旦降临人间，他就不会成为同一个人。一旦我们重复以前做过的事情，我们就是在做不同的事情，因为我们正在做的，已被不同的体验着色，而我们就已经是不同的人，有着不同的关联。过去的经验可能曾经新奇又困难，新鲜又刺激，而现在却很熟悉甚至乏味。这意味着我们的概率论与统计数据可以扔出窗外了，因为事情并非遍历性的，也不具有可重复性。

## 简洁，貌似有理，却是错误的

你如何创造一个不可能存在危机的世界？在这样一个世界里，人们会是什么样子？新古典经济学假设给了我们一个答案：那个世界的居民不是人，而是输入。经济学给予我们各种模型，没有基于语境的互动，没有互动与体验之间的相互作用。它是一个生产工厂的模型，而不是人的模型。当然，如果一个模型或范式不将人类与生产工厂或机器人区分开来，那么它已经无法通过基本测试。如果你有一个可进行全局搜索且可用机器取代人的模型，如果你不承认人性的存在，那么你就能轻易发展出雅致的模型，但你也就错失了问题的本质。

当然，我们无法进入那个世界并期望了解危机，因为体验在危机期间会有更为深远的影响；互动将会更加重要。要理解危机，我们必须努力解决人类状况的这些重要方面的限界。而且，更重要的是，我们必须驳斥数学的使用，因为基本问题在计算上具有不可化约性；驳斥我们都可以用本应已根据一般平衡理论的失败加以否定的代理人来代表的观念；驳斥优化的概念和效用的最大化，因为存在根本不确定性和使用启发式的需要；驳斥"稳定偏好"的概念，因为人们生活在一个非遍历性的世界里，他们根据自己的经历而改变；驳斥使用预先确定的概率的模型，因为过去的行为并不因此为将来的行为提供一个窗口。在危机期间驳倒所有这一切。

亨利·路易斯·门肯（Henry Louis Mencken）写道，"每个人类问题总会有一种简单的解决办法——简洁，貌似有理，却是错误的"。而新古典经济学已经错了。到目前为止，它的主要成果是证明了在公理、演绎模型和现实世界之间建立一座桥梁的努力是徒劳的。例如，假设完美的知识和即时市场结算完全没有说到点上。经济学家抛开了我们想要研究的危机这一主题：危机裹挟在不确定性之中，以超出危机之前的概率和我们世界观范围的惊人方式改变了我们对世界的看法，产生了并非只是局部偏差而是脱离轨道并从山上急冲而下的不稳定。这些危机由不同且异质的参与者组成，每个参与者都基于其独特语境行动。当我们把人的本性考虑进去并通过危机的影响将其放大，我们会发现什么呢？我们在经济学中发现了各种各样的失败，这些失败需要用不同的方法来理解危机。

我们可能会停下来说，理论本质上创造简化性假设，以对系统的各个关键方面予以明确。但是，如果理论不仅仅是一项智力练习，那么就会有某段时间，你会拿走简化性假设并添血加肉，以期面向现实重塑理论。经济学在那一点上似乎永远都不会成功。拟用于现实世界的经济学模型，正被全球各中央银行应用于政策决定，这些模型包含若干正由某个（非常大的）代表性家庭做出的决定。这个家庭在其生活过程中总在前瞻，旨在尽快最大化其预期贴现寿命效用，这个家庭沿途从不遇见任何人，或从不重新思考生命的意义。[11]

有种观念认为，可以在危机的任何时刻对其轨迹进行建模，可以将危机放入一个自足式模型公式中来得到所有答案——这是经济模型的主要内容。这种观念是无稽之谈。并不是说人们不会去尝试，或者像卢卡斯那样，宣称经济学不仅不能够也不应能够应对危机。这并不意味着我们应该采取卢卡斯的做法，然后袖手旁观。

数学优化在其净化世界中可能是正确的，而在我们的世界中我们可以是理性的，无须以优化作为基准。如果我们生活在一个完全符合数学问题假设的世界里，那么偏离数学最优化的解决方案是不理性的，这不言自明。因此，我们要么把明显的非理性和偏见放在一边，要么探讨为什么这个模型是错的。信息成本的调用、有限的计算能力和缺失的风险系数，都是为了迫使数学适应现实。也许问题不在于我们已经接近且通过稍做调整，我们就可以得到优化的方法，而是在于，逻辑模型可能不是研究和预测人类行为的正确方法。

值得重申的是，格尔德·吉仁泽世界观中启发式的使用和对信息使用的故意限制并非优化尝试的一部分，不管是真的还是"好像"。这不是从优化开始的问题，而且在一定程度上，也不是决定如何实现接近于数学最优解的问题。这是一条不同的决策途径，而对经济学家和数学家而言不幸的是，这最有可能是人们实际操作的方式。

艾瑞克·拜因霍克（Eric Beinhocker）是新经济思维研究所（Institute of New Economic Thinking）的执行主任，他认为经济学的错误并非"试图过于像其他科学那样"，而是"它付出的努力太少了"。经济学已经"发展出一种公理上内在一致的自足式理论"，它"更像神学而不是科学"。危机混乱且复杂。物理学家理查德·费曼（Richard Feynman）明白这一点，回顾1987年的股市崩溃，他反思，如果我们不得不担心电子的思维，物理学将会有多么困难。要理解和管理危机，经济学家必须放弃经济是一个简单机械的平衡系统的神话。

那么，我们如何看待今天的新古典主义方法呢？除了只是说语境无关紧要之外，还有什么反应呢？如果我们说语境很重要，那么答案可能就是，"如果您告诉我语境，我就可以为依赖于语境的实用程序构建一个函数"。如果我们说主体是异构的，那么答案就可能是，"那一点我已经处理好了，因为我使用的函数具有足够的普遍性，可以将异构性捕获为参数的差异，在这些参数中，各个主体都共享这一相同的、通用的函数"。如果我们指出，语境以及由此而生的偏好随时间而变化，那么答案就可能是，"我们一直做着动态模型，所以我们会让模型中的参数遵循某种路径，并给他们添加一些噪声"。对于反馈，情况类似。

当这一切完成的时候，如果我们把它做完，且如果把它做得很成功（如果是这样，它将不在数学结构的范围之内），我们就根本不会有新古典主义的模型。

**经济学的退化研究项目**

关于这一点，经济学在做什么？它不能做很多，因为失败是其危机处理的核心。经济学在演绎方法范围内运作，出现漏洞就随时修补——不管这是效用理论中的矛盾，还是理性选择理论的不一致——同时仍然坚持其核心结构。我们是经济学公理建构的机器标准的目标，但我们比它所期望的更为复杂。这种复杂性源于我们本性中一个麻烦的特点：我们是人。

所以经济学对待我们就像我们是喜怒无常、不得不接受如此待遇的机器一样。对若干小巧合进行调整，当事情没有按照规范运行时便东修修西补补，然后这条优化装配线便恢复正常，并运转良好。

经济学目前正处于修补问题的"打鼹鼠"世界里——它在危机期间的糟糕表现对那些从外面观照经济学的大多数人来说也许是最闪亮的——同时正死守着核心结构。

匈牙利科学哲学家伊姆雷·拉卡托斯（Imre Lakatos）称这个情况是"退化研究计划"。说它退化，是因为对主流理论的改变主要是为了回应和纠正新的和麻烦的证据或矛盾，而不是为了获得更大的解释力。这是一个面对不断增加的异常情况却正在滑坡的研究项目。这个被称为经济学的退化研究项目，迫切需要一个新的范式取代现行的范式。[12]

正如杰文斯和其他人看到了穆勒和李嘉图古典经济学的失败并取而代之用新古典经济学钢铁般的数学，我们也面临新古典经济学诸多缺陷的注视。答案不是更多的数学，更有约束的优化，而是理解人类行为的本质、互动和体验以及塑造世界的现象，并尊重这一切，而且明白它们不能被踩在脚下，它们必须得到处理，而不是假定不存在。绕过零星抵抗在战争中能奏效，但在科学中不起作用。

**危机科学和新的范式**

科学哲学家托马斯·库恩（1962）将短语"常规科学"用在由一个范式提供的框架内进行的科学工作上。常规科学组织有序，资金充足。每个人对这些重要问题及其解决方法都取得了一致意见，也一致同意这条规范的基本原则，同意这个游戏的各项规则，比如，如何检验某项假设，如何提出合理的论点，如何撰写符合出版要求的论文等。科学教育是一种灌输，可使科研新手逐渐获得对其范式的信念。

常规科学包括在已知世界的边缘小打小闹，给不断扩展的拼图添加碎片，并在碎片无法吻合时将碎片的边缘磨平。研究人员取得进步，沿着那条路线设定职业生涯，让他的学生通过自己的研究来进一步推进这项研究，令编辑委员会以类似的方式支持研究。在常规科学中，每个人都在努力寻找哪些问题是重要的，如何解决这些问题，以及如何评估可能的解决方案。经济学是常规科学。

然而，有时候常规科学不再有效，当前范例中不能解决的问题便会出现。这会导致一段"危机科学"时期。这不是这儿或那儿有一点麻烦，异常总是存在，而解决它们是常规科学的一部分。危机是由重要的事件所诱发，其中失败不能再归结为未以正确方式把问题放在一起。越来越多的人对这种范式失去了信心。这就是我们今天的处境，而且，讽刺的是，经济学危机的萌芽在于其缺乏应对危机动态的能力。一场科学革命既需要一段时间的危机科学，也需要一个候选的新范式。2008 年的危机可能是这样的诱因，代理人基建模可能是新的范式。

## 博尔赫斯的特隆

2008 年危机之后，诺贝尔奖得主、经济增长理论资深学者罗伯特·索洛（Robert Solow）在众议院科学技术委员会做证。他对全球央行宏观经济分析的核心模型即动态随机一般均衡（DSGE）模型提出了批评。他在事先准备好的题为"为现实世界建设经济科学"的证词中说，这些模型想当然地认为可以考虑整个经济，就好像它是数量单一、行为一致的人士或朝代在执行一项经合理设计的长期计划，偶尔被意想不到的冲击打断，但以理性而一致的方式适应它们。动态随机一般均衡模型学派在简化经济中运作，"恰好只有一个单一复合的工人、业主、消费者，其他一切提前精心规划（且）长期存在的事情"，在那里，经济表现得仿佛"它就像一个人，清醒而理性地为了代表性主体的利益而竭尽所能"。想到这一点，他得出结论说，一个"面对'经济政策以那种思想为基础'想法的善于思考的人可能会合理地怀疑，他或她到底身在哪一颗星球"。[13]

经济学可以存在于铁定公理的壁垒、严格的数学和优雅的模型之中，因为它占据了一个幻想世界，一个对数学的一致性和合理性有吸引力的世界，但这并非由现实世界激发，也并非与现实世界相关。这是在博尔赫斯有关特隆（Tlön）的短篇小说\*里描绘的世界：

> 特隆的接触和习惯已经瓦解了这个世界。因受其严谨性吸引，人类一再忘记了，这是象棋大师的严谨，而不是天使的严谨。各大学校早已充斥着特隆（推测性的）"原始语言"；它那（充满动人情节的）和谐历史的教学早已抹去了支配我童年的那一段；一段虚构的过往在我们的记忆中占据了另一段的位置，那是一段我们无法确知的过往——甚至不知道它是假的。[14]

对特隆的居民来说，生活只是心灵的主观投射，没有物质存在。事实上，在特隆的语言中没有名词，只有非人称的动词和形容词。在特隆，没有现实世界的痕迹。特隆居民的世界渗透到真实世界中，真实世界退让了，并在它的影响下分崩离析。特隆虚构的过去取代了真实的过去，破坏了人类的时间感；历史不再重要，清晰的未来也不重要。

抛开现实，各种思想流派在特隆竞相上演。一个流派否定时间；

---

　　\*　即《特隆、乌克巴尔、奥比斯·特蒂乌斯》（*Tlön, Uqbar, Orbis Tertius*），书里的"特隆"世界中存在着许许多多空想主义的哲学派别。——译者注

另一个流派则认为，所有的存在都是梦。也就是说，于其一切复杂性和表面上的随机性而言，特隆是被人利用人的理性并以人为其上帝而建造的。正因为如此，世界一经意识到特隆 ——通过曾挖掘出全部四十部遗失的《特隆百科全书》（*Encyclopedia of Tlön*）的某位（来自田纳西州的）记者的著作——则"人类最伟大作品的手册、选集、摘要、文字版、经授权的改版和盗版泛滥成灾，并仍然淹没着地球。几乎立刻，现实因不止一个理由屈服了。事实是，它渴望屈服。除了服从于特隆，服从于有序工厂的这一详细而广泛的证据以外，人们还能做什么呢？特隆就是由人类发明的迷宫"。[15]

特隆的一切席卷全球，因为较之现实世界深不可测的本质，"任何有着表面秩序——只在由人设计的虚幻世界中才可能存在的秩序——的对称性"都更受偏爱。人们忘了他们的过去。英语、法语、西班牙语从地球上消失了。这就是特隆的历史、特隆的语言，人们将其自身的存在交由特隆支配。[16]

我们身处什么星球？当我们用经济学来解释危机时，这个问题就变得尤为迫切。当我们透过人性的镜头来看经济学时，我们完全可以问，经济学的世界是否与特隆的世界如此不同。

第九章

# 代理人基模型

在《碟中谍3》（*Mission : Impossible Ⅲ*）中，汤姆·克鲁斯（Tom Cruise）扮演的伊森·亨特（Ethan Hunt）让人给他选了一份遮人耳目的工作，让他成为最终的幕后官僚：弗吉尼亚州运输部交通工程师。在一次聚会上，两个女人跟伊森聊天，一个人问道："你在弗州运输部是做什么的？"他回答说："我研究交通模式。你踩刹车一秒钟，在高速公路上轻轻一点，你真的可以在长达两百英里的道路上跟踪这个动作所带来的连锁效应，因为交通是有记忆的，这令人惊叹，它就像一个生物体。"其中一个女人转头对另一个人说："要再给你加点喝的吗？要什么，伏特加马丁尼酒？""嗯，谢谢。"

这真令人惊叹。交通是研究层展现象的上佳实验室，任何见过莫名其妙且范围很广的拥堵变化的人都对其深有体会。我们开车时，各自都在自己的小环境里驾驶，看见一小队其他的车辆在路上跑。这一刻我们可能是协调而顺畅的车流的一部分，而另一刻，我们却莫名其妙地促成了拥堵的连锁反应。毫无疑问，代理人基建模是评估交通流动状况的流行工具。[1]

驾驶员以不同的启发法进入道路。他们车速不同，有的变道以规避特定车道的拥堵，有的沿左边车道慢慢行驶，让大家都恼火，有的则在右边车道开得飞快。而且动作也与环境相适应，许多司机会对周边车辆的速度做出反应。据我所知，你并不总是这么想。举个例子，我莫名其妙地发现，当一辆车与它要超的车并排行驶时，车速会慢下来。如果他们周围车辆速度加快，他们的车速往往也会加快。历史很重要。一辆在单车道公路上加速超车的汽车往往会以更快的速度继续行驶。一旦汽车从封闭车道的挤塞中突围而出，驾驶员将会按照拥堵前的车速加速行驶。加速接近已知测速区的驾驶员将放慢车速，但有时减速不够，因为他们已经适应了高速行驶。

有时我开车时会与这些行为博弈，以便让自己处于有利位置。如果我在左边车道，而有辆车在我后方追上来，我就会加快速度。即使我能达到那辆车的速度，它也会跑得更快，因为司机已经想要超我的车了。最后，我试着跑得够快以使那个司机满意，我转到右边车道让他过去，然后再回到左边的车道上。现在我前面的司机的速度比他原来预想的要快，他已经适应了这个更快的速度。现在我可以跟在他后面一起跑，以便为任何即将到来的测速区提供缓冲。

所有这些行为都可以通过代理人基模型在不同的汽车上传递。该模型可利用许多不同的交通模式和各种启发式分布多次运行，以了解沿途交通拥堵如何形成。该模型可用于测试不同配置的出口和入口匝道的影响，评估新办公园区将出现的交通问题，或确定如何最佳地变换红绿灯。

用于交通的最简单的代理人基模型是一种元胞自动机模型：如果一个细胞是黑色的，它就被汽车占据；如果是白色的，它就是道路上的一个开放空间。每辆车都是一个代理人，对所有代理人的启发是简单而相同的：如果某辆车前面有一个开放的空间，它就会进入那个空间；否则，它就会停下来，直到前车移动，空间开放为止。

图 9.1 显示了该模型中出现的交通模式和拥堵的传递。当我们开始遵循交通模式时，道路的顶部快照会显示汽车的路线。在图 9.1 中，道路已经拥堵。五辆车首尾相接，堵在了一起。最后那辆得等到前面四辆开动后才动得了。我们一路浏览过去，可以逐时段得到新的快照。车辆毕恭毕敬地遵循一个时段一个空间的限速规定，所以在没有交通堵塞的开放路段，车辆会沿着向下倾斜的对角线行驶。如果有交通堵塞，就意味着正前方有一辆车，那车一动不动，因而就会在我们及时向前行驶时停留在同一位置，直到交通拥堵疏通为止。例如，队伍中最后一辆车在前面有开阔路段，直到它被堵在时段 8 中一辆皮卡后面。这辆车必须踩一下刹车，然后开始再次行驶。倒数第三辆厢式卡车被死死堵在时段 3 中，必须等前面的车辆为它逐次腾出空间。不久之后，在时段 10 中，这辆厢式货车又一次陷入短暂的停顿，因为在沿路时段 6 中开始发生的拥堵带来了连锁反应。

这一最基本的代理人基建模展现了这类建模的部分基本要素：公路宽敞，交通通畅，其间穿插着拥堵路段和走走停停的车辆。这就构成了许多更为复杂和现实的模型的基础。我们可以增加多条车道和变道规则，以应对交通拥堵。我们可以将异质性添加到前面所建议的简单模型中：允许司机选择其理想速度，当他们前方有空间时向前行驶之前的时段数量，以及他们与前车之间保持的距离。当然，我们还可以用不同程度的拥塞来启动模型。我们可以设置一个入口或出口匝道，这样就会在模拟的不同时刻有新车在其他车辆消失时出现。我们可以让拥堵量、入口和出口情况随一天中的时间而变化，以模拟星期一高峰时间段或周末开车到商场去购物。

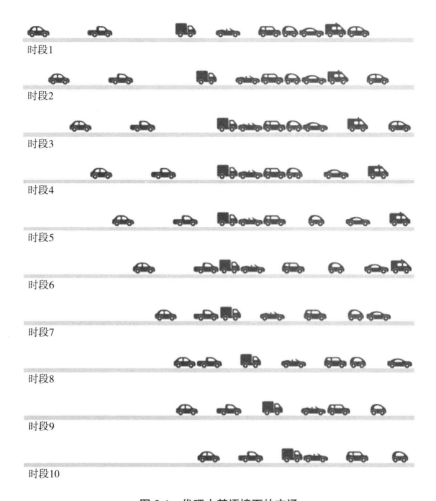

**图 9.1　代理人基语境下的交通**

注：这是一个代理人基模型应用于交通问题的简单例子。道路交通状况按阶段从上至下呈现。如果一辆汽车前面有一个空位，它就会进入这个空位。否则，该车会停下来，等到前面的车移动，又有了空位。因此，受限于前方道路的环境，每辆车都有一个简单的启发式方法。这个简单的例子是许多更现实的代理人基交通流模型的出发点。

我们可以对行人使用同样的模型。规则将是相似的，相似之处在于运动将通过现有的空间进行规定，但运动的自由度更大，因为不像汽车有明确的车道，往往也不相互拥挤，人群中的人就不那么受约束了。这就是行人拥挤时会出现拥挤的踩踏事故，而汽车则耐心地排队等候的原因。但你也可以通过设置障碍来在恐慌的人群中执行某些秩序，而且令人吃惊的是，在人群和出口之间增加障碍会让通行更顺利。如果在出口前几英尺处放一根柱子，人员流动情况则会大大改善。你可能会认为，在出口附近增加一道障碍只会让事情更糟，但在各项实验中，柱子让人得以更快而较少受伤地走出去。实现这一点，靠的是让人们的行为更像汽车。他们被迫进入两个（仍然不受控制的）车道，他们也已经限制了可能传递毁灭性运动的各个方向。[2]

根据元胞自动机模型扩展的交通示例包含了代理人基建模的本质：

• 我们有一组代理人（汽车、人），它们通常是异构的，且其行为具有一定程度的独立性或自主性，因此没有对系统的集中控制。

• 在每个时段开始，每个代理人都会观察环境，并根据其启发行事。代理人的环境只是整个系统的局部视图。

• 这些代理人的行为改变环境。

• 在下一时段，每个代理人都会看到新环境，根据前一时段的动作进行修改，并再次采取行动。因此，在代理人和环境之间以及在一个代理人和另一个代理人之间存在相互作用。

这些是代理人基建模的线程，真的就是这么简单。

在应用代理人基建模来研究交通拥堵的本质时，在实际事件中，我们不知道路上车辆的精确性质，无论是位置、密度还是方式（即个人驾驶特征）。因此该模型多次用于由一批具备不同驾驶特征的驾驶员驾驶的车辆，这些车辆以不同的密度分布在沿途。有时事情会进展顺利，有时则不然。最终结果将是道路特征的分布，我们可以用它来评估堵塞的概率及其严重性。

金融系统比交通模拟有一个优势。我们知道特定的金融实体及其关键特征——比如杠杆和控股（至少如果你是监管者的话）——以及它们之间诸多的相互联系。我们不清楚的，是其与危机有关的启发式，以及市场对突然剧增的抛售压力反应的方式。因此，与交通分析一样，我们必须根据这些因素的变化进行多次运行。

## 代理人基模型的组件

代理人基模型最终归结为由各代理人及其环境所驱动的相互作用动态，及其用于该环境的启发式。这可以用索罗斯的反身性来描述。索罗斯为每个代理人都设置了两个功能——认知和操纵功能。认知功能展示了环境如何影响代理人所做的事情，操纵功能显示了代理人对环境的影响。

我们考虑一下在发展金融危机模型细节上的每一个问题。

### 代理人

代理人基建模不始于公理，而始于现实情况。如果我们去看看金融危机，第一步是认识到我们拥有一个具有真正机构、以明确方式组织的特定金融体系。有摩根大通（JPMorgan Chase）和花旗（Citi）等银行、城堡公司（Citadel）和桥水投资公司（Bridgewater）等对冲基金、证券借贷公司、资产管理公司、养老基金、货币市场基金等。每个代理人都与其他代理人互动，有一些是资金提供方，另一些则是资金使用者，有些是中介机构和交易商，有些是作为抵押品的渠道，另一些则承担对手风险。每个代理人都根据周围世界，基于商业利益和运营文化及世界行为方式采取行动——这些都是足够大的机构，它们的行动对系统产生影响——反过来又会改变环境，并影响其他代理人的行为方式。

新古典主义模型以不同的方式处理问题。它大约从这几行开始：假设有一家拥有资本 K 的银行，它试图最大化目标函数 f（此处插入一个表现良好的数学表达式）。这种方法存在什么问题呢？我们要先了解这些银行。我们无须为"银行"的某些抽象概念做一般性练习。如果我们先输入一个要最大化的目标函数，我们的抽象就已超越了任何易处理的东西。现在，我理解演绎方法的原则，以及银行的行事方式会像他们正将目标函数的方式最大化一样。但是他们实际上做的往往是应用一些非常简单的启发式。那么，为什么不使用这些试一试？

以这种方式开始，立即导致明确的异构性代理人。摩根士丹利（Morgan Stanley）不会使用与高盛（Goldman Sachs）一样的方式处理这些事件。城堡公司和桥水投资公司两大对冲基金将会有不同的头寸和杠杆，对风险姿态的不同态度和对市场混乱的不同反应。系统的关系和功能至关重要。危机发生在我们的金融系统，而不是抽象的系统中。在这一点上我们很清楚，可能会有传导和级联。如果我们的目标是了解危机可能发生和传播的方式，以及我们易受危机发生的伤害之处，那么为何要在我们无须假设及有若干我们可以命名和编号的银行之时，动不动就"假设一个经济"，或"假设有 N 家银行"?

在危机期间,银行的性质和行为方式很重要。危机与个人息息相关,它不能用于分析某些在火星上和地球上运作同样良好的抽象经济。每个公司都有不同的业务目标,愿意承担不同级别的风险,并在遇到困难时采用不同的应急计划。不仅如此,每家公司都适合成为各种类型的代理人。花旗做的事情在很多方面和摩根大通一样,但在其他方面则有所不同。例如,在回购市场中,摩根大通的作用要大得多。很明显,像桥水投资公司这样的对冲基金与花旗的业务并不相同。它做的是不同的事情,并会以不同的方式陷入麻烦。

所以有关代理人的观点很简单:为什么一开始就忽略明显存在的东西来看问题?只有一个金融系统;如果我们试图理解金融危机,为什么不从手头的对象开始呢?这不仅是合理的。如果代理人基建模不这么做,如果它运行的是一个抽象的建模练习,而不是捕捉混乱的现实,那它就是失败的,压根儿就不是基于代理人基建模,而是用一个数字方法来演绎新古典模型。

有一种对异构性代理人基模型的批评,就是说它将导致模型被过度规定。也就是说,会有很多代理人,每个代理人都能做很多事情,使模型能够适应任何事情,需要拟合的参数比拟合参数的观察值要多,有很多不同的方法来更改参数以获得任何给定的结果。对那些以优雅与节制为目标的人而言,代理人基建模看起来就像一场混乱的纷争,一场混战,但现实世界也被过度规定了,通过使用抽象代表而非数十乃至成百上千个真正的参与者而远离这个现实世界,是混淆了美和真。[3]

## 环　境

就交通问题而言，某一代理人的环境包括道路的特征，以及周围其他代理人的位置和速度。在金融市场，根据该代理人的作用，环境可能包括资产的价格、期末库存的成本，以及抵押品和信贷的质量。与交通示例不同，金融代理人通常不会直接将其他代理人视为环境的一部分。其他代理人只有通过其就价格和资金采取的措施才能显现。代理人与该环境的不同部分相互作用。有的在特定市场进行贸易，有的代理人借钱资助他们的活动，其他的则放贷，有的贷款机构也接受抵押品。所以对于金融系统，环境是连接某一参与者与其他参与者之间的流通渠道。我们将在下一章中广泛地绘制出环境。

金融危机笼罩着一片广阔的景观，因此金融系统需要好好规划，包括各种参与者的角色和各种金融功能之间的相互关系。例如，银行不是一个单一实体。它在资产市场作为交易商、在融资市场中作为现金提供者和杠杆玩家之间的中介以及作为交易对手直接地或以另一交易对手渠道的身份发挥作用。

环境根据参与者的行动以明显的方式改变。价格有升有降，借贷有增有减。但这可能导致各参与者的性质发生重大变化。有些人将被迫平仓，造成巨大的市场冲击。有些会被削弱甚至失败出局。也就是说，代理人的数量、他们对环境做出反应的方式，甚至系统的管道和结构都可以改变。

## 启发式

城堡基金与摩根大通以至少两种方式进行互动——借入或借出，并且与摩根大通进行特定类型的资产交易。城堡会有一个启发式的方法来说明它是怎么做的。如果杠杆太大，它就会减少头寸，以降低借贷。我们如何知道这一点呢？也许我们可以这样来找到这一点：假设一个效用函数——一个我们看不到，甚至城堡基金里的人也无法告诉我们，当他们说不出来时就优化的函数，而不是问自己常识性经验法则是什么，或者是直接问城堡基金。

正如我们不从公理开始一样，我们也不从理性开始。我们的代理人不是数学家，也不是逻辑学家。他们都是经验丰富、见识卓越的专业人士，他们共同努力以确定做好工作的最佳规则和方法。危机出现时，情况依然如此。换句话说，如果你一方面在金融专业人士面前放一个我们正在应用的启发式，另一方面放一个目标函数及其优化，他很可能会发现启发式更能反映他的想法和他的行为。事实上，专业人士甚至可能不认为最优行为的形式化概念是合理的，或者就这一点而言，他们不认为经济学家所呈现的理性是合理的。（与此同时，行为经济学家花时间试图理解，为什么这些专业人士的运作方式与理性行为的经济观念是不一致的，而没有考虑这一观念和支撑它的公理可能与那些专业人士所占据的现实世界没有联系。）

讽刺的是，当在危机的背景下思考它们时，更容易理解启发式运作的方式，即便这是一个特别复杂的环境。例如，了解各家公司——至少对我们所关心的那些大公司来说——在危机期间的行为并不那么困难。这些公司可能会有反馈效应，因为他们会制订应急计划，对客户或监管者来说，理解这些计划是合理而审慎的。对比而言，正常情况下的决定基于无法预先确定的获利机会，或者说，如果体现在模型中，它们将太过属于专利而无法分享——那就是，我们很难问一家公司："告诉我，你们是怎么赚钱的？"这是早期代理人基建模对金融的应用的问题之一——它关注的是交易模型，其中的实际交易启发式是无法被发现和建模的。所以模型不得不假设交易方法是实际交易的夸张性描述：动量、回归、以价值为基础。这挫败了代理人基建模的一个关键价值，即描述真实世界代理人特殊行为的能力。

## 互 动

因为我们有特定的机构，所以可以通过观察他们每天所做的事情来了解他们之间的互动。他们看到的包括其他组织所做事情的影响，所以我们的方法核心在于观察互动情况。这个过程很简单。它是一步一步的，与交通问题相同：每个代理人都观察到环境的某个子集，然后它使用启发式采取行动。这些行动改变了环境。然后我们再向前推进一个周期——这可能是一家金融公司的一天，一群鸟的一秒钟——然后再次运行这个过程。

因为我们允许他们的行为改变环境，而改变的环境会改变他们的行为，我们让参与者进行互动。一个代理人下一步要做什么，取决于他和其他人刚刚做了什么。但是，我们并不需要协调，但它可以作为启发式的一部分很轻易地添加。每个机构都可以专注于自己的业务，我们仍然进行互动，最终我们得到一个充满复杂动态的系统，它可以挑战直接的数学分析，并引发层展现象。

## 动 态

金融系统中的每个代理人都会观察环境，其中包括其他代理人行为的影响以及基于其自身启发式的行为。这一行为并没有将世界上所有人的运作方式整合起来，更不用说它和其他每个代理人所做的一切将如何加总。一切都非预定；作为这一行为的结果，世界演变的方式让这些代理人惊讶——而且可能让我们这些建模者惊讶——因为世界演变的方式是模型所无法知晓的，要等通过路径以后才能知晓。我们正在开发一种研究个体参与者活动的方法，并揭示出现的全局现象。

这种行为处于理性预期世界频谱的另一端。在这个世界中，正如托马斯·萨金特所说，你无法讨论"在典型理性预期模型内部的差异"，因为每个人——银行人员、广义的投资人，甚至制订政策的人——对未来都有相同的愿景，而且即便他们处在这些互动的复杂网络里，他们也能预见他们和其他人的行动决定未来的方式。一个"模型内部的代理人、计量经济学家心中的代理人和上帝脑海里的代理人共享同一模型"的世界。[4] 萨金特所谓的理性预期假设内的"模型共产主义"这一现象，来源于一个基本观点，即正被建模的那些代理人的行动方式必须与正用以将它们建模的模型保持一致。这的确完全合乎逻辑；谁能反对我们正在建模的系统中的一致性呢？为什么建模者就应该比那些被建模的强呢？如果我们有一个机械且可重复的世界，那这当然将标志着理性。

但有一个小问题：那不是我们的世界。

我提出的替代方案被称为代理人基建模，但这已经给了它一个坏名声。有一个更具启发性的术语，称为代理人基的叙述。危机中的金融系统就像故事一样发展，当然更像是故事而不是数学论文。如果你读了那些身处如贝尔斯登公司崩溃核心的人士的讲述，你会发现，观察和行动并没有遵循某种模式。这些叙述讲的是那些挤在桌子周围，试图梳理正在发生的事情并设计出最佳行动方案的压力大的人。

　　作为专注于以启发式算法与某个一般模型为基础的动态交互活动间差异的例子，让我们回到第三章的群体模拟——对飞鸟群的建模。我们如何解释鸟类在 V 字队形中飞行的能力？与新古典方法一致的模型会确定一个效用函数，以优化鸟的努力和速度，处理飞行的动态。这将导致一个复杂的数学问题，可以成为各种后续操作的素材。

　　我们不知道鸟到底使用了什么启发式，但如果我们要试一试，那么我们应用的启发式就越简单越好。而且协调和沟通越少越好。可以猜测，鸟类并不运行微分方程，也不建立流体动力学模型，而且不使用远程通信渠道。所以我们必须从简单而看起来合理的东西开始，看看它是怎么做的。聚焦于互动的方法可以从每只鸟为应对其所处环境——其身旁的鸟——采取的简单行动规则开始。

　　事实证明，如果你在每只鸟遵循分开、对齐与凝聚规则的情况下每时每刻跟踪这种互动，就会得到一个很好的 V 字队形。如果有一大群鸟，就能得到惊人复杂而动态的、很难用数学方法来跟踪的队形。鸟能做，为什么银行家就不能？

　　正如我们所看到的，同样的方法可以用来评估诸如车流或人们离开体育场时的反应之类更复杂的活动，也可以用来评估貌似骤然而起，后来突然而散的交通拥堵，或离开体育场酿成致命踩踏事故的人群的突发行为。像飞行中的鸟群一样，每个司机只看到部分车道和一小部分车辆。他或多或少只管开自己的车，并根据他特殊的启发式对周围的交通做出反应。这些将使他与其他司机不同。与鸟类不同，这里我们可以了解到司机使用的各种启发式。（而在其最简单的形式中，其结果可能与群体模型使用的那些启发式并没有什么不同——类似与前车保持固定车距和车速。）

## 结　论

危机不是一种平衡状态，也不是从那种状态中开始的微小调整。危机不是模型设计中出现的，而是以一种不被建立在模型之中的方式出现的。这个模型必须被打破，它必须进入一个不遵循预定路径的领域。危机也绝不是来自肥尾分布中抽的一次签，不是从瓮中抽出来的坏签。这是一个新的瓮，一种新的分布—— 一种非遍历不能确定、有计算不可化约性就无法预定的分布。

危机也不是机制转换，除了它是新的动态这一明显而同义反复的意义之外。如果某一机制转换意味着具有结构性而非"差异性"的东西，也就是说，如果存在经过定义的可能机制，如"正常""坏"和"危机"等，那么我们不过是在把难做的事情不断往后拖延。由于危机机制因不断变化的经验、市场和策略而充满差异，更不用提不断变化的资产组合和杠杆作用，因此情况并非除了在事情不仅会很糟这样相当简单的意义上，每次危机都是同一机制的体现。稳态转换是一种"拼凑杂牌"，把声明打扮成"事情有时候正常，有时不正常"。正如肥尾分布事件是一种说"真正糟糕的事情发生了"的方式一样。就这点而言，黑天鹅的概念是另一种指代肥尾分布事件的方式。单单声称此类事件可能会发生,或者指出有个事件确实发生了,就是忽略了我们必须理解，且有能力在危机似乎已出其不意地降临而我们不能只顾指点和喊叫的条件下加以检验的基本动态。

卢卡斯写道："一般而言，我相信，一个声称能够理解飞行原理的人，人们有理由期望他能够造出飞行器，而理解商业周期也就意味着他们有能力做出同样的事情。"[5] 换句话说，如果你想了解危机，你必须建立一个能够创造危机的系统。而要创建一个系统，你需要注意和解决这些要点：

• 动态可能具有计算不可化约性，所以要沿着路径走，而不是试图找到一条数学捷径。

• 语境很重要，所以要纳入语境。每个人所处的语境都不同（记住，我们是人），所以要允许异质性。

• 互动很重要，所以要允许互动。

• 我们以启发式手段进行互动，所以要让代理人的行为允许启发式。

• 这些相互作用可以改变环境，并导致层展现象，所以要确保模型的建立方式是让现象的发生不被窒息，且能观察到。

某一冲击如何传递和接连发生、如何改变环境、我们的看法、我们的经验，这些问题不仅为事件的未来发展创造了动力，也为不确定性的彻底瓦解创造了动力。这是代理人基建模方法的核心。代理人基建模让我们认识到世界在危机期间尤其明显的某些重要方面，尤其是以下方面。

### 存在一个现实世界

现实世界是一个丰富而复杂的地方。有很多不同的参与者和机构，许多不同的组成部分都对人们的行为有影响。人们以一种复杂的、有时令人惊讶的方式进行互动，并且行动通过系统进行运作，得到惊人的非线性结果。我们有一些真正的机构，它们有自己独特的特质，比如摩根士丹利、高盛公司、城堡投资集团、桥水投资公司、富达投资集团（Fidelity）和黑岩集团（又称贝莱德集团，BlackRock）。

我们有若干虽不简练但很现实的法规——2010年《多德—弗兰克华尔街改革与消费者保护法案》(*Dodd–Frank Wall Street Reform and Consumer Protection Act*, 简称《多德—弗兰克法案》)、《沃尔克规则》(*Volcker Rule*)、《巴塞尔协议》(*Basel Capital Accord*)——既减少风险，又限制活动，不过也可能导致间接伤害，并产生漏洞。

我们不是从公理开始，派生出自上而下的演绎理论。我们并非试图确定一个适用于我们可能在火星上发现的经济模式的模型。那是经济学似乎想要做的事情——或者建立模型，就好像它们在火星上一样，没有被任何理论所应用的实际市场所污染。

### 我们完全不同

现实世界意味着理解真实的金融实体及其运作的实际结构。我几乎不需要说我们不止一个人，但新古典主义模型不仅假设了同质性，而且将每个人都合并成了一个代表性代理人。

### 我们影响着环境

大型金融机构在面临危机时无法在不影响更广泛体系的情况下采取有意义的行动，因为它们清算了大量头寸，并影响了融资市场及相关交易对手和信用风险。它们可以采取措施，这些措施从局部看是审慎的，但当效果扩展到更广泛的系统时就不审慎了。有时采取的措施旨在刻意改变环境。

### 我们互相影响

与代表性代理人的概念相反，有许多力量在相互作用，而即便是相似的力量，那些我们认为可以被压缩成代表性代理人的力量，也会产生一个复杂和不可预测的世界。如果这些力量影响环境而环境也影响他们，那么他们都会互相影响。我们将在抵债大甩卖的背景下来讨论这个问题。这是观察市场危机中最重要的动态，也是在代理人基建模中要解决的关键动态。当一家公司无论是因为价格还是因为资金的冲击而被迫出售头寸时，就可能发生抵债大甩卖。这种抛售会降低价格，而且可能会根据流动性的多少而导致价格下跌，从而导致进一步被迫抛售。这种抛售往往会超过最初承受压力的市场，从而引发冲击。

**环境影响着我们**

不断变化的环境改变了我们的行为方式。如果环境改变，我们就会改变，我们所处的语境也会改变。因此，个体参与者的启发式不是固定的，会随环境的变化而变化，随语境的变化而变化。我们可以应用各种学习算法来解决这些复杂问题。但是，正如我们所看到的，人们看待世界方式的本质导致用还原论方法来解释人类行为没有聚焦到关键。

所有这些特征都存在于知识的临界限度内，我们只知道我们所处的未来。如果我们根据自身的行为来改变环境，如果这反过来又影响到进一步改变环境的其他人，且所有这些的发生都依赖于语境中的发展变化，那么我们可以使用演绎方法的想法是错误的。这一方法会在某些时候发挥作用，特别是当环境没有的时候，人们基本上都是一样的。可人们并不是一样的。

最后需要说明的是：托马斯·库恩（1962）认为，不同的范式往往携带用以评估理论的不同规则和区分好坏科研工作的不同标准。代理人基建模的方法或其他处理复杂性的模拟策略无法融入将计算可化约性、遍历性和其他作为起始点的范式。这无疑是大多数跟将这些方法应用于经济学和金融学有关的论著在传统经济学期刊上得不到发表的原因之一 ——无论是否是与危机有关的研究。相反，这些研究散布在专门研究这些方法的学术期刊中，或在像《自然》（*Nature*）和《科学》（*Science*）一类广泛传播和接受这些方法的主流科学期刊之中。

第十章

复杂性谱中的代理人

代理人基建模旨在解决复杂性问题，复杂性问题以多种方式呈现。[1]直觉上，我们把复杂性视为增加理解的风险和难度。有一种感觉是这样的：如果我们插手复杂系统，坏事就更可能发生，而且令我们始料未及。亦即，层展现象和根本不确定性是复杂系统的自然产物。复杂性意味着你无法简单表述系统，没有捷径可走，若想了解系统，必须一步一步地走。这听上去颇像计算不可化约性的起因。复杂性确实与此密切相关，它和计算不可化约性一样，都限制了知识。

复杂性可以是祸，也可以是福，就看你对棘手问题热情几何。复杂性会让事故变得更多、更严重，这一点我们都清楚。毕竟机器上的部件越多，出错的风险就越大，相互连通的机制越多，单点问题拖垮整台机器的风险也就越大。在市场环境下，事故表现为市场危机。我在 2007 年《我们设计出来的恶魔》（*A Demon of Our Design*）一书中提到过，复杂性和紧耦合性是市场危机的关键成分。

但还有一件工作要做，那就是明确哪几类复杂性对金融市场很重要。复杂性在物理学、工程学、生物学、社会学和经济学等许多领域中都是问题，不足为奇，复杂性这把伞的下面，躲藏着许多不同的概念。实际上，物理学家赛斯·劳埃德（Seth Lloyd）曾按描述、创造和组织这三种测度来研究复杂性，并从中得出了前人提出过的约 40 种复杂性测度。

哪种复杂性在经济和金融中很重要？这种复杂性跟其他领域里的复杂性概念相比又如何？物理学、工程学、计算机科学里的复杂性测度分三个阵营：描述系统所需的信息量、成分间的连通度、系统的非线性效果。这三种测度对我们理解经济现象都很重要，在危机时期尤为如此。

## 信息和复杂性

文艺复兴时期哲学家戈特弗里德·威廉·莱布尼茨（Gottfried Wilhelm Leibniz）位列已知的最早一批复杂性研究者。1675 年，他提出了一个富有价值的理论：任何东西都比其本身所解释的数据要更简单。否则，要么这个理论无用，要么数据"没有法则"。莱布尼茨的复杂性思想在于计算不可化约性。系统若能被少于自身所含信息的信息所描述，系统在计算上就是可以化约的。可以认为，系统越是复杂，就越难以描述、难以重建。例如，一串直接写出的数字，如果没有理论或模型能压缩其中的信息，这串数字在信息上就是不可化约的，没有一个程序能比这个数串本身更短地计算并表示这些数字。圆周率 π，比方说取十亿位，一大串数字，似乎非常复杂，但我们可以造出一个算法，用更少的数字生成这串数字（用二进制码来表示）。因此，圆周率 π 数串虽大，从信息角度来看并不复杂，因为可以高度化约。更一般地，对信息不可化约性问题，可用数表示的系统在通往复杂性的路上不会行得太远。所以，如果我们和这个世上的数理模型结下不解之缘，那我们在建构的角度，就已默认了复杂性问题的重点。

但也有其他的现象——如十亿位随机数——理论上无法压缩，因为从信息不可化约角度考虑，它过于复杂。这样想来，信息不可化约性为我们带路，为我们提供计算不可化约系统复杂性的启示。你不把数字逐个写出，就无法知道数串，这跟不经历未来状态就无法把握未来走向没什么不同。

## 连通性和复杂性

连通性和复杂性测量的是系统中一个元素如何影响其他元素，也就是相互作用的复杂性。连通性有一个简单例子：一个关键节点上的故障对航空公司中心辐射网络所造成的影响。当大雪封了芝加哥奥黑尔机场时，许多人无处可去，就连在阳光明媚的奥兰多，人们都无处可去。动态系统也是出自相互作用成分的行动和反馈。赫伯特·西蒙（Herbert Simon）提出了一个用层级来测量复杂性的分形状测量方法。层级就是系统的深度：系统由多个子系统组成，子系统下面还有更深的子系统。连通性和复杂性之间的关系位于网络理论的根基。网络由诸多连接所定义，网络理论则旨在提供有用的网络复杂性定义，并分析各网络结构的稳定性。

## 非线性和复杂性

非线性系统是复杂的。一个成分的变化会贯穿整个系统，在别处引起惊人的不相称效果，例如有名的"蝴蝶效应"。1889 年，亨利·庞加莱（Henri Poincare）对三体问题进行了分析，后来该分析发展到了混沌理论领域。实际上，我们最初从中了解到，哪怕简单的非线性系统，都能变得盘根错节。人类的系统，都是以非线性形式为主导，几乎无人能出其右。这种形式不只出现在我们遵循的社会规范、组织规范或法律规范里，也不只出现在人们在特定环境中的行为里；它出现在动态的复杂性里，出现在这二者反馈循环的复杂性里。这种非线性最好的例子，就是对层展现象的展望。即便个体代理人采取线性或简单的开关式启发法，并能借其解释在此基础上的行为，结果也会造成全局性影响——交通拥堵、暴乱、快闪活动——赤裸裸的非线性。

你所下的定义，取决于你应用复杂性的目的。对金融危机，所有这些复杂性测度都起作用。有另一个重要问题使金融学中的复杂性不同于物理学中的复杂性：在金融学中，复杂性是为了复杂本身而创造的，它并不是工程或社会进步的副作用。人们制造复杂性的目的是复杂性能带来竞争优势。

这三类复杂性全与人类系统相互作用，但每一种类型都带有一个自然链接，通向某种特性，导致知识受限。顾名思义，信息不可化约性是计算不可化约性之复杂性里的主要观念。的确，基于复杂性的观点来看，即便一个系统是线性的、非高度连接的，它依然可能计算不可化约。层展现象要求个体间的相互作用，连通性是层展现象之复杂性里的主要观念。即便每个代理人都是同质的，都做出线性行为，也因此都可用信息可化约的形式来描述，系统方面仍可能出现层展现象。复杂性的观念表现出非线性，能引出一个非遍历系统。参与者会采取启发法，还会对环境造成影响，即便这些是以线性或二元关系描绘的，引导依然成立。行为改变环境、创造动态，动态再反馈行为，当反馈引发非线性现象时，引导就成立了。

我们一边透过信息不可化约性、连通性和非线性去看待复杂性，一边看着由计算不可化约性、层展现象和非遍历性决定的制约因素，就会发现复杂性与知识限界产生关系的方式，亦即，复杂性是如何不只"更复杂"，而是如何上升到知识限界的水平。我们也看到，复杂性本身是粗略定义的科学领域，代理人基模型也就是且必须是粗略定义的一个工具。如此，我们就会发现，为什么代理人基模型能在复杂的世界里行得通，而经济学却行不通。

复杂的系统显然难以理解和建模，随着复杂性的增加，未预见的出错概率也会增加。复杂性形成意外事件，造成未预见的风险。复杂性的主导特性正在于此，这在金融学和经济学里至关重要。这里的关键词是"未预见的"。复杂性不等同于更多风险——走走高空绳索，玩玩俄罗斯轮盘赌，风险就来了；更确切地说，是复杂性增加了"未知的未知"这一类别的风险。真正伤害我们的就是这类风险。它们在不经意间降临，无法预见，无法监控，无法防备。如果一个系统无法描绘出所有状态，这个系统就是复杂系统。（这又是根本不确定性。）你可能认为自己已把系统弄清楚了，但总会有什么事情时不时地发生，叫你摸不着头脑。

就金融危机而言，如果不参考时间限制，我们就无法了解复杂性的讨论。虽说在极端情况下，复杂性暗示着知识限界，但未及限界的复杂性也是存在的。如果给我们的响应时间只有几秒钟，这些问题大概很复杂。但如果时间限制有一个月至两个月，就不复杂了。我们要把复杂性和紧耦合性放在一起考虑，就是因为时间限制很重要。所谓紧耦合，就是一个进程推进得比我们的分析和反映还要快。许多危机招致灾难，正是因为人们不能在有限时间里解决其中的复杂性问题。例如，切尔诺贝利（Chernobyl）核电站事故，还有派珀阿尔法（Piper Alpha）石油钻井平台爆炸事故，都是复杂性在系统中传导得太快，来不及遏制，酿成大祸。有些系统很复杂，可我们觉得并不复杂，那是因为我们有足够多的时间把这些系统过一遍。

## 反身性

现在，我们来到了复杂性的关键源头。我们在人类领域运作时，必须解决这个来自人类互动经验之天性的源头问题：反身性。

美国长期资本管理公司（Long Term Capital Management, LTCM）是一家对冲基金，把自己宣传得很厉害，但命途多舛。1998年9月，面对资金紧张问题，公司寄出了著名信件"致尊敬的投资者"，要求客户提供更多资金。该公司理性地解释说，前方有大机遇，但公司最近遭受损失，略缺现金。您能给我们打点儿钱过来吗？信一寄出，公司败局就基本定下了。这是因为，这封信使投资者认为公司遇到了麻烦，而后投资者的反应行为使麻烦成真了。他们一听到消息，就在长期资本管理公司的主要市场清算卖空基金，导致基金价格下跌，损失加大。要是投资者认为马上有钱可赚，要是这封信讲机遇时的语调（要讲得明明白白）到位，投资者的举动就不一样了。这次失败本来可以避免，其中的机遇也确实可以抓住。

灾祸过后，长期资本管理公司创始人约翰·梅里韦瑟（John Meriwether）引用同事维克多·哈格哈尼（Victor Haghani）的话反省道："飓风来袭的可能性不会因为有更多人签了飓风保险就变大或变小。在金融市场里，这句话是错的。签金融保险的人越多，灾难就越可能发生，因为知道你卖了保险的人可以让灾难发生。"

长期资本管理公司案例中，即便投资者根据评估做出的行动促成了最终结局，投资者的评估仍是对的。但是，信念和行动之间的相互作用无须与客观真理有任何关系。真正重要的，是个人的主观看法和解释。1948 年，社会学家罗伯特·莫顿（Robert Merton）提出了"自我实现的预言"这一概念来解释这种互动：自我实现的预言起初是对现状的错误解释，但它会引起新的行为，让原本的错误想法变成真的。换句话说，说着说着就使它成真了。即便人们实际上并没有偏见，公开的声明还是可能会使其他人做出引导声明成真的举动。讽刺网站高客网（Gawker）宣告道："今天的八卦就是明天的新闻。"在金融市场里，情况往往就是如此。

不论有无根据，储户或投资者认为金融机构可能遇到麻烦，就会挤兑银行，这种例子在历史上比比皆是。2008 年，雷曼兄弟总裁理查德·福尔德（Richard Fuld）责怪公司内爆银行挤兑。1907 年，人们害怕尼克伯克信托公司（Knickerbocker Trust）破产倒下，整个金融体系合作断裂，摩根大通集足了资金，才让人们恢复了团结。[2]

将这一点推及索罗斯的反身性观点，市场预期，哪怕是错误的预期，都会引发市场活动改变现实，以与预期相称，而不是像标准经济学里的因果关系那样由预期向现实靠拢。

反身性指的是一个在参与者和环境之间有反馈的动态系统。这个定义很广泛，从中可知，反身性已在很多环境中得到应用，超出了经济学，进入了社会学、生物学，甚至哲学；还可推知，代理人基模型本质上是反身模型，至少在能占到特别优势的工作中运用该模型时是如此。

更广泛地说，一个动态系统，其中的代理人的行为和环境的状态之间有联系，产生反馈，反身性就会是不可避免的结果。在人类社会里，这称为经验，经验改变人们的世界观，人们从中获得经验。在机械系统里，这类反馈并不常见，相互作用和反馈可能会有，但不会更改系统的有机结构。换言之，基于非前定反馈，机械系统里的相互作用不会持续更改系统的结构。这种反馈天生就是具有人性的东西，它不只是负反馈或正反馈，还是改变环境和响应的本质，最终改变系统本身的反馈。

代理人基模型运转在一个反身性的世界。代理人在周期更迭中观察环境，决定相应的行动，行动的结果发现新的环境，包括每个代理人在其他代理人身上所施行为的效果，为下一周期所用。只要比较第九章中代理人基模型的特点（代理人、环境、启发法、互动、动态），就能发现反身性和代理人基建模的关系。拜因霍克为模型反身性列出了以下关键因素：[3]

• 存在一个环境，里面的代理人各自追求某些目标。

• 代理人和环境相互作用，并可通过索罗斯所谓的"操纵功能"更改环境。

• 代理人拥有索罗斯所谓的"认知功能"，能观察环境并重新评估自己相对目标的位置。

• 每个代理人都拥有联系和定位这两种功能的模型，他们理解自己根据目标更改环境的方式。

拜因霍克指出，这些只是反身性的必要不充分条件。我们还要增加两个元素，这两个元素会再度增加代理人基模型和反身性之间关系的复杂度：

• 代理人在复杂环境运转。模型的复杂性来自两个方向：各代理人之间的相互作用、系统的非线性反馈。

• 驱动代理人行为的启发法可响应代理人和环境的相互作用而变化。因此，在环境知觉和代理人内部模型之间，存在一个反馈。[4]

## 知识限界和易错性

索罗斯提出的第二个反身性关键条件"易错性"又是怎样的呢？人类世界本质上确实充满了易错性，但即使没有易错性，人类也不见得会显得理性，因为此时理性没有道理（故有启发法）。因为不可预计的层展现象，他们即便有一队科学家、哲学家和魔术师看着环境，努力不要错过即将发生的事情，还是可能会因为自己的行动而错过。或许，他们看上去用心吸取历史教训的速度不快，实际上这是因为一旦未来不像过去，历史教训就不适用。

代理人基模型、复杂性、互动的动态，还有环境更改的情况，这些代理人基经济学更新的活动方式结合起来，就是反身性系统的秘方：学习投入使用时，系统已然变化。代理人基模型考虑了学习，但动态系统内部的互动让学习不充分。易错性是不可避免的结果。就算字面上不是如此，操作起来也会如此。亦即，代理人会学习（这是认知功能的一部分），进而调整行动（这是操纵功能的一部分），但多个代理人都这样行事，"球门柱"就移位了。所以，在复杂环境里构建这样一个精确的内部模型，还通过学习来提升性能，就陷入了知识限界。

在此，且容我再说一下索罗斯的观点，只是说得更直白些：从更贴近常识的角度看，我们具有易错性，是因为我们都有一样不变的人性：犯傻。有时候，我们就是会做没道理的事情。

在理性预期假设里，每个人都用一样的模型，人们记下来的模型就是世界运转的方式，不存在什么对"傻"的考虑。可以有错误，但要良性的、合乎行事规则的错误。一般均衡理论使每个人都知道所有可能的自然状态，我们不会始料未及。当然，各种形式的有效市场假说都是抓住一点，即构建一个世界，其中的人不会做没道理的事情。或许，他们并不拥有全部的信息，但他们会根据自己所拥有的信息，纯熟地把事情做好。我们或许会有瑕疵，但总体上没毛病。只要偏离路标不那么远，就不会在树林里迷路。

但是人类有犯傻的天赋。我们会去做一些既莫名其妙又有破坏性的事，说起来没有任何理由可言。这和莱布尼茨的名言"凡事皆有原因"（*Nihil est sine ratione*）不完全相符，也和 18 世纪理性主义不完全相符。受这一信念激发，科学铆足了劲探寻所有事物背后的"为什么"，仿佛一切存在都可以解释、可以预测、可以计算。谁想要活出有意义的人生，谁就要放弃一切无因无果的行动。

但是，文学中有不一样的表达。米兰·昆德拉视 19 世纪伟大的法国作家古斯塔夫·福楼拜（Gustave Flaubert）为发现愚蠢的功臣，并指出："我敢说，在这样一个如此以科学思想为傲的世纪里，这是最伟大的发现。"当然，早在福楼拜之前，人们就知道有愚蠢，但他们的理解有点儿不一样，认为愚蠢不过是没知识的毛病，可通过教育治好。福楼拜的小说《包法利夫人》（*Madame Bovary*）里，愚蠢与人类的存在不可分离："愚蠢陪伴了爱玛一辈子，陪她到恋床，又陪她到灵床。愚蠢不会让步于科学、技术、现代性和进步。相反，愚蠢会跟着进步一起进步！"

陀思妥耶夫斯基（Fyodor Mikhailovich Dostoyevsky）的《地下日记》（*Notes from the Underground*）里，主人公乐在蠢中——他足

够聪明，能知道自己在做蠢事，但在他看来，愚蠢和无厘头是一种和这个屈服于数学决定论的世界做斗争的立场。无名的古人写道："二二得四这样的确定性不是人生，亦非君子，而是死亡的开始。"数学决定论抑制了人类的欲望和想象："一个活在 19 世纪的人，必须道德上也尤其应当成为一个毫无个性的动物。"他从一个芝麻官变成了过着愤世嫉俗生活的幻想家，但他坚持认为，人要有追求愚蠢、无厘头和损害的权利，因为"愚蠢为我们留存了最重要、最宝贵的东西——我们的性格和个性"。他认为，他是在为人的本性挺身而出，反对科学理性把人描绘成完美计算的工具。[5]

缺乏经验和愚蠢，无论怎么定义，都是在为人类之存在添加色彩。经济学家信奉的前景，是我们拜随机跨期最优化所赐，才走到现在这一步。回顾过去，我们没法不摇头。人性的一点本质就是易错性，经济学家对此能有何作为？

## 战争和战略复杂性

我们活在真实的（人类的）世界，会遇到根本不确定性。我们还会用行动创造这种不确定性，有时还会为了获得优势而有意创造之。来看看中国战国时期的一场战役：

公元前 341 年，齐魏交战，齐派田忌、孙膑抗魏将庞涓。庞涓恰是孙膑宿敌。孙子谓田忌曰："彼三晋之兵素悍勇而轻齐，齐号为怯，善战者因其势而利导之。"（韩、赵、魏军队一贯自视强悍勇猛而看轻齐军，齐军一直被认为胆怯；善于作战的人顺着事情的发展趋势向有利的方面加以引导。）使齐军入魏地为十万灶，明日为五万灶，又明日为三万灶。（于是他让齐军进入魏地后筑供十万人吃饭用的灶，第二天筑供五万人吃饭用的灶，第三天筑供三万人吃饭用的灶。）庞涓行三日，大喜，曰："我固知齐军怯，入吾地三日，士卒亡者过半矣。"（我本来知道齐军胆小，进入我国仅三天，齐军中的逃亡者就超过了一半。）孙子度其行，暮当至马陵。马陵道陕，而旁多阻隘，可伏兵，乃斫大树白而书之曰"庞涓死于此树之下"。于是令齐军善射者万弩，夹道而伏，期曰"暮见火举而俱发"。（孙膑估计庞涓的行程，傍晚将到达马陵。马陵一带道路狭窄，道旁有许多障碍，可埋伏军队。于是派人剥去一大树的树皮，露出白色木质部分，在上面写上："庞涓死于此树之下。"同时让善于射箭的一万齐兵弓弩手夹道埋伏，约定说："日暮时分见到举火的就一齐射箭。"）庞涓果夜至斫木下，见白书，乃钻火烛之。读其书未毕，齐军万弩俱发，魏军大乱相失。（庞涓果然在当夜到达被剥去树皮的大树下，见白色木质上写有字迹，就点燃火把看那些字。未等读完上面的字，齐军就万箭齐发，魏军大乱，互相失去了联系。）[6]

战争和金融一样，不确定性不是外生的，不是作为世界的一部分摆在那里。战争和金融一样，人会主动地、故意地创造不确定性。人制定系统的游戏规则，会去故意改变规则、改变设想，而且无法提前预测（因而不能放入模型）。诚然，金融表面上受法律的规则限制，但战争亦是如此，从通常的意义来说，也是受日内瓦公约的规则限制。然而，孙膑用计的例子告诉我们，军事历史不乏"非对称战争"的例子，对手不按你的游戏规则打仗。这些战术常常可以迷惑、威慑乃至打败更强大的对手。越南战争至今仍是美国的一个惨痛案例：和美军交战的对手不打大军固定战，不按美军的套路出牌。更近期的例子，则是"伊斯兰国"（ISIS）侵占伊拉克和叙利亚大片地区时采用的自杀式袭击战术。战略复杂性，无论是有意为之还是来自所采用的战术，都能改变一切。

**"？和？"的战略游戏**

这个概念被约翰·伯伊德（John Boyd）发挥得淋漓尽致。伯伊德是一位杰出的战略家，也是一位无懈可击的战斗机飞行员，还是美军中少见的反抗第一指令的人。为了做出证明，他把一次演讲的题目定为"'？和？'的战略游戏"，告诉人们一个重点：战争不是游戏。[7] 你若是想把战争当作游戏，那就是个定义不良的游戏。简单地说，游戏里的规则需要人为解读："就算规则行得通，也要淘汰。昨天的规则在今天行不通。"[8] 这一点，19 世纪伟大的德国陆军元帅赫尔穆特·冯·毛奇（Helmuth Karl Bernhard von Moltke）也提出过："战争如同艺术，没有一般规则。此二者中，戒律都不能替代才能。"[9] 也就是说，计划和模型都行不通，因为敌人不会按照你计划和模型的设想来配合。事实上，敌人会努力发现并积极破坏对手的设想。

在伯伊德看来，战术优势关键在于引发混乱："战士的目标是弄出乌烟瘴气一团糟，再把垃圾清扫干净。"他的思想在空战中首获成功，劣等飞机凭此思想称霸了蓝天。他不是教飞行员在给定环境下高效操作，而是教他们"制造快速变化的环境"，以抑制、扰乱对手的观察，让对手适应不了环境变化，陷入"迷惑和错乱"，"因为那些显得不确定、模棱两可或混乱的活动"而积累错误。

伯伊德的想法萌发于他在朝鲜战争时期担当战斗机飞行员时的一次战斗记录，是美式 F-86 "佩刀"（Sabre）对战苏联米格 -15s。F-86 "佩刀"转弯半径更大，相比米格 -15s 更易遭到攻击，但佩刀每击落十架性能更好的米格，自身可以只损一架。许多人把原因归结为美军飞行员更训练有素。

伯伊德意识到还有更深层的原因，所以专攻战机的灵活性。F-86"佩刀"响应飞行员命令的速度比米格 -15s 更快，因为佩刀用的是液压操控，而米格是手动加液压辅助操控。按照伯伊德一位助手的话讲，结果就是："当一架米格出现在 F-86 尾翼后 40 度方向时，处于败势中的 F-86 可以往一个方向打弯，米格跟上，然后 F-86再反向打弯……凭这个操作，F-86 几乎瞬间就获得 10 度角的优势，出现在米格尾翼后 50 度方向。"如此反复操作，米格便会越来越脱节，最终 F-86 得以绕到米格后方的开火点。而且，F-86 驾驶员的操作更不费劲，他引着米格做这番操作，把敌方飞行员弄得疲劳不堪，也就更加迷失了方向感。他意识到，空中优势的关键不全在速度，也不在转弯半径，而在变换，在换晕对手。

战争结束后，伯伊德在内华达州内利斯空军基地（Nellis Air Force Base）助建战斗机武器学院（the Fighter Weapons School）。他的外号叫作"40 秒伯伊德"，因为他打过一个赌，只要起始位置是敌机位于己方尾翼，他就能牵着"敌人"走，让自己处在一个不到40 秒就能将敌机击落的位置。六年，3000 多小时战斗练习，他从没有输过，而且他经常在十至二十秒内就赢了。

由朝鲜战争中的观察，再加上内利斯混战的经验，他总结出了关键作战原则，就是著名的 OODA 循环：观察—定位—决策—行动。OODA 循环（也称伯伊德循环）是一个具有战略反身性的观点。正如索罗斯指出"人类不仅是科学的观察员，还是系统的积极参与者"，伯伊德认为，我们故意让系统的路线朝着对我们有利的方向发展。他把这个观念列成了鲜明的、能决定操作者之生死的指南："我们想摸清另一个家伙的脾气或节奏，把他拉倒……我们要自己决定要干的事情，然后付诸实施……然后，我们关注行动，还有我们的观察，引入新数据、新决策、新行动……以至无穷。"

在战争中取胜的关键，是既要快速变化引发迷惑，从而创造出复杂性，又要创造紧耦合性，让对手无法对那些变化成功做出调整。我们的目标是走向未预见的新环境，因而制造出内生不确定性。例如，在金融界，高频交易从业者搞交易速度竞赛来超过对手，用金融衍生品扩大环境复杂性的迷雾。在 2008 年金融危机时，复杂性可以以合成担保债务凭证的形式出现——基于衍生品的衍生品。

若要拿战争比方经济学和金融学，伯伊德名言的最佳战场就是信息领域。其中的一种战术就是制造信息不对称。如果市场正变得高效，如果每个人都能同时得到信息，那么，要么制造新的私人信息，要么加速获取公共信息。金融衍生品用了第一种方法。投资银行（如高盛公司）建设出一批自己比买家更懂的金融工具（如信用违约互换），制造信息不对称。至于第二种方法，只要想想那些毫秒间就推送给高频交易员的"新闻推送"就可以了。

另一个战术是破坏市场信息，从而否定市场信息。其中有一种操作曾叫作"算法粉碎"。通过算法，把交易分解成小块，如同婚礼上的五彩纸屑一般，把原本有可能公之于众的信息隐蔽了。[10]同时，粉碎信息的人运用更复杂的方法跟踪交易动向，把粉碎前的重要交易信息复原。你还可以让信息失真：用掠夺性交易，把市场里已经疲软的价格压得更低，把其他人逼得破产。在下一章中，我们会读到，这就是解密 2008 年经济危机金融体系的一个关键。

## 木板是不会还手的

信息战场里的复杂性正是由人故意制造出来的，结果就是内生不确定性。这一切全都在给那些只装备了今日主流标准模型的莽夫添麻烦。然而，他们还是抱残守缺，甚至把经济学玩成了物理学的分支。

但愿只有那么简单吧。电影《龙争虎斗》(*Enter the Dragon*) 里，李小龙（Bruce Lee）在一场打斗中面对自己的强敌。他的对手想要给他来个下马威，便拿起一块木板，一拳下去，木板断成了两块。李小龙只是看着，说道："木板是不会还手的。"物理学在经济学里怎么也行不通，原因就在于此：市场是会还手的。

华尔街雇了一批数学技能超然于世的物理学家，可是市场并不是由永恒的普遍规律指导的物理体系。市场体系基于获得信息优势，基于博弈论，基于行动与战略性反应，永远无法用完全框定的模型或完全确定的概率来表示。市场存在反馈，可以解除一切部署，可以让一切进来的信息无效。

对这一观测结果，物理学家通常会说："不要担心。我会建立一个包含反馈的物理模型。我一直都是这么做的。"问题是，市场里的反馈的出发点就是要不合模型，就是要模糊，就是要隐蔽，就是要来自没人看到的方向。亦即，根本不确定性是内生的。你无法建立反馈或反映的模型，因为你不知道要模拟什么东西。就算你知道，等你知道了，市场情况也变化了。这就是商人的成功秘诀——察常人所不能察，预常人所不能预，然后有人开始跟进时，改变套路。

我在风险管理中屡屡遇到这个问题。这是风险管理模型无法涵盖所有风险的一个原因。一旦模型被指定，交易员就会想办法绕过它。你在衡量利率风险？好啊，那我就做利率中性，但赌收益曲线坡度的交易。你现在去衡量收益曲线了？好，那我就做利率和收入曲线都中性，全靠收入曲线曲率的交易——蝶式交易。随着这场博弈进展，每一轮下来，复杂性和内生风险都会增加。标准风险衡量方法有一个问题：衡量标准面对多重博弈维度，而且其中的博弈更难监测。实际上，2008 年以前，银行风险膨胀，主要就是人们太依赖这些衡量方法，比如衡量风险所对应的价值。

那么多人都在增加市场的复杂性，这不是碰巧。无论制定什么规则，无论发明什么衡量方法，交易员总会查出变通的方法。如果你把核电站里的一个劣质阀换成新的优质阀，新阀开启时，它不会想办法让你以为它关着。但交易员会做这种事情。

**复杂性和根本不确定性**

从简单的机械系统，我们可以扩展到复杂的线性反馈系统，到复杂的自适应系统（代理人根据环境的变化改变自己的行为），到复杂的反身性系统（双向反馈，人随环境变，环境也随人变），最后到由对敌思考而生的战略复杂性，如伯伊德在战争战术中证明了的 OODA 循环。由图 10.1 的线条，我们得出一张复杂性谱。反身性处在谱尾，因为反身性要处理观察环境中发生的相互关系，采取行动，并根据环境变化的结果和继起的经验进行重组。再往谱后，就是战略复杂性，即人们在战争中故意制造出来的复杂性。本质上这是一种人类计划行为（尽管许多其他物种都自有一套制造复杂性的防御机制），其复杂性仍带有反身性，只是上升到了故意行为的层面，由此可以认为，其复杂性更强了。[11]

沿着复杂性谱走下去，计算不可化约性、层展现象以及非遍历性都会变得愈加明显。它们可谓是复杂性的副作用。同样，我们大概也能将根本不确定性认作复杂性的副作用，沿复杂性谱走得越远，动态中的根本不确定性也就越明显。但是，根本不确定性是个不接地气的东西，我们还可以换种方式来思考它，比如把它视作一种复杂性。从计算不可化约性的角度来看，我们不妨把根本不确定性看作处在复杂性谱边缘之外，至少要超出可被观察和分析的"可见区域"。根本不确定性是复杂性暗物质，我们看不见它，甚至检测不到它，也不能用信息不可化约性来衡量它，但我们知道，它就在那里，因为它时不时就会跃然出现。

机械性　　　随机性　　　动态性　　　自反性　　　战略性

**图 10.1　复杂性谱**

注：复杂性谱开头是决定性机械性系统，接着是随机性系统，然后是动态性系统（如非线性系统、自适应系统），再就是反身性系统，最后是战略性复杂系统（如战争中的系统）。越到谱的右边，系统就越可能呈现出计算不可化约性、层展现象、非遍历性以及根本不确定性。或者我们可以把根本不确定性置于"可见复杂性谱"之外。改编自拜因霍克（2013）。

　　怎样把根本的不确定性置于复杂性背景之中？我们回顾一下康威生命游戏：康威生命游戏是一个简装的初级代理人基模型。生命有一组代理人，即黑的活细胞，在每个时期观察环境，其环境仅限于邻近细胞，就像交通模型里的代理人能看到边上的汽车一样。他们凭启发法行动来回应环境——也就是数数边上有多少活细胞，再据此决定是要活、要死还是繁殖。这些行动会改变环境，然后就会对其他代理人产生影响。

生命游戏是一个复杂系统，会呈现出计算不可化约性、层展现象和非遍历性。[12] 但根本不确定性呢？似乎是一个延展，因为这个游戏是在一个界限明确的格子内操作，细胞非黑即白，理论上，我们可以描述出每一种可能的状态。

要明白为什么生命游戏里存在根本不确定性，只需想一个相关问题（实际上，关键这是同一个问题）：虚构出来的那个巴别图书馆，有没有消灭根本不确定性？巴别图书馆详细描述了一切可能出现、可以实现的东西，包括现时出现的东西，未来任何时候出现的东西，还有过去出现的一切东西——可以在我们的世界，也可以在任一个世界。你可能有过的每一次经历，还有你或其他人对那次经历做出的每一个反应，都被写进了散文和诗歌，成了历史性的记述。换句话说，这世上不存在没被记叙下来的状态。我们能不能因为理论上可以想象一个已知一切可能性的巴别图书馆，就认为根本不确定性不存在呢？就算图书馆里的书多得都塞不下已知宇宙了，也能这样认为吗？不能。因为"理论上"不是"事实上"。[13]

现在再来看生命游戏。比如，我们要考虑随便一个初始状态，接下来可能会有好几个时期。

假如是 5×5 的格子，25 个细胞，只要电脑把黑白细胞的所有组合过一遍，所有可能的状态就都确定下来了。实际上，我们得到了 25 位长的所有的二进制数。然后，我们就可以按每一个可能的组合进行生命游戏。如此想来，整个世界的运转方式就都可以知道了。但要是这个格子每边有一万个或者一千万个细胞呢？运转生命的格子可比那大多了。枚举所有可能的状态就跟写完巴别图书馆的每一册书一样艰难。实际上，真要比起来，巴别图书馆藏书量的那个数字会相形见绌。所以，尽管理论上可以知道每一个可能的状态，实际上却不行。这就是生命。

## 复杂性与理论的终结

经济学理论的本质，就是模仿物理学和机械世界，运用演绎的方法提出一个一般数学方法所拓展出的公理。而经济学理论搁浅，原因正在于此。复杂性的世界闯了进来，我们没理由使用理论所需的简化假设，没理由把世界看成机械的、永恒的、无边的，也不能把所有的一切叠加至一个代表性代理人。

复杂性着实会闯进来。我们沿着复杂性增加的道路一步一步前进，新古典主义经济学的理论支柱一根一根垮掉。沿着复杂性谱，从机械性开始，经过随机性、动态性、反身性，最后到战略性，我们进入的世界和人类所栖居的世界有越来越多的共同之处。此间，我们所面对的世界，被经济学理论的敌人和四骑士袭击得越来越凶，组成新古典经济学的演绎方法和公理方法随之衰败得越来越厉害。我们拥抱着复杂性，便走到了理论的终结。

# 第四部分　金融危机的代理人基模型

第十一章

# 金融体系的结构：代理人和环境

约翰·豪斯曼（John Houseman）因出演《力争上游》（*The Paper Chase*）中的法学教授小查尔斯·金斯菲尔德（Charles W. Kingsfield Jr.）而获得奥斯卡奖，他在影片中向学生这样介绍他的课程："我训练的是你们的头脑。你们来的时候满脑浆糊，思维混乱；而你们走的时候能像律师一样思考。"接下来的几章，我的目标不再是派头十足或具有权威，而是展示我是如何从实际的角度看待金融体系的，用的是基于代理的方法。基于代理的方法应用到金融领域，围绕着这样一种金融结构，结构中包含代理和他们的启发法、运作的市场环境，还有代理和市场环境相互作用产生的结果。在下面两章，我将展示这是如何运作的。但我不鼓吹某种特定的模型能够展示出来后参数化，然后解决问题。因为如果说有什么领域是可以"自主掌握"的，那就是代理人基建模这种灵活的方法。[1]

为了让你们明白我想说什么，我在此打个比方，市场危机的要素正像是人们逃离火灾时产生踩踏事件的源头。踩踏事件的发生是不可预知的，诸如此类的事情正是代理人基模型的来源。如果你是一位消防队长，正试图对付这种风险，关键的问题便是空间是否太拥挤，而这取决于三件事：空间中的人数，基于人数和出口的尺寸每分钟有多少人可以离开，以及基于空间的可燃性而可用于离开的时间。对每分钟可以离开的人数进行建模比较困难，因为人们并非有序地穿过出口。这里存在引发恐慌情绪和踩踏事件的可能性。因此，我们需要根据人们在危机中的行为来进行建模，危机下的行为就是代理人基模型的角色行为之一。

将此与金融体系进行类比，市场集中度所衡量的是市场中真正的人数，流动性决定了人们离开的速度，金融杠杆（更普遍地说就是被迫抛售的可能性）决定了市场的可燃性，也就是可用于离开的时间。这里的结果倒不是人死去，而是价格下跌。但对金融市场来说，情况更加复杂。大楼的出口不会因为人们不断推挤着穿过而收缩，但是在金融市场中会——在遇到危机时，流动性会枯竭。[2]大楼里的物质也不会因出口缩小而变得更易燃，而在金融市场里流动性的紧缩却能引发一连串事故。火势再凶猛，在此空间内的人数也不会增加，但在金融市场里，旁观者以及其他市场的人会受到牵连。

因此，我将介绍的代理人基模型里，关键的组成部分就包括市场集中性、杠杆、流动性。但是代理人基模型的第一个要素是代理们交互的环境，而这个环境又受到他们行为的影响。

## 环　境

纽约市的街道上有很多管道设备，我就住在那片区域。如果这些街道消失了，我就会被输气管道和电气导管绊倒。这些管道从新巴豆水库（the New Croton Reservoir，于 1906 年竣工）开始运送水，迂回穿过曼哈顿的街道。如果我要去市中心，那么我必须远离那些输气管道，它们将热气从发电厂输送到各个建筑物，更不用说携带蒸汽冷凝液的管道以及污水管道。我们看不到这座管道迷宫，我们甚至完全想不到这些，直到有一天，总水管的破裂造成洪水暴发，煤气泄漏引起爆炸，或是污水系统堵塞了地下室，我们才发现表面之下的情况有多复杂，正如字面所说，就在表面之下。

同样，当我们进行金融危机建模时，这一切都与管道有关。如果你想紧随危机的趋势，就要跟随金钱的流向，而金钱流经管道，一路上，它被加工成资产，交付给那些需要将资金转换成证券的人，还作为抵押品交付。如果其中一个管道发生堵塞或在压力下断裂，我们就会遇到危机。如果它不能在下游方向进行供给，或者回堵然后涌到其他系统，那么危机将蔓延。

如果我们把情况想得抽象而普遍，那么危机的机制并不那么难理解。但是这种抽象的理解帮不了我们多少。我们需要得到管道工程的示意图，从那里开始分析。代理人基方法，或者说大多数模拟的方法，关键是要有正确的设计，这就意味着对结构的理解：代理们在哪里进行操作，他们所处的环境，他们的探索法，产生这些的动力学原理，所有这些都在金融体系这个特定的环境之下。如果你不从这里开始，那就只能原地打转。

图 11.1 勾画了金融体系的结构，显示了管道的复杂性，这些管道连接着体系的各个组成要素——对冲基金、现金供应商等。在该图中，这些要素围绕银行 / 交易商展开，而银行 / 交易商这个要素本身又有多个子成分。从细节来看，这个示意图在多方面有所简化，最明显的就是图中的每个要素都只有一种。在现实中会存在很多银行 / 交易商、对冲基金等。

为了理解真实的金融体系，以及经济学将其抽象化的程度，最快捷的方法是走通迷宫出去，这就是我们要做的。没有什么是手一挥就能做到的。资金通过管道从一地流转到另一地,常常在中间停留。

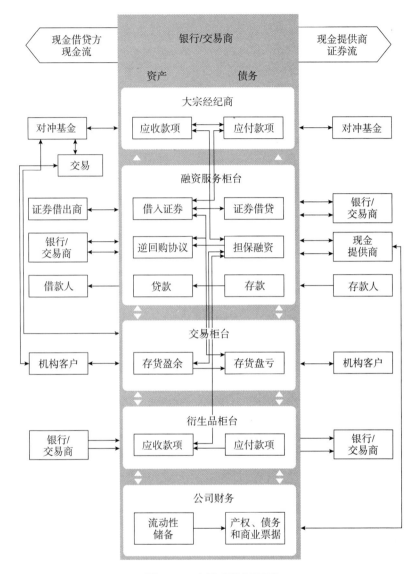

**图 11.1　金融系统示意图**

　　注：此图提供了金融系统内的代理人的详细情况，以及资金、抵押品和资产的流动情况，还有作为中间人的银行/交易商的内部运作情况。此图是一个简化示意图，只显示了一个银行/经销商和其他实体之间的细节和流动。实际上，这将会是一个有许多银行/经销商和其他实体的网络。改编自 Aguiar，Bookstaber&Wipf（2014）以及 Aguiar et al.（2016）。

现金被借用，资产被购买，然后用作抵押品，有时抵押品又再次用于借款。

管道并不是简单地从一个机构到另一个机构转移资产。情况不断变化，这正如一家化工厂内的流程会随着工艺设备的变化而变化。[3] 从储户到长期借款人的流动受到期限转换的支配：标准的银行职能便是吸引短期存款，发放期限更长的贷款。

从通过担保资金和主要经纪人获得的现金到对冲基金的资金流动正在进行信用转换：信誉较差的对冲基金从仅仅接受低信用风险的贷款人那里获得资金。不论是银行/交易商的交易专柜的哪一头，各金融机构之间的流动受到流动性转换的支配：更少的流动资产成为易变现的债务票据，如抵押贷款，而造市活动提供了流动性。衍生品领域的参与者则受到风险转换的支配：资产收益的分配改变了，比如发行期权。[4] 相互的作用有着重要的影响，所以与各种管道相连的机构影响着流动。

## 白夜节的黑暗

金融体系中有三种类型的流动：资产、资金、抵押品。图 11.2 是表示这三种类型的流动的多层示意图，它是根据图 11.1 的单层示意图展开的。[5]

图 11.2 的顶层是资产交易活动，以及资产管理机构和证券市场之间的流动。包括共同基金、对冲基金、保险公司的交易和投资部门、周边的养老基金，这都与核心的交易所和做市商有关联。中间层是资金的流动。银行/交易商是资金流动的核心。[6] 抵押品则在底层：包括抵押活动，通过升级和重新使用而完成的抵押品转型，以及因

为垫头交易和抵押品质量问题而产生的风险管理。[7]如果把抵押流动简单地看成资金流动的相反面，那么这些特征并不明显。

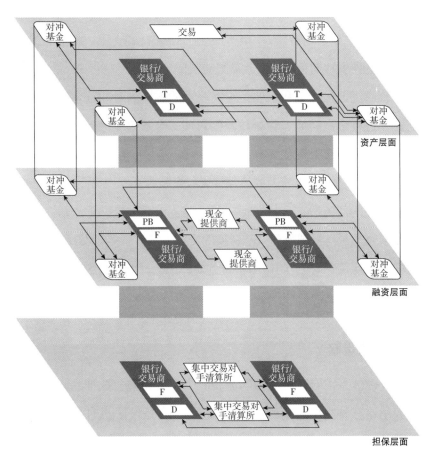

**图 11.2　金融体系的多层次观点**

注：这个多层示意图包含资产、融资和担保（抵押品）三个层面。一些金融实体参与不止一个层面，导致不同层面之间的依赖性和连通性。特别值得注意的是银行/交易商，通过其各个子单位的活动参与所有三个层面。银行/交易商下的字母 T 代表交易柜台；D 代表衍生品柜台；F 代表融资柜台；PB 代表大宗经纪商。改编自 Bookstaber&Kenett（2016）。

这个金融体系的多层分解视图显示出在图 11.1 这种单层视角下并不明显的弱点。在 2003 年罗马的"白夜节"（Notte Bianca）事件之后，我们才终于意识到这些弱点。

2003 年 9 月 27 日，罗马举办了一场狂欢节。商店、俱乐部、酒吧整夜开放，博物馆、电影院、剧院、艺术画廊亦开至第二天凌晨，街上有马戏团演出，还有其他表演。该文化活动仿照的是一年前在巴黎举办的节日活动——从那以后风靡许多城市。在罗马的博尔盖塞别墅公园（the Villa Borghese Park）的环球剧场里，巴黎市长与罗马市长瓦尔特·维尔特罗尼（Walter Veltroni）共同观看了《罗密欧与朱丽叶》（Romeo and Juliet）的演出。接着，他们又去欣赏了《托斯卡》（Tosca）的演出以及在市政厅附近的尼古拉·皮奥瓦尼（Nicola Piovani）的音乐会。街上有上百万人狂欢。

随后，在凌晨 3∶27，灯光熄灭了。整个意大利和瑞士的部分地区都停电了，涉及 5600 万人。其他任何一天，凌晨 3 点的停电事故都不会有什么直接影响，但在白夜节，3 万人被困在 110 辆列车中，而其他人则困在地铁里，天空还下着雨。《纽约时报》的记者报道该事件时是这样描述的："浑身湿透、狼狈不堪的黑夜狂欢者组成的幽灵军团被困在街头。"

26 分钟之前，在瑞士和意大利之间的主要输电线路卢克马尼尔线（Lukmanier line）上，强风导致了电缆和树木之间的跳水。瑞士电网运营商花了 10 分钟的时间来恢复卢克马尼尔线路，但是失败了，之后他们提醒意大利运营商去减轻圣贝纳迪诺线路（San Bernardino line）的负载，因为电流的物理原理表明，电力会跳转到该输电线路，使其超负荷运作。但是这种自动防故障装置的策略因为在凌晨 3：25 发生的一起线路接地故障而没有得到实施，该故障导致圣贝纳迪诺线路也停运了。随后，边界地区的其他输电线路依次出现故障，最后导致意大利凌晨 3：27 发生灾难性大面积停电事故。

电网故障往往是由于一连串的超负荷扩散引起的，供电设备由于超负荷而在网络中触发了从节点到节点的断路器。在瑞士和意大利边境的操作员极力减少跨线负载，试图重新启动，但是设备仍无法切换，无法重新打开断路器。操作员不知道意大利停电的源头与紧急应变程序手册上所涉及的内容是不同的。在意大利停电事件中，问题来自电气网络和第二网络（控制电网操作的通信网络）之间的交互。当卢克马尼尔的节点出问题时，它通过禁用邻近的服务器而跨越到通信网络。该服务器故障影响了毗连的服务器，因为它们依赖该服务器作为其通信群集的一部分。然后，连接到这些服务器的电站由于失去控制器而停运，这又影响了与该节点相邻的服务器。[8]

于是故障蔓延开来，从电源层上的节点到通信层上的节点之间，从通信网络节点到通信层上的其他节点，然后通过这些服务器回到电源节点。这就是说，此漏洞因相互依存的两个不同网络而变得高危：通信网络依赖电力网络，而电力网络依赖通信网络的指令和协作。雪上加霜的是，这两个网络在拓扑结构和布局上密切合作：服务器在布局和结构上都与电网相似。[9]它们的完美组合造成了巨大的灾难。

**大到不能倒的环境**

如果我们想理解金融危机，那么意大利停电事故就是个好例子。

意大利停电事故是最早的几起多层网络大规模故障之一。在该事件里，用于不同操作的网络相互牵连：电网对其他系统供电，通信系统又部署着电力系统的控制器。以图 11.2 的网络视角来看，各个层次就像金融体系内分开却又相互关联的网络：从提供和使用资金的渠道，到使用该资金购买和出售资产的渠道，再到用于担保资金的抵押品的流动。也就是说，我们如果以图 11.2 作为金融体系的网络视图来看，就会发现金融体系就是这样一个多层网络。[10]

多层网络涉及的系统性风险本质上不同于那些单层网络。也许这并不出乎意料，当我们开始观察金融体系的多层视图，会发现风险传播的模式，市场震荡的路线，各代理或节点之间一体化与职能分离的意义，都有不同而更丰富的性质。

在意大利停电事件中，服务器和从服务器到电站控制单元之间的通信流，与沿着电网而进入服务器的功率流不同。因此，层与层之间的关联产生了不同的功能效果，并且引发从一个流到另一个流的变换。那么对金融体系来说，一个活动的风险也是其他活动的风险，因为风险会在体系内扩散并强化，更重要的是会在不同层之间发生。资金是获得资产的燃料，资产则成为抵押品的来源，而这又是产生资金的基础。并不奇怪的一点是，增加了由于层间联系而产生的各类流动的功能关系与转换之后，就会产生在平淡的单层网络里并不存在的漏洞。[11]

多层网络对影响整个体系的金融机构有重要的作用。我们已经知道，大小很重要。但是，在此基础上我们还要考虑跨层机构的重要性。[12] 也就是说，如果一个机构可以将混乱局面从一层蔓延到另一层，那么一个局部而特定的混乱局面就会转变为整个体系内多层的混乱局面。

大银行跨越了三个层次，创造了火灾从一层楼蔓延到另一层楼的垂直通道。除此之外，在每个阶段银行都会通过切断资金、冻结抵押品、收紧市场流动性来煽风点火，使火越烧越旺。为了降低它们在体系中的重要性——实际上也是任何代理在体系中的重要性——我们不仅可以控制它们的杠杆和大小，还可以减少它们跨层影响的程度。这就为分解银行提供了论据，还提出了这样做的方法。从少量的大银行转变为大量的小银行，但如果这些小银行仍然跨越层次，就起不到作用，而只会有更多更小的垂直通道将大火从一层蔓延到下一层。相反，银行分解的原则是在层与层之间创建防火墙。不能由全方位服务的银行来提供一体化的担保、资金、造市，不论其大小如何。

## 代理及其启发法

很自然，基于代理的方法始于代理本身。图 11.1 中提及的代理有：[13]

### 银行 / 交易商

银行 / 交易商这个术语指的是银行和交易经纪人，而大部分的交易经纪人就是 2008 年之后的银行。银行 / 交易商可以说是金融体系中的一种代理，但是如图 11.1 所示，它本身又包含各种代理，每个代理执行不同的任务，与其他代理交互作用，又独立运作。银行 / 交易商代理包括如摩根大通、高盛、德意志银行（Deutsche Bank）在内的总共大约 20 个代理。

银行 / 交易商内部的代理包括主要经纪人、融资业务、交易专柜、衍生品专柜、银行 / 交易商的企业资金管理。主要经纪人的服务内容包括如具有杠杆特性的对冲基金。他们同时也帮助需要短期证券的对冲基金投资者与其他投资者。融资专柜就是资金担保业务，即使用证券作为抵押品来借用资金。[14] 资金直接通过融资专柜和主要经纪人提供给客户，也用来资助银行 / 交易商持有的证券。交易专柜根据客户需求来进行购买和出售，设定价格，并在其造市活动中管理库存。交易活动包括相当广泛的债券范围，从企业和新兴市场，到抵押贷款工具，再到美国国债和主权债务，也包括把库存作为证券化产品进行打包。衍生品专柜为其本身和客户执行衍生品交易，如掉期交易、远期交易、期权交易。银行 / 交易商的企业资金管理就是通过发行股票和债券来增加无担保资金，以及筹集短期资金，例如商业票据。

**对冲基金**

对冲基金代理通过银行 / 交易商的主要经纪人借资，以此支持其长期和短期的交易头寸。当然，对冲基金与银行 / 交易商的交易专柜以及各种交易所进行交易活动。图 11.1 的两侧都有对冲基金，这是因为他们持有短期资产时就向银行 / 交易商提供资金，持有长期资产时则向其借资。对冲基金代理包括桥水投资公司、城堡投资集团、德劭集团（D.E.Shaw& Co. LP.）。对冲基金总共有上千个，但其中有影响力的不到 100 个。

**现金供应者**

现金供应者包括资产管理者、养老基金、保险公司、证券出借人（通过出借证券获得现金的人），最重要的还有货币市场基金。现金供应者为金融体系提供燃料。如果没有资金，那么体系——或任何没有资金的体系里的部分——在短短一天之内就会瘫痪。抵押品通常以银行 / 交易商为中介，从借款人转到现金供应者。

## 证券出借人

同现金供应者一样，证券出借人向银行 / 交易商提供证券和资金。很多证券出借人常常向银行 / 交易商出借证券，并且以向银行 / 交易商提供的担保资金的形式再次投资现金。[15]

## 机构投资者

机构投资者包括的代理范围很大，从资产管理者到养老基金，到主权财富基金，还有保险公司。我们将在下一章了解到，这些代理对向市场提供流动性起到关键作用。因为他们倾向于卷入被迫抛售的境况，因此在恶化危机方面会发挥特殊作用。我们将对冲基金看作一种特定的代理类型，而对冲基金确实是特殊的机构投资者，他们可以通过借钱来增加杠杆头寸，包揽空头头寸，创造无流动资金的不寻常的投资机会，[16]因此相当自由，尽管这种自由会带来危险。

我在图 11.1 强调了对危机至关重要的市场的两个方面。一是银行是多层面的，能通过多种方式威胁市场。二是强调了资金的流动，由现金供应者通过银行提供给用户。直接或间接地，在金融体系中的几乎所有运作都要动用资金以及抵押品，因为对担保资金来说，路线是双向的：一旦有资金流动，就有抵押品的反向流动。[17]这就是利率和信贷市场对危机来说至关重要的原因。我们见过股票下跌 20 点，却没有太大的长期影响。而对不能缺少资金的市场来说，情况并不是这样的。

每个代理都会观察环境并采取相应的措施。在实际操作中，我们会和真实存在的代理打交道：银行／交易商如高盛、摩根士丹利，或者花旗银行；对冲基金如城堡投资、桥水投资公司、德劭集团。它们有不同的商业模式、不同的风险承担水平、不同的文化，有些阐明在公司治理结构、政策和程序上，有些则传达给投资者。[18]在危机时期，某些启发法是固有的，代理们没有任何能力去改变行动方向，这里最值得注意的是由于可用资金的减少而涉及的保证金追缴或被迫清盘。[19]

每个代理都有一套自己的启发法。不同的代理方法不同，但一般来说，启发法都是沿着这些思路：主要经纪人基于其所持有的抵押品和现金供应者所要求的垫头交易来限制所提供的资金；交易专柜会根据库存的内部限制来造市，而这些限制取决于资金的可用性以及是否愿意持有风险库存；对冲基金维持着目标杠杆——过高的话就有保证金追缴或被迫清盘的风险，过低则会利润受损；现金供应者基于抵押品的美元价值来出借，根据借款人的信誉和市场的流动性来进行垫头交易。

代理基于启发法的行为可以用索罗斯的理论来解释，其中有认知功能，即代理会考虑环境（从世界到大脑），还有操纵功能，即代理执行其决定，从而改变了环境（从大脑到世界）。以对冲基金为例，每天，它限定每个资产的适当持有数额，示意其应该承担的杠杆，这就是认知功能。接着利用这些认知来决定购买或出售各项资产，而这一决定又将影响环境。这就是操纵功能。

图 11.1 就是"我们生活在现实世界里"的具体表达。我们看到此图时，经济学里理论性的、抽象的构想便黯然失色。经济学并不考虑滋生和传递危机的途径，又如何能处理危机？这里我的目的是

帮助大家了解真实存在的金融体系。模型必须贴近实际、给人启迪，而不是简单地建立在倾向数学的理性、一致、美好之上。我们无法揣度假想的金融体系的行为方式，正如化学工程师无法通过"假设有个化工厂"来推测泄漏的情况，他必须分析这个工厂本身。拉尔斯·西尔（Lars Syll）是位经济史教授、著名的主流经济学批评家，他问到为什么经济学家"会觉得根据抽象的虚构世界来评估真实的经济是有价值并且有趣的"，这就好像是"告诉生理学家要从独角兽的视角来评估人体"。[20]

## 动力学机制

既然已经通过系统图布局好了环境以及系统里的代理，那么我们可以启动引擎，打开模型，查看其动力学机制。在市场危机里有两种类型的动力学：一是基于资产的甩卖和资金运营，二是基于资金的甩卖。[21] 而这两种动力学又能助长二者中的另一种。

基于资产的甩卖关注的是机构投资者之间的相互作用，特别是杠杆投资公司，例如对冲基金，还有其资金来源，尤其是银行/交易商的主要经纪人，还有被迫抛售所发生的资产市场。如图11.3所示，当体系出现混乱而迫使基金出售头寸时，就会产生这种甩卖。这种混乱可能通过各种渠道发生：价格下降与由此引起的资产价值下降，资金减少或主要经纪人的保证金率增加，或投资者的大量赎回。在任一事件中，基金减少其资产，导致资产价格下跌，从而引发进一步的被迫抛售。

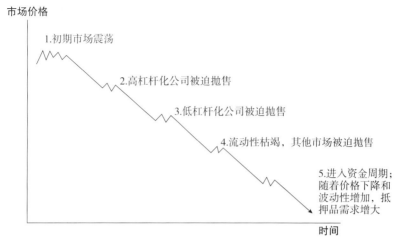

图 11.3　基于资产的抛售动力学机制

注：基于资产的抛售始于因资产市场的震荡而导致的价格突然大幅下跌。杠杆公司被迫抛售，从而满足保证金要求。被迫抛售遭受到价格的下行压力，保证金追缴产生反作用又增强了这种影响，迫使更多轮次的抛售。处于压力下的企业也出售它们在其他市场持有的头寸，造成价格跌势蔓延。在受影响的市场里，与资产一起发布的抵押品价值的下降又会导致资金紧张。摘自金融研究办公室（2012）。

基于资金的甩卖则关注银行／交易商与其现金供应者的交互。如图 11.4 所示，如果抵押品的价值下降或信用受损，可能会引起资金流动的中断，从而引发基于资金的抛售。交易专柜的可用资金就会减少，其减少的库存又导致价格进一步下跌，因此基于资金和基于资产的甩卖相互依存。例如，基于资金的甩卖可以促成基于资产的甩卖（由于存在对银行／交易商的资金限制，所以对冲基金通过主要经纪人获得的可用资金会减少），反之亦然。由于资产价格的震荡或抵押品垫头交易的增加而导致的抵押品价值的下降又会助长甩卖。

因此，虽然我们有这两种类型的甩卖，它们与图 11.2 所示三层中的两层相关联，但甩卖也可以由第三层，即抵押品层引发。

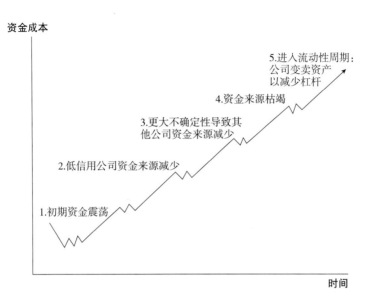

图 11.4　基于资金的抛售动力学机制

注：资金的运营常常始于对交易对手的信用和流动性枯竭的顾虑。这些会增加融资成本，给弱势公司带来压力。而对不算太弱势的公司来说，融资成本的上升带来对交易对手违约风险的顾虑。较高的融资成本会导致企业卖出头寸，而由此造成的资产价格下跌会使资金运营转变为资产甩卖。摘自金融研究办公室（2012）。

这些动力学的驱动机制是杠杆和流动性的两面夹击。迅速的赎回也能造成相同结果，但通常是杠杆招致被迫抛售，而流动性的不足则导致价格下跌。

这会引发连锁反应，把仅一次的简单的市场震荡变得更糟。如果市场的流动性强，不需要显著的价格下跌便可配合出售，就不会有连锁反应和蔓延滋长。如果市场中几乎没有杠杆，即使碰上市场活动，也不需要大量去杠杆化。因为强迫去杠杆化会导致资产出售，从而引起价格下跌（这又导致进一步的去杠杆化）。杠杆和流动性不足都是市场危机的重要组成部分。也就是说，在流动性完善的情况下，杠杆的被迫抛售不会导致价格的连锁反应；如果没有杠杆，即使是流动性不足的市场也不会产生甩卖，因为不会有被迫抛售。[22]

我将展示该模型在持续影响着体系时是如何追溯市场震荡的，从而来阐述其目标。[23] 该模型可以应用到容纳许多代理的市场，但在这里我将它应用到一个易处理的网络，该网络包含三种资产、两家对冲基金、两家银行 / 交易商、一家分开处理每家银行 / 交易商业务的现金供应商。图 11.5 呈现了模型中的各种代理是如何相关联的。在该图中，银行 / 交易商 1 和对冲基金 1 对资产 1 和资产 2 持有相同权重，而银行 / 交易商 2 和对冲基金 2 对资产 2 和资产 3 持有相同权重。现金供应者提供资金给银行 / 交易商，后者则提供资金给对冲基金。

即使面对将图 11.1 简化后的这种情景，代理之间的相互作用以及参数的变化如何影响这些相互作用的问题，仍然是复杂的。图 11.5 表明代理之间的渠道可以连接任何一个功能单元。例如，银行 / 交易商可以作为衍生品交易对手或证券出借人，与另一银行 / 交易商相联系。在第一种情况下，他们将受到信用危机的影响，而在第二种情况下，他们将受到资金震荡的影响。图 11.5 呈现了代理人基模型模拟运行后的进展情况。 图中的每一阶段是模型从最初的震荡进展到每个节点的概貌，展示了在该阶段哪些代理会影响其他代理。新的影响路线由一条黑线表示，延续震荡的路线则由一条深灰色线

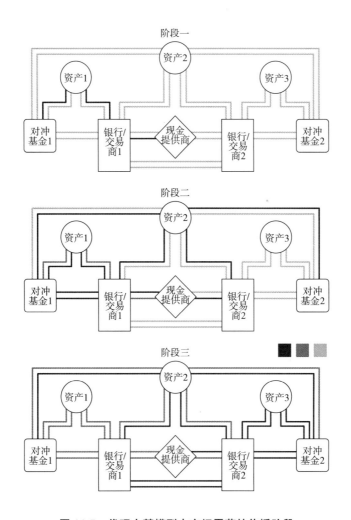

图 11.5　代理人基模型内市场震荡的传播阶段

　　注：在第一阶段，资产 1 产生震荡，从而影响持有该资产的代理。对冲基金 1 和银行 / 交易商 1 对其减少接触，导致资产 1 和资产 2 同时出售，现金供应者则因其持有的抵押品价值下降而减少出资。其结果是资产 2 的价格降低，影响持有资产 2 的对象，即对冲基金 2 和银行 / 交易商 2。这些实体并不持有资产 1，而是持有资产 2 和资产 3。随后的出售会导致资产 3 的价格下跌。银行 / 交易商 1 的疲软也会引发银行同业信贷风险。黑线代表的是体系中在某个特定阶段被卷入纠纷的代理；深灰线代表的是从早期就一直受到牵连的代理；浅灰线代表的是尚未牵涉其中的代理。

来表示。

在第一阶段，资产 1 的初始震荡影响了对冲基金 1 和银行 / 交易商 1，因为它们跟资产 1 有接触，而震荡也通过银行 / 交易商影响了现金供应者，导致其持有的抵押品价值下跌。

在第二阶段，最初震荡的影响蔓延到了资产 2，因为对冲基金 1 和银行 / 交易商 1 出售了其投资组合中的头寸来满足保证金追缴的要求，于是资产 2 的价格也下跌了。同理，这也影响了对冲基金 2 和银行 / 交易商 2，正如资产 1 的震荡影响对冲基金 1 和银行 / 交易商 1 那样。资产 1 的价格会由于对冲基金 1 和银行 / 经销商 1 受到的持续压力而进一步下跌。现金供应者的抵押品价值更进一步下跌，并且银行 / 交易商 2 因为用其资产作为抵押，也受到现金供应者资金减少的影响。

到了第三阶段，资产 3 也受到最初震荡的牵连，因为对冲基金 2 和银行 / 交易商 2 都与资产 3 有接触。在面临被迫抛售时，资产 3 开始清算两者的持有资产。此外，由于这两个银行 / 交易商的资金限制，新的渠道受到侵袭。银行 / 交易商之间的信用关系减弱。银行 / 交易商 2 发现银行 / 交易商 1 在疲软，因为其持有资产与资金在减少。随着危机演变到之后的阶段，其他方面也会出现对信贷的担忧。想象你是个只投资于资产 3 的对冲基金，你就不会经历阶段一。

只要接触发生最早震荡的资产 1，你甚至没有接触那些持有资产 1 的资金亦持有的其他资产。然而，由于这次震荡，你最终看到自己的投资组合价格下跌。这是真正的间接伤害。

这里所做的流动性、杠杆、配给的传播机理分析是基于价格震荡作为触发事件的。代理人基模型下还有一些触发事件也很容易引起震荡：现金供应者减少资金，银行／交易商的信誉下降，对冲基金的赎回。每种情况在体系中都有自己的传递过程，而这些不同的震荡也可以依次出现。例如，除了资产震荡，在某个阶段还可以加入外源融资或信贷震荡。这些情况往往会延长动力学的进程。对2008年的金融危机来说，这些渠道是很重要的。

第十二章

流动性和崩盘

《周六夜现场》（*Saturday Night Live*）一则新闻报道说："今天纽约证券交易所没有股票换手。大家终于都有了自己想要的。"这里的笑点提出了一个公认的观点：股票永远都在交易。对拥有的东西，我们从不满足。

价格变化（尤其是短期变化）的主要原因是，我们明显变化无常，对流动性有需求。你要是想买卖股票，或是不得不买卖股票，你就是流动性需求者。当你需要流动性时，你所需要的，就是立刻完成流动，用低交易成本完成流动。大多数的交易利润，是从流动性泡沫中赚到的。流动性需求会使价格变动，而且流动性瘫痪是崩盘的主驱动因素之一。我把流动性里的动力情况分为三类代理人：流动性需求者、流动性供给者、做市商。

我用美国股票市场里的两大乱市案例来说明流动性瘫痪。一个例子是一天内砍下全市两成股份，另一个例子是几分钟内把标普 500（Standard & Poor's 500）股票的价格迅速降到每股一美分。

## 金融环境

金融环境里有一种金融市场离场手段：流动性。流动性可以是一扇打开的门，也可以是一扇紧闭的门。而且，有句格言说，市场为提取最大的痛苦而运转。应了这句格言，当投资者真的想要离场时，

193

门便关上了。投资者想要出去，却没那么轻而易举就能出去，就会越发想要出去，于是门就闭得更紧。要明白具体是怎么操作的，可以看看美国股票市场近年来最著名的两个流动性案例：1987年投资组合保险引发的崩盘，以及2010年的闪电崩盘。

### 1987年10月19日的崩盘

1987年10月19日，标普500指数惨遇史上最大单日内跌幅，一天内下跌超过20个百分点。这不是高效市场理论所指的"理性回应新信息"做法的结果，而是一项投资组合策略吸干市场流动性的结果。对面都没人来买了，大家却都还在卖。这个策略就是投资组合保险——我在摩根士丹利的时候助推过这个策略。（对的，是我不好。）我把策略执行到一半时，市场变得失常了。[1]

投资组合保险并不真的是一项保险政策——给它取这个名字，是一个巨大的市场诱惑。它其实是一个动态对冲交易，为的是制造类似保险的保护。这个策略具备一切对冲交易的全部隐患。投资组合保险或其他相关的对冲交易要想行得通，就必须要有流动市场。一笔对冲交易，如果不能实现随意调整，那就不好说了。1987年10月，投资组合保险的规模已经大到市场都没有了足够的流动性。如果只是一个小组合使用这套策略，流动性成不了问题。要是整个市场都如此操作，就是一场噩梦了，有点像整艘客轮上的人争着往一条救生船里挤——救生船因为太重浮不起来了。1987年10月19日，星期一，早上，持有投资组合保险的人都拉出了上周五110点跌幅纪录处开始的电脑走势报告。报告结果表明，要赶紧撤走。

当时，投资组合保险对冲交易者使用期货进行交易，那天早上，盘都没开，他们就开始抛售标普期货，一共抛了约五亿美元，约占总市值的 30%，期货价格陡跌。最后，期货抛盘不得不走向抛售纽约证券交易所股票本身。于是，芝加哥期货交易场抛盘的压力最终全部落到了个人股票上。

标准普尔交易场里的交易者多是做市商，他们靠快速的反应和操盘不断获利。相比之下，常去纽交所的股票投资者并不特别致力于速度，也不关心每一分钟的市场动态。股票投资者不会死死盯着屏幕看，没有做市商那种集体蓄势待发的速度，他们当然适应不了电脑像开火一样狂发期货单的那种速度。

期货交易场里的做市商很自然地降了价，引诱买家。正常情况下，降价是买家的吃饭铃，但在危机期间，这招不管用。降价引出的利益是有上限的，至少在短线交易里是如此。价格降得再快，股票投资者和买家的决策过程都要花费时间。和期货交易场里的交易者不一样，他们只有在做出理性考量之后才会对投资组合进行调整。越来越激进的跌价产生了反作用。许多本来可能买入的人开始纳闷发生了什么情况，然后完全退出。

此处的根本原因，我称作异构决策周期——期货市场的决策时间框架本质上和股票市场里不一样——更短。我们可以看到异构决策周期效应对交易厅的影响。我们有个波士顿机构客户看多 IBM（国际商业机器股份有限公司），之前他谈过加仓 IBM 的想法。当 IBM 开始跳水时，他的销售员想抓牢他，但他那会儿正在开会。之后电话又打了一次，还是联系不上他。看他早晨发的传真，我们可以想象，他正想动身去取些咖啡和茶，没有意识到曼哈顿下城乱象正露。回头一看纽交所，才十分钟光景，一天的交易量就达成了。我们的 IBM 专家开始慌了。卖单洪水般地涌了进来，能接手的买家人数远远不够。价格是他唯一的工具,他把IBM价格又降低了一个点,之后再降下两个点,设法挖出更多买家。波士顿的投资组合经理总算回到了办公桌。他看到IBM方面正遭受投资失败,给我们打了一个电话。要是IBM降价半个点或一整点,他本会发出买单。但股价自由落体般地下跌,他犹豫了,想等了解IBM和市场总体上究竟发生了什么状况再说。

这位客户就职于一家资产管理公司,具有长期投资眼光。一个仓位,即使他明天再买入,还能跟今天一样容易。他看着市场价格倾泻而下,眼里近乎并不好奇。股价跌得更厉害了,从5%到10%,再到20%,他感到有点慌。但此刻,他和许多同行都在观望。同时,专家那边每过一分钟,就有更多股份堆进来。

结果就是一场灾难。波动越来越大,价差也越拉越大,潜在的流动性供给者和买家都吓跑了。更重要的是,价格下跌引发了更多流动性抛盘,因为价格越跌,预置的投资组合保险算法就会得出越多的对冲交易。

供需双方时间框架不同,导致流动性枯竭了。等到股票投资者能够做出反应并进行抄底时,专家已经让价格陡降,这些潜在的流动性供给者都吓跑了。[2] 此处的罪魁祸首,就是供需双方时间框架不同。如果卖方能为自己所需求的流动性多等待一段时间,买家就有反应的时间,市场也本会以更高的价格清算。而现实则是,两三个小时内,5000亿美元市值就蒸发了。

### 2010 年 5 月 6 日的闪电崩盘

2010 年 5 月 6 日,美国股市遭受崩盘,史称"闪电崩盘"。只不过15分钟,市值就下跌了7个百分点。有些股票甚至跌至每股一美分,还有些股票涨到每股 10 万美元。因为某些神秘原因，这些极端价格出现在了市面上，但在那一刻，这就是你不得不进行买卖的价格。

两次崩盘看上去没有关系，但闪电崩盘着实响着 1987 年崩盘的回音。闪电崩盘是另一场流动性危机，流动性需求来得远快于供给——也是 1987 年的那种时间去中间化。两者的区别在于，可用的计算机计算力不一样。这次崩盘创造了高频交易的奇迹，只发生在几分钟内，而不是持续数个小时。

不足为奇，人们为闪电崩盘写了很多文章。国会听证会开了好多次，证券交易委员会（SEC）和商品期货交易委员会（CFTC）花好几个月写了一篇报告。[3] 这些代理机构被打了个措手不及，因为它们得不到各笔交易和订单的数据，就算能得到，也没有能分析数百万数据的硬件。实际上，《纽约时报》记者来到证交委时，想找个有高科技背景的地方，给报告关键人物格雷格·伯曼（Gregg Berman）照个相，最好的地方竟然是交易和市场部的市场办公室——长 20 英尺，宽 15 英尺，里面有几台电脑、一台电视显示器、一台彭博终端机，还有一台传真机。

我当时就在证交委，并参与了闪电崩盘的早期分析。有一个挺简单的看法，在最终报告中没有被强调，那就是所有的问题都是从 2001 年证交委在股票市场采用十进制法规则开始的。这让我想起了游戏节目《报价正确》（The Price is Right）[4]。（这个节目大概可以解释这一点没有写进最终报告的原因。）

### 报价正确：在股票市场中收缩的做市商

20 世纪 60 年代初，我在收看第一期《报价正确》。我奶奶一边做家务，一边听从客厅传来节目的声音。在《报价正确》里，谁的报价最接近，而且不超过竞猜商品的建议零售价，谁就是获胜选手，可以把那辆汽车开回家，或是把那套十二件套餐厅用具搬回家，抑或是把那份夏威夷旅游奖赢回家。选手的报价哪怕只比正确价格高出一美元，也会无缘奖品。选手用的一种策略，在我十年观龄的眼里看来，算是卑鄙手段，那就是第二位选手比第一位选手报高一美元。假如前一位选手报价 23000 美元，下一位就报 23001 美元。第一位选手只要估低哪怕一美元，他就赢不了了。他就出局了。

假设你要用自己的钱按以下规则进行报价：如果你知道有人可以加一美元走在你前面，你大概就不玩了，这游戏就崩了。不同报价之间的差值要大到足够给人赢的机会，这游戏才能玩。一个惯例，大概就是加价要和选手对竞猜商品的不确定性相关联。要是选手几乎没有线索，认为价格可能在 20000~50000 美元，那加报的价格就更应该像是 5000 美元而不是 1 美元。重点在于，合理加报的思想根据是存在的，但"美元化"报价允许选手加报 1 美元却等于毁了这游戏。没人会玩这游戏，即使有，也只不过是玩个名义，不玩真钱。

这和股票市场里发生的事情相似。和价格波动与流动性相关的合理价差是有思想根据的。波动性衡量了交易者出货前发生行情变化的风险，流动性决定了出货所需的时间。假如交易者愿意在这个价差下报一个好差价，但交易中的加价额又小于这个差值，他最后就很可能变成《报价正确》里的第一位选手。也许，他在用 10 美分的价差报价，结果看到有人用 9 美分走到他前面。他能这样，别人也能这样，于是又有人出 8 美分，以此类推，最后你会看到有人价差 1 美分。

华尔街比《报价正确》要复杂一点，因为如果差 9 美分的交易者情况糟糕，他可以靠着那个差 10 美分的，转用他的价位来报价。同样的事情，又会依次来一遍，除非价差更小的那个交易者的价位比他靠着的那个家伙更低。所以，报价规模会越来越小，加价额从 10 美分一点一点小到 1 美分。加价额会变得更小，但对速度的需求会变得更大。价差 1 美分的人，几乎没有什么误差边际。他会变成一个胆小鬼，一有什么风吹草动就会离开，把报价交给下一个人。这就变成了烫手山芋游戏，对用最小价差运作的人而言，速度就更重要了。同《报价正确》一样，要是加价额太小，谁都不会愿意往这游戏里投入真钱。价差 10 美分的人如果知道自己正在被更小价差的人施压，他就会退出这个市场，多米诺效应会继续下去。

关键是，使用十进制法，结果就是得到一个更小的交易委托账本。正常情况下愿意以合理价差规模进行交易的人会离开，交易者需要一路获得越来越快的交易平台。你把账本过一遍，可以感觉像是在砸穿薄冰。其中的缓和因素，就是在你沉没之前，高频交易者会进来把你抓牢。但是，如果他们人数不够，或是反应不够快，他们就抓不牢你，你就会一跌到底。

那么，从《报价正确》到一个更小的交易委托账本，再到宝洁（P&G）从每股 60 美元降到 40 美元，或埃森哲（Accenture）在一分钟内从每股 40 多美元跌至 1 美分，几近蒸发，都是怎么得出来的呢？比方说，某些股票有 50000 股比当前价格低 10% 的市价订单。股市出现了震荡——在闪电崩盘的例子里，震荡似乎来自标普迷你期货合约——股价下跌，跌到了市价订单的水平。交易委托账本是薄薄的一本，在每股 40 美元附近，报价远远不足 50000 股。因此，价格立即下跌到 39 美元，但订单仍然不够。于是就继续降价，直到交易委托账本上什么也不剩。如果变化的速度没有快到一毫秒变一次，价格下降 10 或 20 个百分点时，会有人进入市场。但是，当真没有时间思考。实际上，市场秩序自己走自己的路，没有时间给程序填写交易委托账本。这里的计算机是基于算法的自动系统，在其他东西之间内置了一个程序，如果市场发生奇怪表现，程序就会关闭。股票市场几分钟内价格下跌超过 10 个百分点即符合"奇怪表现"。接下来，就是看下一次报价，而这次报价已经到"庄"了，一股只有 1 美分。之所以会出现这样的庄价，是因为做市商不得不报价、出价。他们若是真的不感兴趣，就会以疯狂的价位报价，比如一股 1 美分，同时以疯狂的价位出价，比如一股 10 万美元。

投资组合保险的操作方法和闪电崩盘类似。投资组合保险是一种对冲交易计划，具有动态性，能根据投资组合的价值进行调整，就像事先制订止损计划，根据投资组合的价值，售出特定的份额。闪电崩盘也是先定售出行为的结果。2010 年的闪电崩盘，原因归结于老派市场止损秩序。1987 年的崩盘，在于专家没有备好足够资金。面对卖单的猛攻，他们逃之夭夭。2010 年，根本没人指望做市商站出来面对抛盘。而且，因为用了十进制法规则，所以交易委托账本也是更薄的一本。筹措订单的一种方法，就是陡降价格。价格陡降后，数据反馈到计算机，算出一笔新的加强版对冲交易。这可谓是击中了更多市价订单的止损点，接着就会有更多卖单放到期货市场，然后循环再重复一轮。没有人能够退后一步说："等一下，让我们稍微考虑一下。"也就是说，在当时，这是一个紧耦合的过程。

也许，高频交易者能够在几毫秒内做出反应，但在他们做出反应之前，还得花些时间。市场秩序不需要反应，它本来就是事先定好的。你也许会想，为什么会有人想要制定市场秩序。但是，假如你是个散户，想确定自己能够脱出市场，并且相信市场将会正常运转，这就说得通了。你会关心，在价格下跌 5 或 10 个百分点之前，自己能不能脱出。假如你被狙杀了，被杀得只剩下一两美分，你也就不用担心能不能脱出了。

所有这些因素结合在一起，就成了跌价推动跌价的循环。唯一的喘息之机，就是监管方面启动熔断机制。

## 代理人及其启发法

1987 年的崩盘也好，2010 年的崩盘也好，事情的来龙去脉都是相似的。那样的价格衰退，会触发初期震荡和先定售出行为。值得注意的是，我们通常会认为是杠杆作用和保证金增补通知导致价格崩盘，但在这里我们可以看到，原因可以来自别处。所以，我们应该问一问，有没有策略需要用事先定好的机械反应来应对市场震荡，就像 1987 年的投资组合保险和 2010 年的止损订单那样。卖单出现得速度太快了，1987 年的投资者和 2010 年的算法来不及做出反应。也就是说，售出需求来得太快，价格还来不及沟通，来不及吸引供给。把这些策略插入市场，就能瓦解市场系统。

就好像你开了家店，想把东西卖出去，你就会降低价格。但是，假如你降价 20%，过了五分钟东西还是没卖出去，你并不会以降价50% 来应对。你知道，人们进店、决定要买什么都要花时间，所以你在进一步打折之前，会等待一段时间。假如你卖的是衬衫，你等待的时间就不会像卖夏加尔（Chagall）的画那样长。降价这件事，欲速则不达。实际上，这就是衡量流动性的方法：你打折促销之后，一般要再经过多久，才会有一个潜在的买家走进店里来。这个观点颇为简单，不过最关键的是，究竟是为什么最精明的那些投资者和交易者到最后会制造出危机。

这两则崩盘案例的关键是三类和流动性相关的代理人。

### 流动性需求者

这类代理人对买或卖存在需求，对即时性存在需求。比起价格，他们更关心的是时间，而且愿意通过改动市场价格来满足自己的需求。市场陷入危机时，他们强制平仓，以筹集资金、压低风险或补足保证金。

### 流动性供给者

这类代理人设法从需求者身上获利，力图以一定的价格满足流动性需求。有些是短线流动性供给者，如对冲基金和其他投机商。

不过有时候，他们最后落到了流动性需求的那一方。如果流动性需求非常高，那些准备买货的有钱人，就是拥有更长时间框架的投资者——资产管理师、养老基金、主权财富基金。

### 做市商

介于两者之间的，就是做市商。做市商是交易中介，是经纪人，他们根据流动性需求者的需求改动价格，以吸引适量的流动性供给。做市商的交易期限非常短。他们不想承担风险，想要前一秒买入，后一秒就马上卖出。面对客户需求，他们从存货价位赚取买卖价差（也叫提前交易。许多市场都允许提前交易）。他们面临的风险，就是被潮水般的买盘或卖盘袭击，却又找不到买卖的另一方，从而被迫顶着市场的反对持货不动，或是降价打折卖出。

在危机期间，很难做出流动性的模型，因为市场参与者的交互动态呈现复杂性、非线性——人们变得有点举止奇怪。衡量相对较小的交易并不能给我们提供太多信息，就像看着白靴兔在冰湖上疾走，对判断湖冰能否支撑一个行人并无提示作用。这就意味着，一个市场平时能够进行流动性运转，并不会为判断这个市场是否有能力满足突然大量涌入的流动性需求提供必要的帮助。就像湖冰突然破裂一样，流动性可以引发层展现象，给市场结构带来令人惊讶的突然变化。

部分的复杂性，是出自市场动荡时期和非流动时期的反馈。流动性不足，杠杆投资者又强制平仓，价格就进一步下跌，从而引发价格崩盘，火速抛售如同传染病一般蔓延开来，市场流动性的元气伤得就更严重了。于是，流动性就成了更一般意义上的市场行为的内生因素。不去关心杠杆作用、融资和相继而变的投资行为等问题，就无法分析流动性。

同时，复杂性也出自市场外生决策周期，特别是出自流动性供需双方之间的时间框架差。需求一方对即时性有需求，而供给一方则没那么着急。这一点的重要性得到了达雷尔·达菲（Darrell Duffie）（2010）的强调。达菲提出了一个模型，强调了那些不走心的投资者的影响。他对这些投资者在2008年经济危机里产生的影响特别感兴趣。

达菲指出，有些市场需要用一周时间才能等到足够满足需求的供给。时限差是投资者之间不同决策周期的结果，会对价格造成影响。原因在于，只有一部分的投资者在向市场积极发送价位信号。就连日常的市场定价都会受影响。但是，市场遇到压力时，就会产生非常强的反作用。

突如其来的价格混乱会引发强制平仓。原因在于，市场上有保证金增补通知、赎回、销售算法程序（如投资组合保险、止损策略、风险平价策略等），以及其他压力。[5] 这些流动性需求者呈现出更强的即时性，流动性需求者的时间框架收缩了，人们更关注清算的速度，而不是清算的价格。另外，没有人拿着枪指着流动性供给者，他们仍旧对价格很敏感。更重要的是，他们没有需求者那样的短线焦点。许多流动性供给者甚至都不用高频交易的眼光监视市场。

流动性供需双方的时间框架问题叠加在一起就是存货压力可能带来的影响。例如，在1987年的崩盘中，一家专业公司找不到买家，存货激增，资本不堪重负。持有现钱的投资者并没有马上占降价的便宜入货。他们持币不动，价格就跌得更低，于是就有更多的投资组合保险抛盘。[6]

因此，若要成功论证市场危机中的流动性，有几点我们必须得懂。首先，供需双方的本质：什么是供需双方的决策周期，供需双方受市场混乱的影响有多大，混乱中的市场对调整供需双方的投资组合策略有多重要。其次，做市商：他们的存货容量是多少，他们愿意在这些价位存多久。最后，反馈周期：这些应答如何受市场混乱的影响，它们又如何反过来进一步影响融资、杠杆作用和资产负债表。

## 动 态

环境因素通常可以认为是可能来自任何地方的外部动荡。一个很好的出发点，就是检查市场如何处理流动性需求者的买卖需求变化。如果因为市场动荡而出现强制平仓，买卖需求就会发生变化。可以看到，小小的一个变化是如何引发了做市商决定提供短线流动性的复杂行为；同样，也可以看到，需求动荡所造成的冲击，又是如何受流动性供给入市速度的影响。

我把市场事件中的流动性行为展示在了图 12.1 里，以三类代理人的交互为焦点：需求者、做市商、供给者。此图演示了流动性事件从震荡前一直到最终恢复时刻的变化。每一根长柱都表示围绕当前价格的流动性供给，偏离当前价格越多，柱色就越灰，表示价格上涨时所增加的卖出供给和价格下跌时所增加的买入供给。阴影部分是相距当前价格的买卖价差，阴影较浓的部分表示更强的做市能力。

做市能力水平在左边的正常市场较高，流动性供给水平在两边市场都差不多。窗格二显示的是事件开始时的情况。如第二柱所示，流动性需求开始进入市场，吸引做市能力和流动性供给，承担抛盘压力。在窗格三里，流动性需求降低了做市能力。价格下跌，拉高了流动性需求，却没有引出更多流动性供给。这个拐点，在复杂系统中称为相变，表明在这一时刻，所有的一切都断裂了关系。流动性供给骤然缺失，为卖家制造存货的做市能力也一并消失，结果就是流动性突然下降。[7] 这表明，要确定市场事件中存在多大的流动性效应是有困难的。这个效应不但是非线性的，而且会出现很大的误差。价格继续下跌，到窗格四，流动性供给开始反应了。到最后两个窗格，流动性供给大队来了，足够补满做市能力，多数流动性需求都得到了满足。价格终于开始上涨，表明流动性事件结束。

三个成分制造出了流动性驱动的混乱。第一个成分，显然是高流动性需求——大量的卖家。另外两个成分，是做市商承担存货的能力和流动性供给者前来达成买卖所需的时间。交易量低的时候，做市商的数量是市场影响的最重要决定因素。但等我们换到高流动性需求时期，流动性供给者的数量变成了首要因素。危机之中，一切都在变：哪些代理人处在压力之下？各代理人相对资产有多集中？流动性需求者的行动，又是怎么变成了做市者的存货能力？事件发生之时，这些力量相互作用的变化过程才是最重要的。

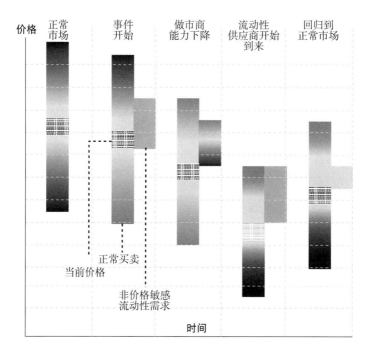

图 12.1　流动性危机的阶段

　　注：这是市场事件中的流动性动态，动态焦点在于流动性需求者、做市商、流动性供给者。事件进展从左到右表示。每一根长竖柱都表示围绕当前价格的流动性供给，偏离当前价格越多，柱色就越灰，表示供给增加。阴影部分是相距当前价格的买卖价差，阴影较浓的部分表示更强的做市能力。窗格二显示的是事件开始时的情况，流动性需求开始进入市场。到窗格四，流动性供给开始对降价做出反应，然后做市能力补满，多数流动性需求都得到了满足。到最后一个窗格，价格开始上涨，表明流动性事件结束。

## 结局：2008年经济危机和非流动性威胁

2008 年，杠杆作用被确定为原动力，它至今仍是学术研究和监管方面监督的重点。但我认为，等到下一次，重点就不是杠杆作用了。监管方面把风险转至流动性，主要是考虑了流动性的影响，包括对银行的影响，还有对在关键评分和信用市场方面参与做市的关键代理人的影响。首先，巴塞尔银行监管委员会（Basel Committee on Banking Supervision）提出过一些改革，限制了银行承载杠杆的数量，降低了银行的做市能力。其次，作为《多德—弗兰克法案》的一部分，沃尔克规则降低了银行的做市动机。在危机时期，你需要做市商买入并持有一些价位，一直留到流动性供给者入市为止。这个主张非常冒险，因为存货风险太高。但在沃尔克规则和《巴塞尔协定》提出之前，银行会做市，因为银行可以不顾客户流量，自己开展交易赚钱。他们若是移步，尘埃落定之后，他们就会发现客户更加不愿意和他们做交易了，于是他们的交易收入就会变少。现在，他们不能自己交易了，所以更愿意踏入副业。沃尔克规则的提出，有我的一份帮助。我争取了所谓的"例外做市权"，允许银行继续做市，我认为这类东西对维持经济稳定非常关键。但和大多数调控（特别是复杂调控）一样，银行做市带来了意外的附带性破坏。在这种情况下，损害就是降低了市场流动性。

随着杠杆作用转向流动性，风险藏进了暗处。杠杆作用是可以观察的。你只要看一家公司借了多少钱，或者这家公司的投资组合价值和资本的比例是多少。但流动性——真正要紧的、能在大家争相抛售时可用到的流动性，却难以评定。资产流动性的大多数研究，主要集中在非危机时期的日常市场运作上，依据买卖价差和特定市场阶段的日交易量数据来衡量。[8]而在价格陡降、火速抛售的动态阶段，这些数据并不能为流动性的整体情况提供信息。[9]假如说有一处需要识别代理人和代理人行动，并用代理人相关方法来确定流动性效果，那就是危机流动性的动态评定。

第十三章

# 从代理人基视角看2008年危机

若要为我在第十二章结尾处提出的动力学充实内容，那么2008年经济危机是无出其右的，因为那是财富的窘境。经济崩溃说明互动和经验如何促成危机，以及其在危机级联和蔓延中的重要作用。在2008年经济危机期间，代理人基模型如何运作？

我多层面参与了对该危机的前瞻研究。[1]我曾预感到其来临。在我2007年的书《我们设计的恶魔》（*A Demon of Our Own Design*）的第一段中，我讲述了自己作为风险经理人卷进各种经济危机的经历，在此背景下，我表达了金融危机"将再次发生的忧虑。我们所建立的金融市场是如此复杂"，无法看到哪个事件将引爆，通常危机总是发生得太快，让我们根本来不及响应，"因此表面上孤立的行动，甚至是微乎其微的事件都可以引发灾难性的后果"。

这本书出版后，金融危机横扫了整个金融系统。有几次，我在国会阐明了一系列与之相关的金融弱点——衍生品的角色、杠杆作用、复杂性、风险管理的失败，以及持续的系统性风险。然后在2009年，金融危机尘埃落定后，我被华盛顿招募帮助重组监管环境，以减少未来危机发生的概率。我协助精心设计《多德—弗兰克法案》和沃尔克规则，为金融稳定监督委员会设置风险管理体系，并为金融体系设置高级风险管理委员会，成员包括财政部长和美联储、美国证券交易委员会和联邦存款保险公司主席等。

我在政府的最后一项任务是以2008年金融危机作为失败实例，开发代理人基模型，以评估金融体系中的漏洞。在成果产生之前我离开了政府，但该工作仍在继续推进。回顾2008年危机，我明白可以借此找到方法。通过代理人基模型来观察金融危机，我们只是以旁观者的角度叙述而不是全真模拟，如果在危机肆虐时使用这些方法，我们将能够走在危机前面，并可能阻止其爆发。这样的模型可以显示关键代理人及其之间的联系，其行动对环境的影响，以及对其他代理人的影响。

当然，我这也是"马后炮"。但在本章中，我将展示如何用代理人基方法分析2008年危机是如何构成的。我将用实际代理人和行动来充实第十一章结尾处的例子。2008年的危机很复杂，它是由具有各自代理人和环境的若干个危机相互糅合而成的危机。下面我开始讲重点。

该阶段的背景中有其代理人和相关动力：杠杆作用上升，创新产品接二连三诞生，将住房问题变成了整个金融系统的问题，导致一触即发的违约机制。代理人卷入了危机的高潮：美国史上最大的银行倒闭，资金枯竭扩散到了实体经济以及投资银行之间的被迫联姻。[2]

从2007年初到2008年中期，金融体系的弱点显现出来，从小型次级抵押贷款市场蔓延至金融体系的核心，金融系统瓦解。我会聚焦于这个中期阶段，看风暴如何变成飓风并登陆，然后如何改变路径到达最大伤害点。

让我们先来通过战争这样极端的视角来观察金融体系。在华盛顿工作时，我参与了国防部对此问题的讨论：如果你是外国敌对势力，你会如何破坏或摧毁美国的金融体系？那就是，如何制造一场危机？

首先，正如其他进攻战略一样，需要合适的时机。等待体系暴露漏洞。也许是当它的杠杆作用发挥到了极致，并且资产变得越来越不稳定的时候。其次，压低价格触发平仓，从而导致贱卖（该过程可能会花费几亿美金，但我们谈论的是战争）。同时，通过摧毁投资者的信心来冻结资金。或者传播谣言，或者将资金从有风险的机构抽离（如果还想赚钱的话，在功亏一篑之前做空市场）。简单地说，就是将 2006 年和 2007 年的金融系统脆弱问题演变成 2008 年的金融危机，几乎摧毁了我们的金融体系。我们并不需要敌人的力量来摧毁，自己便将其摧毁了。[3]

## 级联，蔓延，标记

在对这个时期进行详尽描述之前，我应该提到，2008 年危机的级联和蔓延有不寻常的本质。

级联的发生通常是由于冲击导致杠杆化公司失衡并被迫抛售。这种抛售对价格造成下行压力，导致进一步强制清盘。在 2008 年的危机中，价格下降和进一步抛售并不是由市场活动导致的。价格被对立方下调到极低水平，榨干重点公司，削弱市场，而其中并没有任何实际卖出。资产流动性差，当问题进一步严重后，资产愈加缺乏流动性。没有市场来促进经济学家所称的价格发现。这意味着你只能任凭借贷公司的摆布。借贷公司又当法官又当陪审团，无中生有，编造事实，对抵押品报出异常低价，煽动人们追加保证金。可除了抱怨，人们无能为力，只得乖乖还钱。[4]

按市值计价这一点是了解危机发展的关键之一。比方说，赌注登记经纪人要求你抵押 20000 美元的物品来兑换 15000 美元的赌注。

你给了他价值 20000 美元的劳力士金表。他一个星期后回到你身边，告诉你，你还需要再支付 3000 美元。为什么？"人们对劳力士不那么感兴趣了。它降至 17000 美元了。"你又支付给他 3000 美元，可一个星期后，他又回来了。"呃，你那手表，现在只值 15000 美元了，所以你还得再凑 2000 美元。"你说："等等，我看到这手表在别的地方就是这个价格啊，20000~24000 美元不等。"他说："喂，你是欠他们的钱还是欠我的钱啊？你拿到了筹码，我拿到了手表。我说这表今天就只值 15000 美元。"

危机蔓延通常是公司被迫抛售引起的，由于某一市场的价格下跌，公司被迫在其持有头寸的市场抛售来变现，所以这些市场的价格也随之下降了。可这不是 2008 年危机中蔓延的主要途径。该危机是由次贷市场共有风险的结构产品引起的，或者说被认为有共有风险。问题不在于谁拥有什么，而在于各要素之间的包纳关系。

要理解这一点，我们以石油产品从炼油厂的蒸馏塔中出来为例，来分析从交易柜台出来的结构化金融产品。在炼油厂里，原油输送进蒸馏塔，并分离或"破解"成各种档次的产品，从重油到轻质粗汽油不等。2008 年危机中心的结构性产品的原材料是抵押担保证券（MBS），而蒸馏产品是各种级别或批次的债务抵押债券（CDOs），其中分级由违约风险决定。就像精馏过程的产品取决于输入蒸馏过程的原油，证券化过程中的所有抵押债券将带着其原料抵押担保证券的标记。如果原料被污染或稀释，那么结构化产品也同样被污染或稀释。如果原料包括违约的次级抵押贷款，则任何从该过程中产生的证券，或将这些证券作为其自身原料的所有担保都会受到影响。

## 代理人

2008 年危机的代理人，就是给图 11.1 填空这么一回事。其中有以各种角色运营的银行、对冲基金、现金供应商和其他各类金融机构，有买卖资产，借款和借贷，押出或收回抵押品等行为。其中的代理人我们都知道。这一天结束的时候，代理人还是一小群：银行包括摩根大通和花旗集团，证券经纪公司是处于麻烦中心的贝尔斯登投资公司和美林证券（如果他们幸存，就成为今后的银行），还有到处制造麻烦的高盛投资公司。引发这一切的两个对冲基金属于贝尔斯登资产管理公司，金融机构是美国国际集团（AIG）和其他一些促成了危机的集团，几个债券和少数几家抵押贷款公司。还有穆迪（Moody's）和标准普尔两个评级机构把事情推到悬崖边缘。

次级抵押贷款只是抵押贷款市场的一小块，却引发了这一切。然后事情进一步发展，跟次贷相关的一切都成了垃圾：基于次贷的抵押债券，以及任何与抵押贷款风险有关的抵押债券，由抵押证券支持的资产担保商业票据，可能有抵押贷款风险的结构性投资工具（SIV），信用违约掉期——信用违约掉期原本的意图是对存在各种风险的公司投保，将其作为投资、库存以及抵押品持有。

## 球开始滚动

### 捕食者的球

对冲基金一直在寻求 2008 年金融危机的免费通行证，因为它以银行为中心。[5] 但金融危机的第一枪由贝尔斯登资产管理公司的两支对冲基金打响，事情从那里迅速土崩瓦解。两支基金分别为增强杠杆基金和高级基金，这两个基金主要投资在抵押担保证券和基于次级抵押贷款的债务抵押债券。2006 年推出后不久，增强杠杆基金陷入困境，其股份的基准指数，次优抵押贷款指数 ABX-BBB，在 2006 年最后一个季度下降了 4%，2007 年 1 月又下降了 8%，2 月更糟——指数大跌 25%。投资者开始从这两个基金撤出。 截至 2007 年 4 月底，两支对冲基金下跌了 50%。 投资者变现的闸门打开了。

随着情况的恶化，贷款人评估了基金发布的抵押品，并开始发行追加保证金。这一过程的第一步是评估抵押品。对诸如公共股票之类的流动性很强、经常进行交易的证券，这是很容易做到的。你只需检查市场价格。但是证券产品如抵押担保债券的泡沫不经常进行交易，所以价值是基于经销商标记，即经销商对证券将在哪里交易的估计。这些标记是系统的关键，因为投资组合、收入，甚至公司的生存能力均依赖于它们的价值，就像确保能贷到款的抵押品一样。证券标记在很大程度上由商誉决定。没有什么可以约束标记，经销商不必以该价格购买。即使一个经销商随机挑选一个数字，也没有追索权。这是系统的缺陷，成为反复出现的问题。特别是高盛抵押担保证券的标记价格远低于其他交易商。这对其许多客户产生了破坏性影响，贝尔斯登资产管理公司的两支对冲基金首当其冲。

2007 年 4 月 2 日，高盛对贝尔斯登资产管理公司的价格标记低至 65 美分，这意味着，一些对冲基金的证券大打折扣，缩水了 35%。这些价格大大低于来自其他经销商的标记，但计算投资组合的经销商标记价格平均值时，该价格也算在内。5 月 1 日，高盛继续压低其标记价格，低至 55 美分。这导致 4 月已经标低了 6.6% 的增强杠杆基金的价值，又标低了 19％。贝尔斯登资产管理公司预计到了这次价格修改的冲击，立即冻结了证券兑现行动，死亡螺旋由此开始。

在贝尔斯登资产管理公司冻结证券兑现后，美林集团获得了其贷款的 8.5 亿美元抵押品。美林如何处理这些抵押品，对市场至关重要。有次贷风险的公司凝神静气，他们都知道，价格正在崩溃，但在这些价格可以进行交易前，他们无须标低其头寸。在证券公司之间有一个不成文的规定——他们不向市场抛售，但最终有人想要得到钱，所以打破了秩序，美林公司开始出售抵押品。于是有了用市场价格来标记头寸，影响波及贝尔斯登资产管理公司对冲基金之外的客户。

这些事件和预期中对冲基金的大肆抛售，进一步强调了市场的流动性，这种流动性也促使人们准备好甩卖。价格继续下跌，导致另一轮保证金追加，并增强了投资者变现的要求。到 2007 年 7 月底，对贝尔斯登资产管理公司两个基金的挤兑以及资金来源的关闭，迫使两个基金申请破产。

两个基金没能遏制其损害，而是将其传播开来。受时机把握得很好但姗姗来迟的评级下调以及结构性产品负面观察警告的推动，次优抵押贷款指数（ABX BBB）在 7 月下降 33％。打倒贝尔斯登资产管理公司对冲基金的力量，打进了更广阔的市场。早期已经放弃了贝尔斯登资产管理公司的商业票据投资者，开始从其他借款机构抽身。回购融资方通过增加次级贷款抵押估值折扣，增加有抵押风险的机构的保证金，以及对有潜在问题的公司收缩贷款期限，来收紧对其他贷方的授信。其他使用抵押担保证券作为抵押品的公司面临更大的需求，不得不出售流动资产以满足这些需求，这成为危机蔓延的渠道。

图 13.1 第一阶段为 2007 年 4—6 月危机的发展过程。暗线是卷入这一阶段的体系代理人。

## 如出一辙

7 月 26 日，由于贝尔斯登资产管理公司的基金处于垂死挣扎状态，高盛接下来将目光锁定在其主要客户之一 ——美国国际集团，这家巨型保险公司已成衍生品之家。高盛持有美国国际集团 210 亿美元的信用违约掉期，这是针对信用评级下调的一种保险形式。[6] 高盛又开始按市计价的伎俩，对美国国际集团的担保债务凭证标价低至 80 美分，远远低于其他券商的价格。例如，美林公司将同样的证券评为 95 美分或更高。对某一个特定的担保债务凭证，高盛标价 75 美分，而其他交易商则标价 95 美分。美国国际集团认为高盛追求"对其竞争对手造成最大的痛苦"。[7] 美国国际集团的一位交易者认为标价应该在 80~95 美分，高盛的标价"荒谬无比"。[8]

在这种情况下都没有发生交火，也就是说，没有交易活动。事实上，因为高盛知道美国国际集团将不会接受其报价，于是或许有些交易者愤世嫉俗地提议以自己标定的低价出售美国国际集团的证券，因为这样会促使美国国际集团给出市场价，并迫使其在整个投资组合标出灾难性的低价格。有高盛领头，其他公司相继跟进。法国兴业银行基于高盛向其提供的标价，发出追加保证金通知掺和进来。[9] 高盛公司每天发送一封正式要求函，低价标记以及保证金要求日复一日地持续了 14 个月，最终从美国国际集团抽出数百亿美元，并导致其陷入令人透不过气的紧急融资。

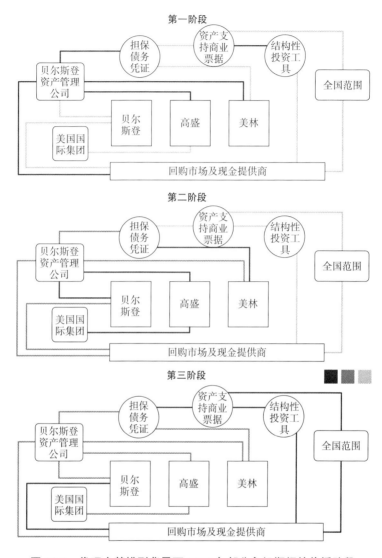

**图 13.1　代理人基模型背景下 2008 年部分危机期间的传播阶段**

注：第一阶段为 2007 年 4 月至 6 月，重点关注贝尔斯登资产管理公司对冲基金的失败。第二阶段是 2007 年 6 月至 7 月，美国国际集团和担保债务凭证市场成为焦点。第三阶段是 2007 年 8 月至 2008 年 7 月，危机蔓延到其他市场，从各个方面打击资金来源。黑线表示在特定阶段卷入系统的代理人；深灰线表示从早期阶段一直涉及的代理人；浅灰线表示尚未涉及的代理人。

图 13.1 的第二阶段描绘了 2007 年 6 月至 7 月发生的危机下一阶段的路径。与其他两个阶段一样，浅灰线是开始参与这一阶段的代理人，深灰线是来自第一阶段的那些代理人，其继续参与该阶段。

**寻找蛛丝马迹**

随着市场开始寻找其他资产可能潜在的次贷风险，危机开始蔓延。找到了资产抵押商业票据（ABCP），这是许多公司的短期资金的关键来源。资产抵押商业票据是企业的一种借贷方式，通过支持商业票据的抵押物来借贷，大部分抵押物是债务抵押债券，包括次级抵押贷款。

这个市场中最大的借方之一是德国工业银行（IKB Deutsche Industriebank AG）。[10] 高盛原本在帮助德国工业银行的商业计划筹集资金，但突然撤资了。这是更大范围委付的发令枪，德意志银行切断了它的信用额度。德国工业银行的困难，导致资产抵押商业票据市场冻结。这不仅限于由抵押贷款支持的商业票据。没有人在这个问题上纠缠细节。只要是资产抵押商业票据，那它就有毒。这对依赖资产抵押商业票据市场获得资金的公司而言是灾难性的。德国工业银行身后最显著的是全国金融集团（Countrywide Financial），其是领先的次级抵押贷款机构之一。2007 年 8 月初，全国金融集团发现它不能延期付款其商业票据，导致评级下调，投资者陷入恐慌，银行出现挤兑。仅 8 月 16 日一天，客户就撤出了 80 亿美元的资金。

**如果它移动，就杀了它**

在 8 月，另一把火燃遍结构式投资工具市场。虽然有一些结构式投资工具有一些次级风险，但一般结构式投资工具与抵押贷款市场毫无联系，不受市场短期变化的影响。它们的资金大多来自流动中期票据，不像很多按揭产品，它们频繁地交易意味着可以按实际市场交易来标记。但在这一时刻，轻微的抵押贷款风险就足够了。

由于更高的保证金要求和对更高质量抵押品的需求，回购市场上的资金已经受到限制，随着资产抵押商业票据市场停止运转和结构式投资工具瘫痪，货币市场资金开始面临问题，2007 年秋天达到恐慌点。结构式投资工具是这里的一个特殊问题，因为它们由货币市场基金广泛持有。货币市场基金是原料的主要来源——它们是最终的现金提供方——原材料通过结构性投资工具和其他工具进入货币市场基金。

另一个遭受打击的资金来源与单一险种保险公司渡过了难关。两家最大的单一险种债券保险公司——美国城市债券保险（MBIA）和安巴克金融集团（Ambac Financial Group, Inc.）曾斥资 2650 亿美元担保抵押担保证券和相关结构化产品。这两家公司和其他单一险种保险公司没有资本缓冲，采取的是"亏损零容忍"的经营模式。一旦遭受损失，它们就会失败。这刺激了不寻常的市场混乱的蔓延：这些单一险种保险商也为拍卖利率证券提供保护，这种证券从根本上说与抵押市场无关。这些拍卖每隔几个星期就会举行一次，但是在 2008 年 2 月，对单一险种保险公司的担忧导致这些拍卖失败，因此借款人陷入困境，流动性消失，通常在 3%~4% 范围内的利率重置为 10%~20%。

图 13.1 中的第三阶段描绘了危机在 2007 年 8 月起整个秋天这一阶段的路径。（考虑到篇幅，图 13.1 不包括单一险种保险公司到拍卖利率证券的路径。）

## 结局的开始

市场一片混乱，持有大量担保债务凭证及其他抵押贷款相关产品的公司遭受了无法理解的损失。损失最大的是花旗集团和美林集团，分别损失 240 亿美元和 250 亿美元。[11] 几天之内，美林集团首席执行官斯坦利·奥尼尔（Stanley O'Neal）和花旗集团的首席执行官查克·普林斯（Chuck Prince）相继辞职。

2008 年秋季，恐慌阶段从问题起源的地方开始：麦迪逊大街 383号贝尔斯登总部。贝尔斯登资产管理公司及其两个命运多舛的对冲基金的母公司贝尔公司（Bear）在其麻烦最大的增强杠杆基金中注入了更多股本投资，当资金枯竭，该公司成为高档基金的唯一回购贷款人，贷款金额达 16 亿美元。当贝尔公司接过基金的风险时，市场混乱也蔓延到这里。所以它位于贷款人的瞄准线上。贝尔斯登已经严重暴露在导致两个对冲基金的消亡的次级危险中。抵押证券化是贝尔斯登固定收益中最大的一块，该公司是担保债务凭证的主要承销商之一。贝尔斯登管理公司的两支对冲基金宣布破产后，标准普尔信用评级公司把贝尔斯登信用展望调至"负面"，依据的是其失败的基金，其抵押贷款相关投资（标准普尔曾把其中许多愉快地评为 AAA 级），以及其相对较小的资本基础。

贝尔公司传统上使用无担保商业票据进行大部分融资，但随着现金提供者的担心日益增加，这条融资路径关闭。贝尔公司转而更加依赖回购市场来获取日常流动资金，并依靠其大宗经纪业务的抵押品，以推动放贷，[12] 其他银行因担心延期还款，开始拒绝贝尔斯登。使用贝尔斯登作为其经纪机构的对冲基金客户，担心贝尔公司无法返回它们的现金和证券，于是开始撤资。即使贝尔公司以国库券作为抵押，有些回购贷款人还是不愿借钱给它。从对冲基金失败以及相关行动开展的那一刻起，贝尔斯登生死攸关的问题是保持其抵押和资金来源对它的信心。就是这样：贝尔公司的基本偿付能力没有问题。

这种信心却被高盛公司打破了。当一家公司想要摆脱衍生品额度时，衍生品业务中最典型的做法是通过一个称为"债务更新"的步骤来转让该衍生品。2008 年 3 月 11 日，星期二，一家叫作海曼资本合伙人公司（Hayman Capital Partners）的小型对冲基金，决定结束其在高盛公司的 500 万美元衍生品额度。贝尔斯登提供了最好的报价，所以海曼资本合伙人公司计划将此额度转让给贝尔公司，这样一来贝尔将成为高盛的交易对手。海曼通知高盛，高盛回复说"高盛不同意此项交易"。交易对手拒绝债券更新前所未有，而且 500 万美元根本就是小数目。第二天早晨，高盛只是淡淡地说："我们不想面对贝尔公司。"[13]

当高盛拒绝与贝尔交易的新闻传出来时，一切都结束了。[14] 人们对贝尔的信心消失殆尽。3 月 13 日，星期四，贝尔公司上报美国证券交易委员会，第二天其许多业务将不会开放营业。公司崩溃了，最终会轮到金融系统。随着贝尔斯登公司的消亡，回购贷款人、对冲基金客户和衍生交易对手的相关挤兑——更大市场所需的所有剩余的流动资金枯竭了。回购市场的两家清算银行，摩根大通和纽约梅隆（BNY Mellon），都被日内的信贷事件套牢，开始要求超额提供抵押和要求更高质量的抵押品，并且根本不能确保似乎处于风险之中的交易对手可以顺利进入回购市场，不管其抵押品是什么。在这个世界上，如果你有需要短期资金的杠杆，有不能变现的资产，有崩溃市场的资产，你就是行尸走肉。

# 第五部分　理论的终结

第十四章

# 数字还是故事？作为叙事的模型

我是个沮丧的小说家，这兴趣会时不时地冒出来。20 世纪 80 年代，我第一次尝试写一部惊悚小说。它描绘了一个没有实物货币的世界，在这里所有业务都在被称为"交易网络"的系统中进行，主线情节围绕着一群人执意摧毁记录系统，把世界带入混乱（换句话说，比特币在全球范围要无赖）。交易网络的备份副本埋藏在犹他州山脉的金库中（摩门教徒在此保存家谱记录），但情节包括一旦这些记录浮出水面，就会被擦除。如果有人有兴趣，我可以拂去尘埃，把它写完，但现在情节不会那么有原创性了。原创性对惊悚小说很重要。

我最近的努力写作是在几年前，当时我在华盛顿特区做公共服务，每周要在那里的一个公寓里度过四天。正是在那个时候我认识到自己无法撰写一部惊悚小说，因为我太迂腐。每当需要惊悚小说类型的动作或情节转折时，我都会想想为什么这些东西不是完全合理的，每一个合理的步骤都离好的故事越来越远。因此，我转而撰写一本关于我们知识限界的更高级的小说。它讲述了一个脚踏两只船的男人。第一个女人表面上植根于现实，但其实不是。第二个是超凡脱俗的女人，她不得不把幻想和现实的混合体转换成有形可信的结合。

介绍到这里，你可能会猜到，我使用了昆德拉模式。我有人物，有主题，这在昆德拉看来比情节更重要，但我写不出情节。如果你正在写一本小说，没有情节可真麻烦。

　　所以我聘请了一个真正的小说家来帮我弄清楚如何开展情节。她告诉我，有两种方法来开展一个情节。一种是列出从开始到结束的整个情节的大纲，然后填补空白——用字符、对话，诸如此类的内容。另一种是车头灯方法，你基本上知道你要去哪里，但你在遇到转弯道路时可以随时转向。惊悚小说倾向于第二种方法。从小说的角度来看，它们依靠"我没看见那来临"等根本不确定性的情节，虽然从结构上，它们是如此可预测。

　　同样，有两种方法来建造模型。一是以机械的方式映射世界，并有一个模型（你希望）将预测故事从开始到结束的过程。二是建立一个灵活、无拘束的模型，随着路上每一个意想不到的拐弯调整。危机就像恐怖小说，你一样无法预见，只有事情到了眼前，你才会意识到。车头灯方法就是我们要采取的方式。[1]

　　我已经呼吁过，我们需要改变构建模型的方式。但是，在研究金融风险时，我们还需要偏离使用任何模型的方式。无论经济模型的输出值如何，这些模型不是特别有用，因为它们不涉及危机实际上是如何发展的，也不涉及在危机过程中做出决定的方式。这又佐证了为什么从小说谈起会是个好做法。我置身于像 1987 年的崩盘一样的危机中，与各种各样的人物坐在桌旁创作故事线。随着危机的演变，我们正试图让我们的叙事与事件吻合，构思出一个良好连贯的情节线。有效模型是创作定性的叙述的工具，而不是吐出大串数字的机器。在其叙事模式上，代理人基模型符合危机时期决策及谨慎行动的投资方法。

　　其重点是不能粗制滥造、全凭数字行事。它需要建立一个模型，以观察如何了解现实世界的问题，并看看该模型是否与当前发生的事情的更宏大更直观的叙事相吻合。决策者提出一个叙事，然后测试其可信度——情节线是否合理？从某种意义上来说，我们每次运行模型时，都会产生一个危机会以何种方式展开的合理故事。而在危机中，当工程心态不再起作用，此时重要的是这个故事是否有意义。关于代理人基建模的观点不是抛出一个数字，而是指导和支持这个集体叙事。[2]

这是拥有一个模型来处理四骑士中的最后一个以及缺乏经验的星球的秘诀，也是拥有一个模型来克服对某个你一开始就断言无法建模的难题的秘诀。在弥漫着不确定性的世界中，叙述将随事实而变化。每一章都建立在前一章的基础上。代理人、环境、启发式都可能改变。每个故事都各不相同。

## 如果你想为其建模，你就错了

模型在这些情况下毫无意义，我并不想提出一个具体的模型来处理危机。我提出的是一个过程、一个范式，在任意时间点，将呈现为该时期的模型。但随着危机展开和根本不确定性的出现，模型将随着新兴的现实转变。该模式不提供解决方案或答案。我们在一个经验匮乏的世界里运作，指导我们的是措辞模棱两可的模型。这就是我反对经济学公理的原因。正如凯恩斯写道："我们只提醒自己，人的决定影响未来，无论是个人或政治或经济决策，不能依靠严格的数学预期，因为这种计算的基础并不存在。是我们与生俱来的冲动让事情运转，我们的理性促使我们尽可能做出最好的选择，尽可能地计算，但经常因为某个异想天开的动机、某种情绪或某种偶然而倒退。"[3]

让我们再谈谈战争，其特点就是根本不确定性，然后再谈谈军事战略家约翰·伯伊德。他在空军战争学院的演讲中发出了一个警告："空军已经拥有了一个学说，陆军有，海军也有，每个人都有一个学说。"但谈到他自己的工作时，他说，"学说一次都没有出现过。你找不到。你知道为什么我不提出学说吗？因为第一天它还是学说，可随后的每一天它就成了教条"。如果你必须写出一个学说，"那就假定这个学说不正确，并看看其他一大堆的学说"，这样你就不会成为任何一个学说的弟子，相反，"你可以博采众长"。

他传达的信息是："如果你有一个学说，你就是恐龙，不适应变化的环境而过时了。"同样，如果你有一个模型，你就是恐龙，不适应变化的环境而过时了。

这就是伯伊德的思维模式。军事理论家安托万·博斯凯（Antoine Bousquet）将其总结为一种信念，即"这个日新月异的世界，是不确定、不断变化、不可预知的，因此，需要不断修正、适应、摧毁和重建我们的理论和系统来应对"。《战争思维》（*The Mind of War*）的作者格兰特·哈蒙德（Grant Hammond）是这样说的："伯伊德思想的核心就是一切都是模棱两可的……对此不应害怕，因为这是必然……我们从来没有完整和完美的信息。我们永远无法确知我们行动的后果……成功的最佳途径……就是尽情享受这种模棱两可。"[4]

经济模型旨在消除模棱两可。当然，若是一个人提出一个模型，里面充斥着模棱两可，又不能给出明确的答案，那他的研究论文发表之路会很艰难。但是，我们应该将模型无法解释的东西纳入模型，将那些以模型结构中不能预先确定的方式变化的东西纳入模型。更广泛、更深刻地说，模型本身不应固定，而应随着环境的变化而变化，以人们无法预料的方式变化（如果真是这样，那就是在重新定义模型）。这触及伯伊德"？和？游戏"以及与此相关的反身性概念的本质。你永远不能写下来（或编成程序）说："就是它，这就是那个模型。"我们不能得到一个固定的独立自主的社会系统模型。

聪明的人可能会说，如果我们使用的模型有变化，那么我们可以为我们的所有模型开发一个模型，而这个模型实际上就是我们的模型。我们如何回答这个问题，我们如何跳出自身局限，以便能够了解我们将拥有的模型，并保持其不同于决定我们将来模型的其他模型？是根本不确定性在阻止我们创建一个我们所有未来模型的模型。除非事情已在眼前，否则我们无法知道，甚至不能预期。

然而，我似乎提出了一个模型来追踪所有这一切。所以如果每个人都使用此模型，层展现象和其他现象就会消失吗？难道我们不能回到理性预期的世界，尽管有一个更好的模型？如果我们不这样做，而同时又有一个模型可供每个应对这些问题的人使用，那么我们是不是觉得人们都是傻瓜？然后，我们可以重新工作，重申对理性、严谨性和一致性的要求，然后将讨论引到当前的模型。

在最微小的复杂性的任何非细微背景之下，也就是真实世界的所有经济形势下，真正的底层模型将不会以推理方法给予主体，初始条件和参数的知识将会被限制，数据将是有限和有噪音的，计算能力将是有限的，进行观察的主体也将是系统中的参与者。这意味着在几乎任何现实世界的情况下，主体内部模型都一定不可靠。这不可靠性也是主体试图理解的那个系统的一部分。因此，索罗斯的观点中，自指和递归循环是中心概念。拜因霍克阐述道，不可靠主体尝试在不可靠主体尝试在不可靠主体尝试……的环境中理解和操作预测这样一个体系的未来需要对主体自身以及其他主体的不可靠性有完美的把握—— 对不可靠性的完美的把握确实是一种自相矛盾的说法。[5]

然而，正是由于知识的局限性和不可靠性，这就意味着经济学中的理性预期假说（REH）假定了这些限制。[6]根据理性预期假说，我们都生活在一个没有互动或动态复杂性的简单世界，无论经济形势如何，我们完全按照理性行动。一些人可能认为理性预期假说包含反身性，因为它模拟了主体信念和世界之间的双向反馈。但理性预期假说并未包含对复杂环境中知识的根本限制，也未包含这些限制所引发的不可避免的不可靠性和异质性，也不包含不可靠主体之间自反互动所产生的深层不确定性。[7]

这一点要求我们再次反思现实世界而不是抽象世界。 人们并不使用相同的模型，也并不一致接受基于主体建模的方法论。所以不会有很多人使用这个模型。但是如果人们使用这个模型，那么该模型可以用作他们的启发式的一部分。这将改变模型本身。这在一定程度上又回到这一点上了，那就是如果你知道这个模型，你就错了。你将进入这样的循环：我知道这一模型，但他知道我知道这一模型，所以他改变了他的模型，在这种情况下，我也必须改变我的模型。再加上我们所面临的另一个不确定性，也就是知道其他人和你处在无法共享相同模型的情境中。换种方式来思考这个，就很可能是这种情况：没有固定的解决方案。这种解决方案所需的假设极为有限，在现实生活中不太可能满足。 此外，还有一个 K 级问题。 在"我知道他知道我知道"的循环中，人们并不层层思考。[8]

这属于弗雷德曼（Roman Frydman）和戈德堡（Michael D.Goldberg）的不完善的知识经济学，它反对机械和预定模型，也反对新古典主义构建的市场参与者坚定不移地依靠一种预测策略的观点。相反，"追求利润的市场参与者不时以他们自己都无法完全预测的方式修改预测策略，更别提经济学家了，特别是考虑到机构、经济政策和构成基础理论运动的社会背景的其他特征也在以非常规的方式变化"。

但是，看看学术界做出了多大努力来分析潜在的未来危机，这种努力已经波及了监管者。他们做出了什么应对之策？现在，他们找到了 2008 年危机的出路，大体来说，通过尝试各种与杠杆有关的措施和分析来应对下一场危机。为什么？因为杠杆效应被确定为上一次危机的罪魁祸首。看看周围，你就会看到一个由各种学者开发出来的应对系统风险的模型和系统的新兴行业。他们都将银行杠杆与其他调料搅和在一起，回溯所有事情，提前几个月精准定位危机笼罩的银行。嗯，猜猜看效果如何？剔除那些特别的调料，仅在杠杆效应基础上建立模型——或简单地制作一个杠杆效应的图表——你也可以得到几乎相同的结果，因为在 2008 年这个特定的金融危机中特定银行的案例中，最终杠杆效应就是那个罪魁祸首。

也许对杰文斯和其他人来说很自然，他们已经找到了自然世界建立经济基础的方法工具包。就像我们的行为看起来像其他自然现象或物理机制的运作一样，它可以很好地进行。我们人类的互动与天体的运动有哪些不同？人与机器有哪些不同？我们的行动和反馈改变了世界，部分是通过改变我们看待世界的方式，以及改变提出的问题和解决问题的模型。

因此，我们需要永不闭合、永不完整的模型，它可以包容我们知识的限界。要求闭合或全知行事的方法没能把握人类的根本特性，更何况从全知的视角界定世界还受制于边缘误差。如果我们生活在一个日常世界，那么没能把握这一点可能没有关系。可是，如果我们是在考虑社会和文明的时间尺度，或者是在考虑被战争、瘟疫或饥荒毁灭的世界的混乱的规模，人的这些基本特性就成了首要问题。金融危机就是后者的温驯版本。无论什么原因，一旦我们离开轨道，面临着一个解耦的系统，正常时起作用的方法偏差就不止一点点了。

一旦我们处于应对人性、人类问题的知识限界，到达允许模型或世界观改变的规模，我们就失去了创建模型的能力以及重复一个实验的能力。也就是说，我们不能将过去危机中的行为视为未来危机的决定因素。这首先就意味着我们不能以标准计量经济学方法测试。

这就使我们面临测试和估计的问题。因此我提出代理人基模型的概念，尤其是它如何作为范式与危机相关联，而不是作为具体操作的论述。这允许我绕过如何估计模型参数以及如何进行实证测试等困难。如果没有模型，如果你想要建模的世界与过去不同，你怎么做？如果危机不重复，如果人们根据经验随时间改变，或者如果模型代理人影响世界并以意想不到的方式改变世界，模型结果是不可再现的。就像你不能重复一场战斗的策略，因为你已经使用过这个策略，敌人会以不可预见的方式做出不同的反应。

我们沿着单一的道路走过世界。当我们把历史作为危机的指南时，我们得到的就只是那一条路。那条路不可重复。即使有时光机让我们回去试试另一条路（更不用说，可以采取行动来改变世界而不致使所有物质和反物质相冲突，据我理解这是这种情况带来的普遍风险），我们也不能在任意一点踏上这条路，看到相同的故事从这一点在我们面前展开。让我们声明一下，这个世界不是遍历性的。这就意味着，首先我们不能以标准计量经济学方法测试危机相关的模型。如果我们想要了解一场危机，我们必须构建一个故事，必须愿意以"车灯之路"的方式来构建：随时准备好随着故事情节的发展改变叙事。叙事的改变意味着模型的改变，模型的改变不仅仅是修改各种参数值的问题，无论是通过贝叶斯更新模型的统计工具还是其他工具。它可能是启发式的变化，体系中代理人类型会发生变化。[9]

## 实用主义的模型开发者

我认为我们需要在这个过程中增加人性，是人性导致了今天的数学的、公理的新古典经济模型下被掩盖的根本不确定性。对人性的最好反应是文学，而不是逻辑。模型需要像小说，制造各种反常、曲折和意想不到的变化。关键角色及其对环境方法会改变，就像在文学中一样，随着故事展开，我们看到一个人从邪恶变得善良，另一个人从乐观变得痛苦。

罗伯特·穆齐尔的小说《没有个性的人》是20世纪伟大的现代主义小说之一，其中的主角很可能是一个来自标准经济模型公理化世界的难民：乌尔里希是一个数学家，遭遇了生存危机，质疑自己的职业，把自己从逻辑的形式抽出，进入"阴霾、想象、幻想和虚拟语气的网中"。对乌尔里希的思想框架，穆齐尔把它称作"尝试主义"，并称依赖其生活的人为"可能主义者"。[10]穆齐尔称"尝试主义"为没有办法的办法[11]，尝试一种又一种办法，走上一个岔路又转向另一个，不寻求数学证明的严谨和决断，而是明知自己知识有限还去了解世界，同时对何谓实何谓真漠不关心。可能主义者的行事原则是"如何让事情'变得简单'，根本不重视事情的本身简不简单"。学者罗斯·波斯纳克（Ross Posnock）认为，乌尔里希的思维方式形成了"人之为人的一种新的现代主义范式，前后延伸，与爱默生（Ralph Waldo Emerson）、尼采、威廉·詹姆斯（William James）、实用主义、柏格森（Henri Bergson）以及存在主义相呼应"。[12] 我要先谈谈实用主义。

根据有争议的新实用主义者理查德·罗蒂（Richard Rorty）的观点，对实用主义者来说，声称"我们现在对世界有正确的阐释"只不过是"自欺欺人地在赞美那种与我们的希望和恐惧相一致的阐释，而不是别人的阐释"。[13] 他写道，实用主义者认为，"将一个信念称为'真'"，只不过是说它适合指导我们的实践。没有"所谓的'理性'或'求真'的大型综合实践"。"没有什么东西本身为真。"而且，我想补充一点，在处理人性的时候，在将人性的这么小一部分视为经济学的时候，在面对一场危机的根本不确定性的时候，没有这种所谓理性和求真的实践，也没有什么东西本身为真。

我的观点完全是实用主义的，而非理论或公理性的。科学哲学家托马斯·库恩（1962）同样持这种观点，他使用术语"常规科学"来描述大多数科学所进行的工作。常规科学的目标是扩展和完善现有的范式。我们现在所拥有的科学范式并不比之前的范式更接近理想或者完美的范式，科学并非在走向一个优于一切的最终范式。根本就没有一种理想范式可以统领所有的科学。在这个意义上，科学也是实用主义的。

未来的世界有多种可能，有许多方法来评估未来世界，世界可以走上不同的道路。实用主义的想法是使用各种工具，而不是把所有的筹码都放在"最大化行为、市场均衡和稳定偏好的组合假设上，一成不变地不断使用"。伯伊德说，"如果你处在平衡条件下，你就完了"。[14] 其四阶段 OODA 循环的第二阶段——方向"不只是你所处的一种状态，而是一个过程。你总是在定向"。我反对平衡状态说，支持过程说，这个过程要求不断重新定向的反馈。这是敏捷的建模：模型在过程中被重新定向，模型随时间和环境而变化。其中没有机器，没有黑匣子，没有正式的原则，没有正确的答案，没有解决方案。有的只是一个过程，在这一过程中的任意时间点我们都可以有一个模型，来对我们的叙述进行启发和补充。冯·毛奇观察战争和艺术所得也适用于危机的复杂性：才智不能被信条所取代。

## 敏捷建模

有两种方法接住棒球——简单的方法和困难的方法。

困难的方法是在棒球离开球棒之后，立即测量棒球的速度和旋转率，了解棒球行进路线的媒介——空气阻力和风速——把这些因素纳入微分方程，微分方程本身是一个古老的数学分支，连接电脑，然后根据输出的坐标确定其在草地上的实际位置（而且别忘了大喊"我接到了"）。

简单方法就是球员实际上所采取的方式。如果在你做出反应的时候，球已经高高在空中了，那就把你的视线固定在球上，开始跑起来，调整你的跑步速度，这样你的视线角度就会保持不变。这叫作凝视启发式。[15] 一个依靠凝视启发式的棒球运动员可以忽略所有构成棒球轨迹的物理变量，可以忽略球是为何以及如何跑到那里去的，而只关注一个变量。在他到达接球点之前，他是不知道接球点在哪里的，但当他到达接球点，球就会在那个地方。这种凝视启发法也被动物用于捕捉猎物和拦截潜在的伴侣。蝙蝠、鸟类和蜻蜓会跟猎物之间保持一个恒定的视角，就像狗在抓飞盘时一样。[16]

我们用来接棒球的启发式方法与数学方法截然不同，而这种哲学上的区别不仅仅局限于我们如何接棒球，还关乎我们如何生活，如何进行社会互动，更广泛地来说，还关乎我们作为人是如何运作的。这两种方法的区别是自然科学的哲学基础与（正确的）社会科学的哲学基础之间的差异。更具体来说，这就是为什么代理人基模型是处理金融危机的正确方法，而经济模型则不是。

### 演绎法与归纳法

困难的接球方法是演绎法。演绎从一般命题或公理开始，运用逻辑和数学推导出原则。这可能是基于对世界如何运作的观点提出的公理，但结果并不依赖于此。[17]

简单的接球方式是归纳法。归纳法分析许多具体案例，并从中概括出结论。这些概括的最终结果可以是演绎论证的公式，但更普遍的是，归纳法就像是从经验中学习。演绎法是建立在数学和形式逻辑的基础上，而归纳法更多的是一个大杂烩，广泛的跨学科的方法，可能利用统计和数学，可能通过历史研究和文献来确定自己的位置，也可能使用与观察和过去的经历松散相关的启发式。

演绎法和归纳法之间的关键区别是，演绎法可以解决一个问题，在某种意义上，你可以基于数学证明或应用公式来得到结果。演绎法通向一般解决方案，通向解决问题的数学捷径。用归纳法你不走（也许是不能）这样的捷径，你只能通过从头到尾观察事件来知道结果。一个计算不可化约性问题只能通过归纳法来解决，但是其他在概念上可以用演绎法解决的问题，也可以用归纳法解决，就像棒球例子所说明的那样。演绎法可以在球棒击球的一瞬间解决所有的变量，从而缩短观看棒球的飞行过程（虽然这肯定会让我们丧失乐趣）。归纳法来自启发式，它通过事件的展开来判定球的落点。你得要打棒球。

生命是归纳式的。只有到达之后，我们才知道目的地在哪里。经济学使用演绎法，而代理人基模型是归纳法。使用归纳法，模型会持续修正，不仅修改对参数的估计，还有启发式和交互网络的本质——或者说至少这样的修改是自然的，而演绎法如果要修正，就会表明其中的公理或公理在数学发展中呈现出来的意义是错误的。

演绎分析法，虽然需要更多的信息，但在击球的那一刻就可以告诉你球会在哪个地方落下。演绎法给你一个预定的模型。运用归纳启发式算法，你只有抓到球才知道球的最终落点和落地时间，无论是在真实情境还是模拟情境中。你不可能知道你会在哪里接住球，直到跑过球场，直到你体验到球飞到你的手套里为止。另外，如果在运用演绎法的球手不知道的情况下发生了风向变化，他的计算就没用了，而运用归纳法的球手仍然有可能接到球。如果存在一些测量误差，归纳方法将更加稳健。

归纳法依赖于环境，它并不是每时每刻都奏效（或者说除非有演绎证据，否则不能证明奏效）。相反，在归纳法中，我们并没有试图在一开始就根据公理和逻辑推理来解决所有时间和所有人的问题。随着世界的发展，我们一路前行，过着我们的生活。归纳法是基于环境的，因此我们将环境变化考虑其中。环境是相对于特定的上下文而言的，因为我们允许上下文展开。

**经济学与演绎法**

当经济学家迷恋于演绎法时，他们继续以无所不知的角度开始假设：我们用难的方式接球。理查德·道金斯（Richard Dawkins）所著的《自私的基因》( *The Selfish Gene* )这样描述我们的棒球球员（我认为可以引申到蝙蝠、鸟和蜻蜓）："他的样子好像他已经解开了预测棒球轨迹的微分方程……在某种潜意识的层面上，某种功能上与数学计算相当的东西正在发生。"[19]"在某种潜意识层面上"我们正在做一些事情就"好像"我们正在解一个微分方程一样，这太神秘了。我们不这样做，甚至不做这样的尝试。

经济学选择了一个范式，寻求一开始就解决事情最后结束的方式，试图在球刚离开球棒后就找出其落点。通常情况下经济学是根据构成人们行为方式的一套规则来解决这个问题的。经济学这样做，是因为从杰文斯的时代起，经济学就开始使用杰文斯和他同时代人称为"机械科学"的方法。[20]因此，经济学不允许外场手进行中期修正，也不允许源自交互复杂性的环境变化，而这正是危机之所以成为危机的核心。

加里·贝克尔（Gary Becker）等经济学家把有效的科学理论视为真理的表征——独立于时间、地点、语境或观察者对世界的描述。为了做到这一点，他们采用演绎方法，该方法建立在为市场提供一个真理的公理上，这一真理适用于地球上任何时间和任何地方的人类。与此相反，自下至上来看人们是如何互动，来看那将把世界带去何方的方法则是归纳法。归纳法使用经验和观察，可能使用数学，但是，与历史分析一样，归纳法可能通过叙述来推进。这是经济学方法和我所支持的方法之间的一个关键区别：在提出一种理论架构时，理解危机就如同将故事线串联在一起的实践。博尔赫斯说："现实并非总是有可能的或者很可能的。但你在写一个故事时，必须尽可能地使它变得合理。"[21] 当我们面对危机时，我们用我们的经验和直觉来创造一个叙事，然后只要问一下，我们是否买这个故事的账？因此我提出一个新概念：代理人基叙事。

### 经济学家，演绎法与现实世界

我儿子在耶鲁大学学习数学和计算机科学。在耶鲁大学即使最自负的教员也会教本科生，所以我儿子有幸在一名伟大的数学家门下修读新生微积分课程。我儿子很快就沮丧地发现，在一项又一项的家庭作业和考试中，他的某些证明得了零分，而其他证明则得了满分。错题不会给一点儿分数。对这位教授而言，证明要么对要么错。他看不到，无论他自己的工作还是学生的作业，可能证明是错的，但只是错了一点点，或者说接近对。证明就是证明，如果不是证明，那就不是。

这是演绎法最终的基础。你不能只是有点儿对，你可以找到很多方法完全彻底地错。将演绎思维应用于经济学时，新古典经济学家通常会建立一套"好像"的模型，基于一套严密的公理假设，从这些假设出发，做出精确一致的推论。当然，此过程的美妙之处是，如果公理前提为真，结论也一定为真。但在人类的世界里，前提不为真——没有任何前提是可证明的为真。因此该方法是错误的。

因为演绎方法从公理中得出结论，其相关性依赖于公理的普遍有效性。根植于物理力学的自然世界的运作是永恒的和普遍的，可以满足应用这些演绎方法的要求。但对人类来说不是这样。例如，索罗斯认为，由于反身性导致不确定性，人们无法创造人类社会系统的公理理论。反身系统跟具体的时间和环境相关，不是永恒和普遍的。我们忽视了现实世界的本质及其理论和模型之间的差距，我们至少要证明这么做是合理的。凯恩斯（1938）写道，经济学"是一门用模型思维来思考的科学，同时也是一门选择跟当代世界相关的模型的艺术"。

如果人类世界充满了不一致性和不确定性，为什么我们要使用那些严格设计、包罗万象的自然领域模型呢？经济学家可能会说，我们必须简化假设，以建立严谨的数学模型。但是，我们必须要问，为什么这些模型必须以这种方式构建？这些模型是真的适用还是仅仅是一种卡通化的二维世界的智力活动？[22]

### 归纳法和危机

如果你是一只恐龙（当然，一只很有思想的恐龙），你可能希望建模的危机是白垩纪后期恐龙的大规模灭绝。不用说，这是一个史无前例的划时代事件，因为在你的恐龙世界中，没有太多的历史依据供你推断。

在20世纪80年代，一些事实被发现，可是距恐龙灭绝已经太过遥远，对他们没有什么用处了——如果真有什么东西本来有用的话，1968年诺贝尔物理学奖得主路易斯·阿尔瓦雷斯（Luis Alvarez）及其儿子地质学家沃尔特·阿尔瓦雷斯（Walter Alvarez）推测，大约6500万年前，一个巨大的流星撞上地球，造成巨大爆炸，同时引发了剧烈的天气变化，这与恐龙灭绝巧合。证明这一假设的关键在于，地球地壳中存在着罕见高含量稀有化学元素，比如铱，它们有大约6500万年的历史。这些化学元素往往在流星上发现，浓度比它们在地球表面附近高得多。这一观察结果有力地支持了阿尔瓦雷斯流星撞击地球的理论。

通过阿尔瓦雷斯的理论与恐龙灭绝的事实，我们是在观察一个具体案例，而不是试图建立一个简洁的通用模型。我们不是推论一个概括归纳，而是寻求解释数据的结构或过程的假设。我们并不是在研究个别案例，并试图以此为出发点得出一个通用理论。我们正在做的更像是在写一个故事，而不是在构建一个理论。我不相信有解读危机的通用理论，无论它是用公理还是通过归纳逻辑的形式过程建立起来的。确定恐龙灭绝危机原因的方法不能拿来建立一个对旅鸽同样适用的理论。就像金融危机一样，每一次的灭绝都可以在事后得到解释，许多可以根据事件的传播和级联来预测，但它们并没有遵循某个普遍理论，从公理开始也不会让你到达你想去的地方。

基本意思是，当事件具有高度复杂性时，你必须在前进的过程中才能解读它。

第十五章

结　语

我们是人类，会受到生活经历与社会互动这些基本人类特性的影响，我是从对这些问题的观察开始本书的论述的。将这种单一的复杂性放入代理人基模型里，情况就会变得错综复杂。我几乎无法得出什么其他的结论，唯一可以得出的是：我们是人类，而金融危机最终仍然是人类活动。危机不仅源于人类的复杂性，也对人类造成了伤害：拉斯韦加斯的一个年轻家庭失去了住所，得梅因的一位单身母亲丢了工作。改编自迈克尔·刘易斯（Michael Lewis）的小说《大空头》（*The Big Short*）的电影揭示了金融危机的来龙去脉，尽管该电影有点夸大了人类的作用。先后与银行、评级机构、抵押贷款经纪人、对冲基金的老板打交道，加上金融工程师策划的盘根错节的复杂性，在电影最后呈现的一幕，我们看到的是加油站前的一辆面包车。外表粗犷的司机如今无家可归，站在车子旁。他的两个孩子则爬进堆放在车子后座的衣物和家具里。他安抚地拥抱妻子，那凝望的眼神掠过她透露出对这扭曲的世界的挫败感和不安感。

就算你阅读几十本关于这场危机的书，你也会错过一个关键的问题，那就是人的作用，但这是处理危机的任何范式都必须关注的。代理人基经济学范式关注到了人。

其工作原理是：我们需要代理人基经济学来为金融市场提供天气预报。我们需要预测金融动荡这种热带风暴。风暴会演变成飓风吗？会走一条什么样的路线？情况会有多糟？预测不需要在一开始就极其精确。随着代理的信息越来越详细，经过时间的推移，我们的建模也会不断改进。这种建模方法不论能做什么，总比现在的情况要好，做点什么总比什么也不做要好。如今，我们可以看到未来十天的天气预报，但是，现代天气预报的方法刚起步的时候，预测第二天的天气需要 24 小时，勉强才跟得上被预报的天气变化！[1]

我们不仅仅可以预测。对天气我们无能为力，但我们能够改变金融风暴的进程。代理人基可以成为危机控制的基础。被迫抛售引发的连锁反应导致了金融危机，而被迫抛售本身又反过来削弱了市场流动性。就其核心而言，危机升级是因为对流动性的需求超过了流动性的供应。出售导致价格下跌，而价格下跌又助长更多的出售，加速了流动性和资金的枯竭。可以确定的是：存在能提供流动性的大量资本。不幸的是，由于出售的加速及其引起的不确定性，资本只能在场边袖手旁观。

控制任何危机的关键是把那些受惊的、冻结的资本投入进来。投资者只有理解了这些连锁反应背后的动力学机制，才会投入资本，这样他们才不会——如俗语所说——被掉下来的刀片伤到。代理人基建模就是给他们的指南。更好地理解危机的发展模式，多米诺骨牌的跌倒之处，以及情况会变得多么糟糕，市场才能获得更多的流动性。

谁能承担这笔资本的投入？也许是监管机构。但是在这里，哪里有监管机构？问题是他们有许多议程，又被自己的规则和法令所束缚，这使他们反应迟缓，并且在可使用的工具也有所限制。同时要记住的是，监管机构与学术界唱的是同一个调调。学术界向监管机构提供了标准模型，监管机构就全盘接受了。怎么会不接受？他们是一路货色。美联储有非常多的经济学博士，足够给十几所大学配备人员。我已经用一些章节探讨了主宰学术界的标准经济模型的局限，而金融监管机构使用的模型同样如此。经济学不同于政治学，它是"一党专政"的。

关键是如果你坐在纽约美联储的办公室里，在自由街 33 号的一块白板上进行工作，讨论的内容与充满各种人类参与的真实世界抽离开来，第一句话是"假设消费者 X 满足消费函数 f（ ）；投资者 Y 满足投资组合优化函数 g（ ）；某个拥有 N 家银行的金融体系……"，那么你就不能理解危机的动力学机制及其中的人的因素。这听起来不像你，对吗？这里没有什么用于监测和指导市场与危机走向的中央控制室，就跟没有什么能指挥一群鱼的游动，没有什么能在麦加朝圣活动期间维持朝圣者的秩序是一个道理。从人群中抽离出来，忽视各种人的作用，这是背离了问题的本质的。在旧的模式下投资，就像在摆弄需要拨到 11 却只能拨到 10 的表盘。表盘上没有 11，即使可以拨到更大，也只能到此结束。

## 记住，朋友，资产所有者都是人

如果引发问题的人也能解决问题，那么生活就轻松多了，这也恰如其分。然而在金融危机中，情况并非如此。杠杆投资者总会有杠杆，如果不通过被迫抛售而催化滋生连锁反应，那么他们就会被强制退出，以免肆虐的火灾碰到他们的火药箱。随着危机的发展，银行将永远夹着尾巴羞愧地囤积资本、限制贷款，然后退出市场。这些都是嵌入它们的商业模式和思维方式中的防御策略。资产管理者尽管拥有可观的资本，并且不受杠杆的影响，但一直受到投资管制的约束。

但还有另一类投资者可以成为我们金融海岸的救生员，能够将我们带到安全地带，他们是资产所有者。你可以浏览所有关于金融危机的书本，重读你的经济学教科书，结果是你找不到"资产所有者"这个词。想一想资产所有者正是大量资本的来源，那么这种结果有点儿奇怪，不是吗？一切正始于资产所有者。他们包括像你这样的散户投资者，但更大规模的资产所有者是诸如全球养老基金这样具有大量受控资本的机构。某些国家拥有一个集中的养老基金，称为主权财富基金，比如挪威的政府养老基金，资产有 8500 亿美元，或是阿布扎比投资局（Abu Dhabi Investment Authority），资产大约有8000 亿美元。这些基金体积庞大，持有其公民的储蓄金；从金融的意义上来说，他们就是我还有你。对冲基金、资金管理者、银行都依靠这些资产所有者而生存。资产所有者很少有杠杆，也没有对回报的短期需求——他们为选民的长期未来需求着想，这也是他们应该做的。

那么，我们来设想一下这种情景。找到最大的资产所有者，告知他们代理人基方法，从而为他们打开危机动力学的窗口，并让他们用能守住可用资本的战略参与其中。为什么要这样做？因为这样一来，当危机开始加剧时，价格下跌 10％或 20％，可能朝着 30％迈进时，他们就开始买入。无论是几个星期或几个月之后，等一切尘埃落定，他们将获得可观的回报，而且他们赚定了。必有回报的原因是他们提供了有价值的社会服务：其投资正好供应了市场急切需要的流动性。[2] 其资本投入会减弱连锁反应，降低系统性风险，并加速实现其回报——这就是行为的自反性。

在如今的世界，这是个大胆的策略。资产所有者是保守的，这也是可以理解的，因为他们有相当长期的视野，又需要投入那么多的资本，所以其投资决策往往是迟缓而慎重的。在危机时期进入金融战场，冒险接住掉落的刀片，不是他们的通常做法。对首席投资官来说，即使只是提出这样的建议，也很可能被视为不够谨慎。所以这是一个需要深思熟虑和抽丝剥茧的策略。必须制定战术，在危机爆发前核准并落实好计划。我如今的建议不同于往日之处在于，通过代理人基方法以及广泛可得的数据来坐实，我们现在已经有到位的体制来理解多类金融危机的起因和过程，也就是说，它们都是基于杠杆、资产集中、流动性不断增加的综合因素而产生的。

## 革 命

在工业革命的过程中，资本占据主导地位，人则成为生产函数的另一因素。亚当·斯密、大卫·李嘉图、约翰·穆勒的政治经济学让位给了引入数学方法的新古典经济学，新古典经济学在今日仍占主导地位。对我们而言，新古典经济学的效果如何？在更复杂而广泛的金融危机中，效果并不好。

这就是我们所处的局面：连接市场和机构的管道——以及市场和机构自身——正再次被毁掉并改道。从一定程度上来说，这是政府监管的结果，政府监管重新定义了银行的角色和权力，于是其他机构则急于填补空白，或者更糟的是，导致了关键职能的缺位。一定程度上也可以说，这是对经济和金融假设的重新思考，这些假设远从"二战"结束开始就引导着我们前进的方向——即对一体化进程、开放贸易和国界、全球化的质疑。当世界试图减少对石油的依赖时，石油国家的分裂引发了新兴的风险。在所有这一切中，我们看到的不仅是金融脆弱性与危机的行动路线，还有金融和地缘政治风险之间的联系日益加强的倍增效果。

这一次真的不同——每一次都不同。我们并不是在迈入一个温和且均衡的世界，在那个世界里，代理和机构未来的行为方式会与过去一样，甚至其金融体系中的代理也与过去一样。新古典经济学已经存在了 150 年。如果我们想要成功地理解和遏制复杂又动态的金融危机，就需要寻找其他方法。

如果我们修建了自动驾驶汽车公路，就不需要使用代理人基模型了（只要公路上不存在人类驾驶员或行人）。如果我们构建了分布式数据库网络，这些数据库能共享与更新信息，我们就不需要使用代理人基模型了。对一个机械的、预设好的世界，我们不需要代理人基模型。然而，当我们从机器人转向人类时，我们确实需要代理人基模型。因此，我们需要用代理人基模型来理解和处理危机。当我们有代理——人类——很大程度上进行自主决策，决策的内容取决于他们看待世界的特定方式，而且他们的所作所为会影响这个世界，那么我们就需要这个模型。当人们作为个体去采取行动，没有一个中央计划者来观察和控制一切，人们的举止不会像经济学里的机器人一样时，我们就需要该模型。因为人确实不可能像机器一样行动。当人们吸取经验，人的行为影响这个世界和其他人，我们只有一路跟随人的脚步才可以理解这种影响方式时，我们就需要该模型。当我们从一个机械化世界来到另一个充满了人类的复杂性和自反性的世界时，我们就需要该模型。

这个世界的人会根据经验和具体环境来开展工作，而且他们彼此交互影响，在现实中也是如此，这时我们就要从这些代理入手来分析问题。如果我们只是计算数字总和，那就是在逃避问题，而且会错过危机出现的时期。随着经济学从亚当·斯密到约翰·穆勒的政治经济学转向自然科学里的数学，这些考虑就被抛在脑后了。这种经济学只有在每个人都"像该死的机器人"一样时才行得通。

我已经概述了一个新的范式用于研究金融危机，并给予我们处理危机的能力。代理人基方法尊重人的本性。这个方法承认我们的交互与环境之间的相互作用。该方法不会假想出伟大的领导者，或假想出典型的消费者或投资者来让我们用数学模型进行准确无误的预估。也不会强行使用虚拟却方便的数学构想，而数学构想总是假设每个人都会按既定路线行动。它允许建立独特的叙事情景，存在于现实世界中的具体情况之下——在这里，系统可能会脱离轨道，侧翻滚落山下，而这种叙事情景也给了我们将其拉回正轨的尝试机会。代理人基模型正是指南。更好地理解危机的发展模式，多米诺骨牌的推倒之处，以及情况会变得多么糟糕，市场才能获得更多的流动性。简而言之，代理人基经济学随时准备面对现实世界，这个世界在危机时期会放大，会变得扭曲。这是一种扎根于实用主义和人类复杂性的新范式。

# 致　谢

启发我撰写这本书起到重要作用的有两个机构，尤其是它们主办的几场会议：圣塔菲研究所（The Santa Fe Institute）在 1993 年主办的第二届"作为复杂自适应系统的经济"（The Economy as a Complex Adaptive System Ⅱ）会议，该会议让我了解到代理人基模型。2014 年和 2015 年的新经济思维研究所年度会议则促使我思考了一些范围广泛的话题，比如反身性这个概念，再如文学作品在理解经济世界的人文因素时的价值，而且该会议还让我发现越来越多的人也在质疑现今的经济范式，这也给了我鼓励。我要感谢美国财政部和金融研究办公室（The Office of Financial Research）的支持，并感谢我在那里的同事，他们在研究期间与我合作，一起运用代理人基模型来认识我们的金融脆弱性和系统性风险。

我还要感谢在这个过程中仔细阅读许多草稿，并在编辑方面提供珍贵帮助的人：大卫·布克斯塔伯（David Bookstaber）、珍妮林恩·加西亚（Jennylyn Garcia）、贾妮斯·霍罗威茨（Janice Horowitz）、史蒂夫·罗斯（Steve Ross）；感谢我在普林斯顿大学出版社的编辑赛斯·迪奇克（Seth Ditchik）、彼得·多尔蒂（Peter Dougherty）、乔·杰克逊（Joe Jackson）；感谢发展编辑和原稿编辑马德琳·亚当斯（Madeleine Adams）、比尔·萨波里托（Bill Saporito）。

最后，感谢我的妻子珍妮丝（Janice）和女儿安娜（Anna），她们制作了写有"嘘"字的木制告示牌，让我在写作的时候贴在门上。

# 注　释

## 第一章：危机和太阳黑子

1. 见沃森（Watson，2014:75~76）；卢卡斯（Lucas，2009）指出，让经济学家对经济危机负责是不公平的。经济学家所看到的供求关系并不能为他们创造提前预报概率的优势。他写道，以经济均衡为导向的宏观经济学"不是保证危机不发生，而是预测危机中什么预料有可能出现的情况不出现"（卢卡斯，Lucas，2009:67）。托马斯·萨金特（Thomas Sargent）对此表示同意。他驳回了那些批评的观点，认为他们"评论愚蠢、懒于思考"；他说，他们的担心"反映出他们对现代宏观经济学的主要内容不是可悲的无知就是有意的漠视"[罗尔尼克（Rolnick, 2010:28）]。2009年初，英国银行家来到英国财政部委员会为自己在危机中的失职而道歉，但塑造了银行业的经济学家似乎没有同样的内疚。当然，政客和监管方面也没道歉，他们反倒为救了大家而连连鞠躬答谢。

2. 凯（Kay，2012:87）。

3. 欧文·费雪（Irving Fisher，1892:109）写道："在杰文斯之前，对数学方法的一切尝试都失败了……数学方法真的是1871年杰文斯开的头。"阿尔弗雷德·马歇尔（Alfred Marshall）的著作中也有杰文斯理论不可磨灭的印记，尽管马歇尔绝对没像费雪那样乐意承认杰文斯的贡献。尽管如此，约瑟夫·熊彼特（Joseph Schumpeter,

1954: 837）写道："无偏见的读者不可能没发现……马歇尔的理论结构限制了自身的技术优势和诸多细节变数，本质上和杰文斯、门格尔的理论一样，而且和瓦尔拉斯的理论如出一辙。"

4. 见施菲尔布什（Schivelbusch，2014）。

5. 霍布斯鲍姆（Hobsbawm，1999:87~93）。

6. 穆勒（Mill,2004:418）。

7. 哈奇森（Hutchison，1972）认为，穆勒理论的四大支柱是工资基金、劳动价值论、自然工资法则、马尔萨斯人口约束。

8. 随后的 150 年，资本成为前沿和中心。但考虑到科技公司在经济中的比重与日俱增，此观点越来越值得怀疑。有多少公司仅凭几台电脑和"车库里的四个家伙"就达到了数十亿美元的水平？

9. 威尔斯（Wells，1849: 169）。

10. 塔梅斯（Tames，1971），163 号文：坎农·帕金森（Canon Parkinson）《论曼彻斯特穷工之现状》（*On the Present Condition of the Labouring Poor in Manchester*）。另见霍布斯鲍姆（Hobsbawm, 1999 : 65，73）。

11. 见沙巴斯（Schabas，1990:34）的一则讨论。杰文斯（Bentham，2007:30）列出了影响快乐度和痛苦度测量的七个因素：

对一些人而言，快乐和痛苦的程度大小或多或少取决于七个因素。前六个因素：

强度。

持续时间。

确定程度或不确定程度。

邻近度或疏远度。

繁殖力。

纯度。

还有一个：

广度。亦即快乐感或痛苦感扩散给了多少人，或者说有多少人受其影响。

12. 杰文斯（Jevons ,1871:34 ~ 35 ）。

13. 杰文斯的传记以及下面段落引用的出处，见沙巴斯（Schabas，1990）和穆塞尔曼斯（Mosselmans，2013）。

14. 他在《科学原理》（ *The Principles of Science* ）中写道："有读者知道哪两个数字相乘得 8616460799 吗？我想除了我自己大概没有人知道。"这就是有名的"杰文斯数"。1903 年，终于有人将因数分解成功：8616460799=89681 × 96079。

15. 这也是对我们的一个要求："解放自己，远离工资基金理论、价值的生产成本论、自然工资率和其他谬误的李嘉图学派教条。"杰文斯（Jevons ,1871:67 ）。

16. 其中最著名的两个是奥地利的卡尔·门格尔（Carl Menger）和法国的里昂·瓦尔拉斯（Leon Walras）。杰文斯（Jevons）与门格尔（Menger）没有联系，但他在洛桑大学与瓦尔拉斯（Walras）有过接触。瓦尔拉斯（Walras）已经得出了一个类似的分析。他也提倡使用微积分。杰文斯（Jevons）把瓦尔拉斯（Walras）当作盟友，并承诺会帮他宣传《纯粹经济学要义》（ *Elements of Pure Economics* ）。他最后确实帮忙宣传了，但只是心不在焉。

17. 杰文斯、福克斯韦尔（Jevons & Foxwell, 1884: 4 ）。

18. 普维（Poovey）评述了杰文斯对危机的兴趣，还把他探求太阳黑子作为证据。见普维（Poovey，2008: 275~283）。

19. 他的太阳黑子推理过程具有一个逻辑上的结构，甚至放在今天看，这个结构都能和经济学的科学方法产生共鸣。他写道［杰文斯、福克斯韦尔（Jevons and Foxwell，1884: 194~195）］：

一个众所周知的力学原理：按周期性变化的起因，其结果本身就具有周期性，结果和起因经过各自相位的时间周期通常相同。毫无疑问，太阳光照射地球表面提供的能量，是地球生物维持生命的关键能量来源。有一点最近得到了证明，全无合理疑点：太阳的状况存在一个周期性变化。这一点最早是从太阳黑子区域的交替性增减现象中发现的。而且，现在已经几乎没有疑问的是，降雨和其他一切局部性大气现象都或多或少地受太阳状态的变化影响……任何一年要有个好收成，都得靠天气……那么，如果天气要或多或少地取决于太阳周期，即可推知收成和粮食价格也将或多或少地取决于太阳周期，其波动的时间周期和太阳黑子方面相同。

20. 昆德拉（Kundera，2003: 164）。

21. 卢卡斯（Lucas, 2009）。

## 第三章：社会互动和计算不可化约性

1. 博尔赫斯（Borges，2004）《论精确性与科学》（*On Exactitude and Science*）。

2. 更具体地说，如果一个问题是计算不可化约的，只有逐步模拟过去，才能知道之后会发生什么。这是一个归纳的过程（但不是那种可以再总结成演绎性结论的归纳过程）。要计算其中的（n），大致就相当于要把 f(i) 从 i=1 到 i=n 全部成功地计算一遍。

3. 沃尔夫勒姆（Wolfram，2002）。

4. 苏瓦科夫和德米特拉辛诺维奇（šuvakov& Dmitrašinović，2013）使用电脑模拟，小幅调整既存解决方案的初始状态，直到一种新的轨道出现。

5. 不同于一些其他的动态系统（如康威生命游戏，我会做简要讨论），计算不可化约性不是三体问题的一个理论性限制，亦即不排除分析性解决方案的可能。它看上去就是个我们搞不明白的东西。

6. 杰文斯（Jevons，1918: 760）。

7. 萨里（Saari，1996: 2268）。

8. 见斯卡夫（Scarf，1960）。这些观点由阿克曼（Ackerman，2002）给出。

9. 康威生命游戏是加德纳（Gardner，1970）推广开来的。

10. 网格是有限的，所以角格只有三个邻格，边格只有五个邻格。可是，分析过程忽略了角格和边格的情况。

11. 还有一些常见的结构，比如振动器是电池单元在周期内开开关关，静止生物是周期迭代也不发生变化，喷射器是射出滑翔机或其他飞船沿着网格运行，喷气火车是做类似滑翔机的运动同时留下一串黑格"烟"在后面。

12. 滑翔机和飞船是生命能力的关键组成部分，发挥计算引擎的作用，因为它们能把信息从一处带到另一处。

13. 例如，具有规律性条件的世界：二次可微函数、代表所有消费者或投资者的代表性主体单体。问题如果无法压缩，就有必要超越单期模型，画出一条大体预定的路线（如预定的跨期效用方程和概率分布），或是保持旅程为两步或三步。

## 第四章：个人和人潮：层展现象

1. 黑尔宾、穆可伊（Helbing &Mukerji，2012）对人群震动和人群骚乱做了分析。案例中没有事件触发人群恐慌，而是从人们跌跌撞撞走路这样的无害事件中引发了多米诺骨牌效应。黑尔宾、法卡斯、维切克（Helbing, Farkas & Vicsek , 2000）做出论证，简单的措施可以减少踩踏事件的骚乱。有些简单措施简单得违反直觉，比如在距离出口三英尺处立一根柱，就可以大幅减少火灾时的人员受伤。模拟中，一个房间内有 200 人要在 45 秒内逃出。无柱时，44 人逃出，5 人受伤；有柱时，72 人逃出，无人受伤。

2. 鱼和鱼之间挨得越来越近，这些鱼就可能被误认为是一个大整体。荷姆里伊克、希尔登布兰特（Hemelrijk& Hildenbrandt, 2012）为鱼和鸟的运动规律提供了更多细节。

3. 他于 1998 年赢得奥斯卡奖，因为他"为电脑三维模拟的发展做出了先驱性贡献，有助于电影生产"。

4. 史蒂芬·沃尔夫勒姆（Stephen Wolfram）是细胞自动机领域的关键研究者，他（2002）详尽地研究了一系列二维细胞自动机结构。其中一些结构是计算不可化约的，只根据三个邻格细胞来决定生死状态，就制造出了无尽变化的结果。

5. 凯恩斯（Keynes，1973:249）。

## 第五章：语境和遍历性

1. 维特根斯坦（Wittgenstein，1984,3e）。

2. 遍历性的数学展示可见格雷（Gray，2009）第七章、第八章。统计力学奠基人路德维希·玻尔兹曼（Ludwig Boltzmann）始创"ergodic"（遍历）一词。如果动态系统具有遍历性，你可随机选点沿路径走下去，之后该点便可以任意接近空间中的所有点。取该点在足够长时间内的路径平均值，即可代表该空间内的整个点群。点路径的平均值称点的时间平均值，空间中所有点的平均值称空间平均值。于是，如果一个动态系统具有遍历性，此系统的时间平均值将等于空间平均值。将其落到实处，就是如果我们有一个遍历的动态系统，那么足够长时间下的路径就能描述出整个系统的多项特性。而且，由于每个点都会经过系统中的每一个点，各个不同点的时间路径均会给出相同的数据特性。我们过去观察的时间路径尤为如此——可以认为，我们对一点路径的观察，就是我们已知的世界，而它将告诉我们未来路径的特性。如果一个过程不具有遍历性，那过去所观察的，大概就完全不能代表将来发生的事情了。已知的世界可能会漏掉将来可能出现的事情的重要特性，或是漏掉这些事情中的复杂性。

3. 有关加法过程与倍增过程中的遍历性问题，见彼得斯、阿达穆（Peters & Adamou，2015）。

4. 一般情况下，科学也是一样。"遍历的科学观"是耶鲁大学教授丹尼斯·霍利尔（Denis Hollier，1989:55，60~61）在研究乔治·巴塔耶（George Bataille）的作品时探讨的内容。只不过，他自己并不使用这个词。霍利尔在无法知道研究结果的情况下，将历史的经历方法做了对比。他用的方法，按巴塔耶的说法，叫作"未来的古老几何设想"。这一设想让我们"借有关未来的科学提前得到保障，不冒任何风险，把未来化约成现在的再现"。我们用建筑师监督项目的那种方式来构建未来，就好比穿上了那件能把时间停下来的"数学礼服"。巴塔耶主张，要用革命性的运动，把未来从科学的牢笼里解放出来。把未来交付给计划，就冲淡了现在。这便是巴塔耶论点的内容："计划是牢笼。"

5. 卢卡斯（Lucas, 1981:223~224）。

6. 见汉弗莱斯（Humphrys，2008）。

7. 汉弗莱斯（Humphrys，2008:242~243）。

8. 这就涉及图灵测试。为确定计算机的智力何时会达到能与人类抗衡的水平，图灵建议把电脑藏在一张幕后，把人藏在另一张幕后，让测试者问他们问题。如果一个人不能分辨回答是来自计算机还是来自人，那计算机在一定程度上就有了人类般的智力。

现在已经有了一年一度的图灵测试——罗布纳竞赛（the Loebner competition）。评委花几分钟时间用键盘同计算机和人进行对话，而后须判断谁是谁。要达到图灵构想的目标，这个测试算不上伟大。不过，原因在于这是一场竞赛，而非正常的人类环境。评委是在用各种类型的问题和音腔来剔除计算机，而不是进行正常的现实世界对话。计算机的策略则是简洁回答、慢速回答，保持对话空虚无意义，这样评委规定的时间里做出观察的机会就更小。更合理的图灵测试，应该是邀请计算机参加一轮晚餐谈话，而且不能让人类测试者发觉有计算机加入。（他们都得使用远程对话，原因很明显。）谈话结束后，告诉测试者其中有些伙伴可能是计算机，然后再让测试者按"人度"给各位客人分级。

MGonz 有通过图灵测试的雏形，但它定的目标远远低于罗布纳竞赛。它是一种不停地说俏皮话骂人的理疗性测试，目标是只管自己咆哮，不顾另一个人在说什么。如果一个程序能引诱我们开始说

MGonz 那样的侮辱性语言，它就能通过图灵测试。（我们可能确实会陷入那种水平，不过不是说更多侮辱性语言，而是说更简单的话：我们拥抱新的对话模式，让自己说话更空洞、更没有语境逻辑。）然而，区分人和机器的东西并不是内容的深度。就内容而言，电脑已经能打败我们了。前一次罗布纳竞赛里，有一个人类被认作机器人，因为她非常了解莎士比亚，评委觉得她超出了人类水平，但又没有超出计算机的水平。

针对 MGonz、罗布纳竞赛和图灵测试的更具概括性的讨论，见克里斯蒂安（Christian，2011）。

9. 例如，有关他们的各项作品，见特维斯基、卡内曼（Tversky & Kahneman，1974）。另见卡内曼（Kahneman, 2011）。

## 第六章：人类经验和根本不确定性

1. "根本不确定性"一词取自奈特（Knight，1921:233）区别风险和不确定性的那段著名文章："不确定性必须全然不同于'风险'的常见概念。它和风险从未被合理区分过……根本原因在于，'风险'在一些情况下是可测量的量，在另一些情况下则完全无法测量；这两种情况中的哪一种出现在了现实之中，都是具有深远而重大的区别的……看上去，我们应当把可测量的不确定性定义为'风险'。它和不可测量的不确定性大不一样，后者实际上根本不是不确定性。"

凯恩斯（Keynes，1937:212~223）就根本不确定性提出了自己的看法："所谓'不确定的'知识，我认为它并不是只区分确定性和可能性。这样看来，轮盘赌游戏不是不确定性，人民胜利折实公债募不募集也不是不确定性。或者说，生活的期待只是微微的不确定；哪怕是天气，也只是轻度的不确定。我使用这个词，是考虑到欧洲战争会不会爆发是不确定的，20 年后的铜价和利率是不确定的，新发明会不会被淘汰是不确定的，私人富豪在 1970 年的社会地位也是不确定的。这些问题，要计算任何概率，都没有科学基础。我们根本不知道。然而，我们是具有实践性的人，要采取行动和决策，这就驱使我们尽力忽略这个尴尬的事实，只要背后存在一系列利弊计算，能把每个事件乘上相应的概率再加起来，我们就会按计算结果行动。"卢卡斯（Lucas,1977:15）也思考了根本的不确定性的问题。他思考的是精神病行为人士的决策过程："只要有足够变态的相关概率观，就连精神病行为都可以被（而且确实被）认为是'理性的'。"不过，这一点"对理解精神病行为没有价值。而且，这一点也不适用于可察概率相关性无法判断的情况，即奈特所谓的'不确定性'"。在具有根本不确定性的领域里，"经济学理性一无是处"〔卢卡斯（Lucas, 1981:224）〕。

2. 根本不确定性有两种认识：你不知道概率，或者你不知道自然的状态（不知道会发生什么事情）。有关对根本不确定性的这两种认识，特别是"不知道所有可能状态"（可称"不可预见的或然性"）的含义，见爱浦斯坦和万（Epstein & Wan, 1994）和爱浦斯坦、马里那齐和西奥（Epstein, Marinacci & Seo, 2007）。有关已知状态概率分歧的某种早期处理方法，见埃尔斯伯格（Ellsberg）（不错，就是有名的"五角大楼文件"里的那个埃尔斯伯格）（1961）。这种处理方法在研究根本不确定性时很常见，但我认为它更缺乏说服力。

从质的角度看，这两个概念不一样，第二个概念更为极端。要理解其中的区别和质性差异，必须考虑以下两种情景：

我在打仗，我知道所有可能的状态，亦即我知道敌人可能会从甲、乙、丙三地突破防线，不过我不清楚他们选择各地的概率是多少。可我仍然可以在各地布置军队进行防守。至少，我知道可能会发生哪些事情，能够讲得出自己是在担心什么。

我在打仗，我不清楚敌人可能会怎么做，也不清楚他们有什么武器，我甚至连构想一下所有的可能情况都做不到，因为我生活在公元前100年，而敌人是从公元2010年穿越时空过来的。所以，就别提不知道概率的事情了，我连要怎样分布概率都不知道（想象一下，看到天降炸弹时我吃惊的样子）。

这些情景体现了"对一个状态毫无所知"与"给一个已知状态分布零值概率（或对概率有分歧）"的不同。如果我给"敌人从甲地来"分布零值概率，我就有了信息，可以制定一些对策。我能够把这个状态确定下来——想象一下，我知道我不必为甲地担心，松一口气的样子。或者就算我不知道各个状态的概率分布，至少情况也比为不知道会发生什么而莫名焦虑要好。这和发现从未想象过的事情（天降炸弹）是不一样的。对此，我不会说"瞧啊，有一个我分布了零值概率的状态"。

统计力学中，香农-欣钦第三公理（the third Shannon-Khinchin axiom）指出"增加一个零值概率状态不改变模型"。在数学上，这相当于把本无定义的表达式"$0 \times \ln(0)$"定义成零。定律性的方法是需要有一些的，否则我在描述一个系统的时候，就需要把一切不可能出现的事情都纳入其中了。

可以认为此处的系统无法描述，存在根本不确定性，定义"$0 \times \ln(0) = 0$"是无效的。面对由"不知道所有状态"而生的根本不确定性，数学家只能耸耸肩说道："我不知道这里要怎么做。"但是科学家会给数学上不存在的东西下一个定义，让自己的研究能够继续进行。

3. 罗素（Russell，1995:66）。

4. 这些回忆片段取材自罗素（Russell，2000）。

5. 拉克（Rucker，2005:157）为哥德尔（Godel）的不可能性定理给出了一个直观证明，并做了简单的解释：

哥德尔的证明同埃庇米尼得斯（Epimenides）的"说谎者悖论"在手法上非常相似：埃庇米尼得斯说"我正在说谎"。他在说谎吗？或者如"真相是什么"问题：现定义乙是"乙是假的"这句话。乙是真的吗？问题在于，当且仅当乙为假时，乙才是真的。于是，乙就在某种意义上不能算是"真"，也不能算是"假"。"乙"字句无意义得有点恶意，叫人只能尽力把它忘掉。

可是，哥德尔的"哥"字句就没那么好忘了。哥德尔的数学和逻辑天赋强大，他找到了一种方法：让任何一本大学本科数学教材在当且仅当"哥"为真的条件下写下一个有解的复杂多项式等式。这样，"哥"就根本不算是模糊的、非数学性的句子了。"哥"就是一个特定的、我们知道答案的数学问题，尽管教材不是如此！于是教材就没有体现最好的终极数学理论。而且，它也不能够有此体现。

6. 20 世纪 80 年代，沃尔夫勒姆研发了 Mathematica 软件。此软件是他编程能力的证明，引领着我们继续上路前行。

7. "打印问题"是图灵在论证不可判定性时提出的问题。更有名的"停机问题"由马丁·戴维斯（Martin Davis，1958:70）提出。

8. 劳埃德（Lloyd，2007:36）。

9. 见道森（Dawson，1997:68～74）。

10. 从经典物理学的观点来看，其原因在于，要准确衡量一个电子的位置，就要用波长非常短的光线将其照亮。波长越短，撞击电子的能量就越大，测量就越准确。但是撞击电子的能量越大，对其速度的影响也就越大。

11. 要想足够了解现在以进行预测，还有另一个限制条件，是由爱德华·洛伦兹（Edward Lorenz，1963）提出的，因为"蝴蝶效应"的说明而广为人知。洛伦兹表明，在许多非线性系统里，哪怕是最微小的衡量误差，在叠加多次之后，都会让预测值发生巨大偏移。

12. 索罗斯（Soros，1987）。另见索罗斯（Soros，2013）和该问题的相关文章，以及索罗斯（Soros，2010）的前两场演讲。

13. 我们还可以把这一点补充进罗伯特·金·莫顿（Robert K. Merton，1948）的自我实现预言，我将在第十章里讨论。

14. 波普尔（Popper，1957:18）。

15. 昆德拉（Kundera, 2003: 132～133）。

16. 此处讨论基于波斯诺克（Posnock，2008）。波斯诺克在对昆德拉的阐述中提出，尽管其中一篇文章是受 20 世纪捷克斯洛伐克共产主义思想影响，另一篇是受 19 世纪美国民主思想影响，拉尔夫·沃尔多·爱默生（Ralph Waldo Emerson，1993）的《圈子》和《经验》这两篇文章仍然都是昆德拉思想的映照。爱默生在《圈子》里写道，同托马斯（Tomas）和特蕾莎（Teresa）的情况一样，"生命的结果不是算出来的，而且也无法计算"，我们希望能放下控制；我们对"不知道怎么样或为什么就去做某件事情"有着"贪得无厌的欲望"。爱默生的《经验》开篇一句就呼应了昆德拉："我们要在何处寻找到自己？"他立刻接了答案：就好像我们在梦中半醒不醒。"幻觉没有尽头"，人生本身就是一场不间断的奇迹。

17. 博尔赫斯（Borges，1969），"巴别图书馆"。

18. 每一本书的长度都有限，但这并不妨碍这份知识能够无穷无尽——超过410页的语篇，可以写成一套多卷丛书。

19. 实际上，有些事情在这几册书里是找不到的，这就回到了希尔伯特（Hilbert）提出的程序上的问题。我们知道，要填满巴别图书馆的所有书是有一个机械的过程的。这个过程可能会旷日持久，但可用一套例行的、不用思考的程序（"计算机"程序）来完成。最终，我们知道，这个任务是可以完成的。我们真要去做的话，能不能在这些书中发现某一数学陈述证明这个任务是真的或是假的（用数学的话来说，"可判定的"）？哥德尔已经告诉我们，有些问题是无法在这些书的任何地方找到证明的。

20. 针对博尔赫斯巴别图书馆的讨论，是基于贝尔-维拉达（Bell-Villada，1981）。布洛赫（Bloch，2008）详尽描述了巴别图书馆的数学特点。

21. 我在第十章讨论复杂性和信息不可化约性时，将进一步探讨这个话题。

## 第七章：启发法：如何像人一样行动

1. 这里所举的例子取自布克斯塔伯、兰萨姆（Bookstaber&Langsam，1985）和吉仁泽、盖斯迈尔（Gigerenzer & Gaissmaier，2011）。另见布克斯塔伯（Bookstaber, 2007: 235~237）。

2. 这种行为也称"习得性无助"。见塞利格曼（Seligman，1972）。

3. 此例取自布克斯塔伯（Bookstaber，2007:230～231）。

4. 有关"好像"一论，见米尔顿·弗里德曼（Milton Friedman，1953，21）著名的台球问题。"服从自身限制条件"的说法启示了赫伯特·西蒙（Herbert Simon，1947）的满意决策途径。

5. 萨金特（Sargent，1993:2）。

6. 启发法经常绕开最优化的一句基本宣言，即"优化的方法里不应该存在持续性偏差"。大多数估计方法会按照无偏差思想来最小化某些测量或误差，亦即不存在"方差—偏差权衡"的概念。真要有偏差的话，就会产生问题，因为没有人应该偏左开枪而错失目标——你所要做的，就是调整视野上的偏差，还有靠近目标。但是启发法可以引入持久性偏差。那些沉浸在优化方法里的人会认为这种做法是错误的认知观念。然而，正如歌德·吉仁泽、亨利·布莱顿（Gerd Gigerenzer & Henry Brighton，2009）讨论的那样，当自己在一个非遍历的世界里（比如说，目标会移动，或者会出现更关键的新目标）遭遇生命危险时，只要能降低整体方差，忽略那些能改正当前世界偏差的信息也是有道理的。

7. 我们的资本主义制度和黑虫、鞭尾蜥一样，是无性生殖的。我们追随胜利者，把当前环境下没有效率的一切东西都去除。这一点我不再深入。不过，这是思考为什么有这么多危机时可取的另一条路。

8. 趁话题还没结束，再提一点技术性的：基因的表达机制叫作发育遗传学，其系统是分子过程，能判断特定的基因是何时开关。人类和其他物种有那么多共同的基因，原因在于，尽管基因可能是一样的，基因排列的顺序位置却可以变换。因此，基因相互作用的性质也就变得不同了。在发育的过程中，基因位置的小型变换会产出大不一样的开关形式。生物的多样性的主要原因在于基因变换的进化性更改，而不在于基因。这也是大变化可以快速（至少相对进化时间而言）发生的原因：基因不变，但位置变换。这些变化可以出现在某些长期被人认作"垃圾"的基因段位上。进化的主要驱动力在于此，而不在于全新基因的快速出现。我们或许可以把基因看作康威生命游戏里的网格，把基因位置变换看作网格的开关规则。

9. 最先探索这一可能性的人之一是威廉·詹姆斯（William James）。他写道："我们在实际发挥智力时，遗忘功能和记忆功能是一样重要的。"〔引用自斯科勒、赫特维希（Schooler & Hertwig, 2005:679）〕这种观点认为，遗忘是信息处理选择背后的精神机制，也就是"支撑着精神之船的那条造船龙骨"（同上，679~680）。

10. 昆德拉（Kundera, 1988）写道："忘却的意志是一种人类学的意志：人心里总是怀着一个欲望，想要重写自己的人生传记，想要改变过去。"

11. 博尔赫斯（Borges, 1969），《记忆能手富内斯》。

12. 我从富内斯、鲁利亚（Luria）、贝尔－维拉达（Bell–Villada 1981,）身上获益良多。本章剩余部分中鲁利亚的引用，见鲁利亚（Luria, 1968: 12，64，65）。


## 第八章：危机中的经济学

1. 贝克尔（Becker, 1976:5）。

2. 杰文斯（Jevons, 1871:60~62）第四章。

3. 沙巴斯（Schabas ,1990:92～94）讨论到，杰文斯用"加总"来指代参考中的一般人，就像重心一样［以下引用自杰文斯（Jevons ,1874）］："只要认为物体的重量全都加总于一个点，这个点就是可以找得到的。整体运动的状态,完全由这个重心体现出来。"

4. 在理论层面,有一些意见反对运用代表性代理人。萨里（Saari, 1995: 228～229）从一个数学家的角度来看这个问题并得出结论："社会科学常见困难的源头，在于社会科学基底的加总过程……社会科学复杂，是因为个人偏好没有限制。把足够大领域里的偏好加总在一起，就会生成各种可以想象得到的病态行为。"吉尔曼（Kirman，1989: 137）认为，"这个问题似乎是在经济学百年以来的传统的本质性特征上得到体现的：把人当作在互相独立行动"。亦即，把人和人之间的相互作用给忽略了。另见里兹维（Rizvi，1994）和马特尔（Martel，1996）。此外，吉尔曼（1992）表明，在均衡经济学的核心理论——索南夏因－曼特尔－德布鲁一般均衡定理（the Sonnenschein-Mantel-Debreu general equilibrium theorem）中，可以找到一种不稳定性。代表性个体的需求功能全都不会产生这一种不稳定性。有关一则代表性主体经济学模型的批评，见西尔（Syll, 2016：23-27）。

5. 凯恩斯给罗伊·福布斯·哈罗德（R. F. Harrod）的信件，1938 年 7 月 4 日。

6. 华莱士（Wallace，1980:24）。

7. 克洛尔（Clower，1989:23）。

8. 夏克尔（Shackle，1972:102）。

9. 在许多领域里，精英人士都不能完全懂得自己做的事情是怎么做的、做得如何。自我忽略（Self-ignorance）对路上开车、识别人脸等许多人类能力都通用。在国际象棋、围棋等游戏中，高手似乎并不能完全明白自己是怎么决策的。这一点是由哲学家兼科学家迈克尔·波兰尼（Michael Polanyi，1974）总结的："我们知道的比我们判断的要更多。"

10. 例见辛格、博尔茨（Singer & Bolz，2013）。

11. 最典型的，是动态随机一般均衡（dynamic stochastic general equilibrium，DSGE）模型。

12. 西尔（Syll）（2016），1。另见法玛尔、吉纳考普洛斯（Farmer & Geanakoplos，2009）。

13. 索洛（Solow, 2010:13）。

14. 博尔赫斯（1969），《特隆、乌克巴尔、奥比斯·特蒂乌斯》。

15. 这就把我们带回到伊雷内奥·富内斯（Ireneo Funes）。伊雷内奥不能理性思考，是因为他和现实联系得太紧密，无法脱离出大量涌入的事实进行抽象思维或归纳思考情境中的具体事物，而特隆人不能理性思考，则是因为他们不生活在真实世界之中。

16. 见贝尔-维拉达（Bell-Villada ,1981: 135～141）。


## 第九章：代理人基模型

1. 有关交通的一个代理人基模型调查，见郑等（Zheng et al., 2013）。此调查参考了若干个著名的代理人基交通模型平台，包括"交通分析与模拟系统"和"多代理人交通模拟工具包"。最近几年出现了许多新的代理人基交通程式，涉及模型和模拟、交通管制、交通管理体系、动态路线制定、交通拥堵管理和车队管理。这些程式从汽车交通扩展到铁路交通和航空交通。代理人基交通程式包括美国的 CTMRG、法国的 CLAIRE、西班牙的 TRYS 和 TRYSA2，还有德国的 CARTESIUS。

2. 在史蒂芬·沃尔夫勒姆自创的专门词汇当中，这条交通规则叫作"184 号规则"。汪秉宏、邝乐琪、许伯铭（Wang, Kwong, Hui，1998）将这条规则运用到交通流量的研究当中。有关细胞自动机交通模型和相关的统计力学的深入调查，见米埃里伍特、德穆尔（Maerivoet& De Moor, 2005）和乔杜里、桑滕、沙德施耐德（Chowdhury, Santen &Schadschneider，2000）。

3. 见克鲁格曼（Krugman，2009）。

4. 埃文斯、杭卡坡佳（Evans & Honkapohja，2005，566）。

5. 卢卡斯（Lucas ,1981: 8）。

## 第十章：复杂性谱中的代理人

1. 复杂性谱中一些复杂系统的例子由佩奇（Page，2011）、拜因霍克（Beinhocker, 2013）、法玛尔（Farmer, 2002）和阿瑟（Arthur, 1999）提供。复杂的系统可以包括反馈、非线性相互作用和紧耦合，这在和过程相同的时间尺度上防止了结果发生调整。

2. 默顿（Merton, 1948）在说明这一点时运用了虚拟银行的例子。米林维尔银行（Milling Ville Bank）面临着一场挤兑，一场因为银行生存能力被误估而进入了提款增加周期的挤兑。他的结论是："寓言告诉我们，公众对情境的定义（预言、预测）变成了情境的一个重要组成部分，进而影响后续事态的发展。这是人类特有的事情，在人所不能触及的自然界里不存在。哈雷彗星回归的预言不会影响其轨道，但传闻米林维尔银行要破产，则是真的会影响实际的结果。说银行要倒下的预言，导致银行真的倒下了。"

3. 拜因霍克（Beinhocker 2013: 331~332）。

4. 启发法里的变化，可能会超出模型参数或规则权重本身的变化。

5. 波斯诺克（Posnock，2008: 71）；陀思妥耶夫斯基（Dostoevsky，2015）。

6. 孙子（2009:129~130）。这是用来说明孙子的作战原则："故善动敌者，形之，敌必从之。"

7. 有关约翰·伯伊德的功绩和军事理论的评述，见柯兰（Coram，2002）、福特（Ford，2010）和哈蒙德（Hammond，2001）。

8. 福特（Ford，2010，50）。

9. 引用于史密斯（Smith，2008，95）。

10. 见史蒂夫·文施（Steve Wunsch）写给美国证券交易委员会的黑池意见信，文件编号 s7-27-09，2010 年 1 月 14 日。

11. 见安德森、埃罗、派恩斯（Anderson, Arrow & Pines，1988）、阿瑟（Arthur，1999）、拜因霍克（Beinhocker，2006）；法玛尔（Farmer，2002）和穆勒、佩奇（Miller & Page，2007）。

12. 在第三章首次引入康威生命游戏来说明那个特点时，我们已经论知这个游戏是计算不可化约的。康威生命游戏可以像图灵机一样运转。格子（代理人）个体只意识到临近的情况，据此执行简单操作，只闪烁生和死，它们促成了涌现现象。生命极度依赖初始状态，常常会据此产生周期性行为，所以生命不会具有遍历性。

13. 我们又如何评价一个回答正确、预测了危机的人？如果巴别图书馆里的书卷能在世界如其所写的那样展开之时助一臂之力，我们会发现事事有圣人。有些书卷永远都是对的，其他书卷也能足够接近事实。

## 第十一章：金融体系的结构：代理人和环境

1. 被人们"卷"出来的、富含各种细节的模型，肯定是存在的。到目前为止，对这些和业内绝大多数作品而言的最好的资源，是艾奥瓦州立大学利·茨福西翁（Leigh Tesfatsion）教授维护的代理人基计算经济学网站：http:// www2.econ.iastate.edu/tesfatsi/ace.htm。而且代理人基建模变得越来越主流，自然会出现一些一直在改进的模型。

2. 虽然可以假定，在火灾现场，如果人们被踩倒在了出口门前，出口是可以堵塞的。

3. 布克斯塔伯等（Bookstaber et al., 2015）把此处展示的金融系统纲要同一个化工厂进行类比。他采用了一个化工业的标准风险管理方法，其基础是金融系统内的有符定向图表。

4. 阿德里安、阿什克拉夫特（Adrian & Ashcraft，2012）在影子银行系统的背景下对这些变化中的一些进行了描述。伯杰和鲍曼（Berger & Bouwman，2009）考察了风险和流动性变化这两个相关的角色。

5. 连接越多，风险扩散就可以更广，多元化程度就可以更丰富，但震动传播的渠道也会更多。连通性更高的金融系统在大多数时候风险更低，但危机确实来袭之时，我们会体会到更严重的后果——尽管危机不经常来袭。见霍尔丹、梅（Haldane & May，2011）和阿西莫格鲁、厄兹达拉尔、塔哈巴兹－萨利赫（Acemoglu, Ozdaglar & Tahbaz-Salehi，2015）。还有一个多样化和多样性之间的权衡问题：

投资多元化为各公司降低了风险，但当所有公司都持有相类似的多元化价位时，这个系统整体上就更易受攻击。相互连接是会放大震动还是驱散震动，要取决于网络结构以外的诸多因素。银行方面杠杆程度如何？万一出现违约，银行间的责任会不会比银行和非金融部门之间的责任更为优先？违约真的出现时，名义上的责任又有多大程度能得到恢复？

6. 此处，买来的或从交易对手手中得来的、作为抵押品的债券重新当作抵押品使用，如此从回购交易市场套现；债券则是通过逆回购和债券借贷交易获得，如此补足短缺需求、为客户提供融资，或满足其他银行或交易者的内部需求（例如流动性投资）。

7. 抵押品通过许多渠道进入银行或交易者手中，然后又经过许多渠道发货出去：两方渠道、三方渠道，还有中央对手清算所（central counterparty clearinghouse，CCP）。一级经纪人是对冲基金方面的抵押品的通道，融资交易台是债券借贷和回购的通道，金融衍生品交易台是期货、远期、期权及相关活动的通道。银行和交易者的金融操作是关键抵押品发生变化的驱动因素。抵押品的重新利用和升级，是经过融资交易台完成的。支撑一切活动的，是银行和交易者的抵押品管理功能。此功能决定了抵押品的水平和质量，这些抵押品可为债券金融交易和金融衍生品责任所用。而且，抵押品方面的关键一点在于抵押品的流动管道。抵押品可以直接交付给提供资金的代理人，这是两方流动；也可以交付给第三方代理人，交易各方把抵押品储存起来，不过各方都能知道储存的情况；也可以交付给CCP，让抵押品转交到其他CCP手中。

8. 见巴切尔、纳夫（Bacher & Naf，2003）。

9. 博卡莱蒂等（Boccaletti et al，2014）。

10. 最近的金融网络调查包括格拉瑟曼、扬（Glasserman & Young，2015）和萨姆（Summer，2013）。迄今为止的研究少有对金融系统"探究"的细节分析，很少表明资金的来源和用途、现金和抵押物为保障资金安全所做的反向流动的情况、融资的持久性情况，还有无抵押融资的流动情况。网络分析本质上是把节点（各银行和金融服务公司）当作黑箱处理。

11. 第一步把多层网络分析好的时候，只能对潜在的结构做出更忠实的描述，收益多少暂时还不清楚。现在我们知道了很多。一方面，多层网络往往比一组隔离开来的层网络更脆弱。马丹哲等（Majdandzic et al., 2014）和周等（Zhou et al., 2014）表明，这些脆弱性之间的相互作用可以更加复杂。多层网络内的伤害往往有三个扩散阶段：首先快速猛震系统，其次像湖冰碎裂一般慢慢扩散到整个系统，最后快速而彻底地破坏系统。开始阶段和结束阶段是放大阶段，所造成的任何伤害都会指数放大。比如，一个节点失败，就一传十，十传百。中间阶段是伤害饱和阶段，失败呈线性扩散。例如，对一个节点造成的伤害会导致另一个节点受到伤害。另见巴尔吉利等（Bargigli et al.,2015）。

12. 见德·阿戈斯蒂诺、斯卡拉（D'Agostino and Scala，2014）和布尔德列夫等（Buldyrev et al.，2010）。

13. 图11.1明显缺少的一个代理人，就是央行（例如美联储），尽管从政策分析的角度来看，它能让模型更加健全。就算不把央行当作代理人，央行仍然可以在模型中起到作用，因为我们可以把央行的政策杠杆从外部施加给模型。至于央行有明显的规则，只要把央行明确加入模型，这些外生政策的影响就替换了。

图 11.1 还缺少了外汇因素。我把这些视作环境的一部分而不是代理人，因为它们是交易的场所。

14. 担保债务交易中的抵押品意在限制贷方对借方信用风险的暴露。贷方收到的抵押品金额包括基于抵押品质量的"垫头"（haircut，指估值折扣），如果借方违约，贷方就能得到保护。如果一个市场或一种特定商品遭遇压力，担保债务的贷方可能就会认为自己持有的抵押品因跌价而不足值。这就可能导致贷方要求收取更多抵押品，或者干脆停止放贷。垫头可据借方信用发生变化，于是贷方在借方遭遇信用问题时就更有可能会感觉自己未被担保。抵押品的质量是担保交易的一个重要组成部分。信用和流动性压力常常会引起抵押品质量上升，因为投资者寻求持有高质量抵押品。反过来，就意味着那些收了低质量的、近期跌价的抵押品的投资者再收这种抵押品进行借贷，可能就不会再感到舒服了。不过，借方的垫头和信誉也能起到一定的作用。

15. 在债券借贷交易中，贷方以自身的债券为交换条件，从银行或交易者身上收取现金或债券。借款机构还必须向投资者提供抵押品作为保证金（其他情况下则是指垫头）。如果借款机构违约，投资者能得到保护，免受价格波动之害。例如，一家机构可以向被担保的融资投资方提供价值 110 美元的债券，来交换 100 美元的现金，其中就有 10% 的保证金（或垫头）。这笔交易可以为贷方提供融资贷款，但它主要是用来满足银行或交易者对债券的需求。银行和交易者通过债券借贷机构借入债券，保证自己和客户的短期仓位。

16. 尽管实际上许多显然没有杠杆的资产管理者通过担保借贷

机构和让自己暴露于金融衍生品来获得杠杆。甚至没有杠杆，这些机构也可以进入强制平仓模式，有的是通过赎回来实现的，有的是通过打破风险和资产分配的约束来实现的。

17. 为了不把话题扯得太远，我没有加入其他中间代理人方面的融资和抵押品的细节，如纽约银行梅隆公司、摩根大通银行、欧洲结算系统等第三方代理人（尽管我在讨论 2008 年危机时，会提到纽约银行梅隆公司和摩根大通银行）；附买回交易市场方面，有固定收益工具清算公司、伦敦证券交易所与伦敦结算所、欧洲期交所债券回购平台等中央交易对手；外汇清算方面，则有芝加哥商品交易所集团、洲际交易所集团和欧洲期货交易所清算行。

18. 我们要求的不是交易策略，而是面对危机时的应急方案。代理人基模型在金融领域里的早期应用，是把交易公司看作代理人，着重研究其市场动态。这些模型虽然是有趣的运用，但无法投入实践，因为市场条件下的实际交易方法既具有专有性，又在不断变化。

19. 在这种情况下，代理人的主观现实将会和客观现实一样，其反身性就少了一个关键条件。然而，此代理人的行为仍会改变环境，还可能会影响其他人的主观现实。

20. 西尔（Syll, 2016:73）。

21. 这些动态的模型在很多案例中得到了讨论，如减价出售、资金挤兑、流动性螺旋、杠杆周期、恐慌［施莱弗、维什尼（Shleifer & Vishny，2011）和布鲁纳梅耶、佩德森（Brunnermeier & Pedersen，2009）］；如杠杆周期［阿德里安、辛（Adrian & Shin，2013）和福斯泰尔、吉纳考普洛斯（Fostel & Geanakoplos，2008）］；如恐慌［戈顿（Gorton，2010）］。

22.虽然我着重研究的是杠杆原因下的强制平仓，强制平仓还有其他的途径。比如风险达到极限而强制平仓（市场震荡时，波动增加，达到极限的可能性更大），以及先定售出策略，如投资组合保险，我会在下一章里深入探讨。

23.我此处用的模型，是基于布克斯塔伯、帕德里克、蒂夫南（Bookstaber, Paddrik & Tivnan ,2014）开发的一款模型。

## 第十二章：流动性和崩盘

1.布克斯塔伯（Bookstaber , 2007）第二章更详尽地讨论了投资组合保险事件。

2.与一般的观念相反的是，在这种情况下，出现价格下跌不是因为成交量大，而是因为没有成交量。

3.例如，基里连科等（Kirilenko et al.）（即将出版）和美国商品期货交易委员会、美国证券交易监督委员会（2010）。

4.十进制法是一种确定股票价格的公制，令股票价格精确到美分，不准使用先前的分数制（如55⅛之类）。

5.通常情况下，面对市场下滑时，保证金增补通知和强制平仓是为了满足即时性方面的需求。但是许多研究表明，资产价格下降时，流动性降低的途径还有很多。莫里斯和辛（Morris & Shin, 2004）表明，当交易者到达价格极限，流动性会出现缺口，产生的效应就是一个投资者的行动会反馈回去，影响其他投资者的决策。瓦亚诺斯（Vayanos , 2004）以共同基金提前兑换为研究路径，讨论了一个类似的动态情况：资产价格（因而还有基金业绩）跌到足够低的水平，投资者就会从共同基金兑现。因此当共同基金认为兑现行为接近发生的临界点时，就会采取措施增加基金流动性。凯尔和熊伟（Kyle & Xiong，2001）表明了价格下降是如何因为绝对风险回避度降低而引发流动资产变现的。

6. 布克斯塔伯（Bookstaber，2007）。1998 年美国长期资本管理公司倒闭后市场发生崩溃［洛温斯坦（Lowenstein，2000）］，还有 2008 年经济危机，都有类似的故事情节。资产价格大幅下降，杠杆投资者（和借款人）的售出行为又使其雪上加霜，使资产负债表和传统做市商能力遭受巨大的压力。结果就是价格加速下降和更多去杠杆行为，最糟糕时，市场功能崩溃。这些崩溃可能是常见因素和资产本身原因所导致的，表现为流动性迅速枯竭、杠杆股票基金集团快速强制平仓致价格下降。这些集团采用的策略类似于 2007 年的因子策略［康达尼和罗闻全（Khandani & Lo，2011）］。

7. 因响应流动性需求增加而出现的非线性流动性下降现象在文献中相当普遍。例如，凯尔和奥比扎娃（Kyle & Obizhaeva，2011a，2011b）也为市场冲击的其他模型提供了总结，他们采用了一种立体关系法。从广义上讲，市场冲击在他们的模型和其他学术模型里表现为一段光滑函数，但在代理人基模型的例子里就未必如此，可能会出现突发性不连续下降，就和相位变换一样平常。

8. 目前为止，市场流动性的分析普遍集中于股票市场正常周期内的日常流动性分析。价格冲击和成交量的关系已经讨论过。这方面的多数工作和讨论来自凯尔（Kyle，1985）的开创性论文。文中建立了一个动态交易模型，接上一个拍卖模型，代表一个连续的市场。他采用了三个市场代理人：发出随机噪音的交易者、风险中性的知情人、天生面对竞争面风险的做市商。如此，他便能创造一个市场模型，在其中测试流动性和信息问题。

价格冲击的假设是要服从稳定比例规则，市场冲击的假设是要和交易规模开平方根〔鲍查德、法玛尔、利略（Bouchaud, Farmer & Lillo，2008）和哈斯布鲁克、塞皮（Hasbrouck & Seppi，2001）〕或开立方根〔凯尔、奥比扎娃（Kyle & Obizhaeva，2011a，2011b）〕后的结果成正比。稳定的比例关系还普遍构成这些文献在流动性措施方面研究的基础，既包括基本性措施（换手、买卖价差），又包括更为复杂的、致力于解释市场中的流动性的关系和常见因素的措施。加布里森、马索、扎加利亚（Gabrielsen, Marzo & Zagaglia，2011）为这些流动性措施中的许多分了类：基于成交量的（如换手率）和价格变化相关的（如变化率），以及和交易成本相关的（如买卖价差）。

9. 布克斯塔伯、帕德里克、蒂夫南（Bookstaber, Paddrik & Tivnan, 2014）提出了一个减价出售代理人基模型，把市场冲击的动态投影到杠杆、融资和资本的路径上，对第一波冲击在整个系统内的扩散蔓延过程进行跟踪。减价出售模型用简单的线性关系表明了强制平仓所造成的市场冲击。蒂罗尔（Tirole，2011）对通往流动性的市场结构做了多方说明，既包括以市场为导向的（如减价出售、市场冻结）结构，又包括深入公司内部做持续经营的（也就是偿付、救助）结构。布鲁纳梅耶（Brunnermeier，2009）为2008年经济危机中的流动性提供了多方历史背景。他讨论了流动性下降的渠道，其中这些流动性源自银行资本下降，又因为所持资本价格下降而出现。其中的原因，在于人们不确定将来资本是否可用导致了融资做市意愿下降，或在于人们全然采取了挤兑银行的行为，如贝尔斯登案例和雷曼兄弟案例。经此处任意一条渠道产生的结果就是流动性螺旋。减价出售又往下影响价格和融资，进一步抑制流动性。

阿米胡德、门德尔松（Amihud & Mendelson，1988，1991）讨论了融资和资产流动性的相互作用，布鲁纳梅耶、佩德森（Brunnermeier & Pedersen，2009）为这两个概念提供了一个整合框架。

## 第十三章：用代理人基视角看2008年危机

1. 尽管我避免让自己处于接收端。2008 年，我在桥水联合基金。这是一家大型对冲基金公司，一路经营过来，从未发生过亏损。

2. 证券交易商雷曼兄弟的案例是最著名的失败案例，但美国历史上也有两个最重大的银行失败案例：华盛顿互惠银行案例和美联银行（美联还剩最后一口气时，投靠了美国富国银行）案例。券商方面，美林证券并入了美洲银行，贝尔斯登低价卖给了摩根大通银行。

3. 要是在今天，我会使用一个相对困乏的方法：在几周或几个月的一段时间里，慢慢往主要银行和投资公司的账本和记录里注入误差。等到错误变得明显了，要追回去排除错误就得大费周折，没人清楚到底是谁拥有什么东西，同时金融系统的运转也将戛然而止。有趣的是，把账本和记录转移到区块链技术上，就能破解这个问题。

4. 如果有多个经销商发来报价，公司可能就可以用均价或中位价成功完成谈判。但当很少有公司发来报价时，一个非常低的报价仍然会显著影响到平均值。

5. 对"我不是在杜撰"部分的备注：已经有很多本书写到这场危机，从董事会阴谋写到广泛的经济学研究。罗闻全（Andrew Lo，

2012）回顾了 21 本有关 2008 年经济危机的书。但是，你可能错过了其中最好的那一本。把那场危机描绘得最好的——不足为奇，作者阅读了上百万页的资料，其中大部分来自各家公司的保密文件，还采访了 700 多人（他们都接到了提醒，在采访中说谎是违反联邦法律的），其中包括各主要公司的领导，基本上把所有卷入危机的人都包括在内（包括我）——就是金融危机调查委员会（Financial Crisis Inquiry Commission，FCIC）的那本报告书。有格雷格·费尔德伯格（Gregory Feldberg）监督研究过程并做主要作者，这份报告书写得非常全面，而且出奇地好读。在追踪危机动态的过程中，我就是在依赖那本报告书，特别是书中第四部分："解密"（FCIC，2011:233–386）。

我还依赖另一本必读好书，你可能没有读到：《莱文–科伯恩报告书》（美国参议院常设调查委员会，2011）。这份报告书重点讨论的是各种罪恶勾当混合在一起，使危机中各关键机构不能胜任自己的职务——包括美联银行、高盛、德意志银行、美国储蓄管理局（现已关闭）和穆迪。这场讨论是要上演一部现实生活中的恐怖片：阴谋、欺骗、董事会里的蠢材。它和 FCIC 的报告书一样，也是从各主要公司成千上万的保密文件和对几百个宣誓的人的采访之中得来的，脚注涉及的背景资料有 5000 多页！

6. 美国国际集团（American International Group，AIG）方面，主要的讨论在于其金融衍生品业务，但 AIG 也感受到了来自其人寿保险子公司核心的债券借贷业务的压力。AIG 借出债券获得现金，这些现金大多又都投进了住房抵押贷款债券。经济止步不前，交易对手要求 AIG 做出支付，偿还他们所提供的现金抵押品和这些减了价的债券方面的损失。抵押贷款债券的期限，比那些生出这部分再投资现金的债券借贷的期限更长，于是 AIG 的债券借贷计划只能靠借款人不断延期。2007 年 8 月，AIG 的债券借贷计划开始在借款方面碰到问题。为解决这个问题，AIG 又借出更多债券获取现金，不再把收到的现金抵押品投入除现金等价物业务以外的任何业务，并以没有损失或小幅损失的价位把抵押品投资账户里能够出售的债券售出。这部分额外借贷把 AIG 的债券借贷计划从 2007 年 8 月的 700 亿美元加大到了 2007 年 10 月历史最高的 940 亿美元。AIG 继续开展新债券借贷交易，借新债还旧债，一位 AIG 高管把这个情况比作"一桩巨大的庞氏骗局"。时间久了，借款人怀疑其中有问题，就要求更多的抵押品，多到了 AIG 支付借款人的抵押品价值比收到的投资用现金的价值还要高。

7. FCIC（2011：269）。

8. FCIC（2011：244）。

9. FCIC（2011：269）。

10. 德国工业银行（IKB）投资了高盛的算盘 2007-AC1 合成型担保债权凭证（Abacus 2007-AC1），也成了高盛的必崩型金融产品的受害者。《莱文-科伯恩报告书》（美国参议院常设调查委员会，2011，474~624）把高盛构建这些债券的行径无情地细展于纸上。和 IKB 所持的"算盘 2007-AC1"一起重点讨论的合成型担保债权凭证，聚焦于"哈德森 2006-1"和"森林狼 1"。报告书还讨论了德意志银行的类似行径。

11. 其他公司也没有全身而退：美洲银行、摩根士丹利、摩根大通银行、贝尔斯登全都受损，损失在 30 亿~100 亿美元。

12. 要知道短期融资的风险，只要想一想你的抵押贷款期限定为只有一周时间会怎么样就知道了。你每周都要再申请，如果支票全都顺利开出，你就给家里筹到了下一周的资金。假如有一周，银行拒绝了借款——可能是因为你失去了工作，也可能是因为银行自己碰到了资金困难需要筹资——你就不能再筹到资金了，你用作抵押品的那栋房子，也就属于别人了。

13. 见 FCIC（2011：286~287）。高盛后来发慈悲了，可是此时已经构成伤害了。

14.20 世纪 90 年代，我在所罗门兄弟（Salomon）那边，当时我们碰到了一个和雷曼兄弟类似的问题，问题是出在围绕 LTCM 失败的那些事件之上。雷曼兄弟濒临破产，我们不得不考虑要不要走一条风险更低的路，拒绝与其交易。我们真要走的话，大概雷曼兄弟就信心受损、宣告完蛋了，所以我们咬紧牙关，继续和他们交易。我们在那个情况下的赌注，是比价值 500 万美元的金融衍生品的债券更新还要大上好几个数量级的交易请求。


## 第十四章：数字还是故事？作为叙事的模型

1. 因此，在这个领域，没有规范性的代理人基模型可以当成工作的基础来使用。

2. 对罗伯特·卢卡斯而言，这大概没那么陌生。虽然背景不一样，但卢卡斯（Lucas，2011）对叙事提出了自己的看法："经济学家给人一种实际、世俗的形象，这种形象是物理学家和诗人所不具有的。有些经济学家已经赢得了这一形象。其他经济学家，包括我和我芝加哥这边的许多同事还没有。虽然我不清楚你们觉得这是在坦白还是吹牛，但根本上我们都是讲故事的人，都是虚幻的经济系统的创造者……我们是讲故事的人，活在世上的大部分时间，都是在让别人相信自己。我们不觉得想象和思想是现实世界的替代品，也不觉得它们是在逃避现实。相反，这是我们唯一已知的严肃思考现实世界的方法。"

这就言归正传了，我们来看看模型是怎么测试的。经济学家使用计量经济学的方法，却用在了虚幻的、人造的世界里，都是一些非常有限的、不现实的世界，因为它们至少要被我提到的四个（有可能还要比这多得多）限制条件所困。所以说哪个更好一些，是创造一个可以用或不相关的历史来做测试的世界好，还是建立一个测试结果使用受限的模型好？

3. 凯恩斯（Keynes，1936: 161）。

4. 两段均引自福特（Ford，2010: 49~51）。另见布斯凯（Bousquet，2009）和哈蒙德（Hammond，2001）。

5. 拜因霍克（Beinhocker，2013:334）。

6. 见卢卡斯、普雷斯科特（Lukas，Prescott, 1971）和慕思（Muth ,1961）。

7. 我们还有罗曼·弗雷德曼、迈克尔·戈德堡（Roman Frydman & Michael Goldberg，2011）提出的应急市场假说作为替代方案。此方案对背景很敏感。

8. 见克劳福德、科斯塔-戈麦斯、纳戈雷（Crawford, Costa-Gomes & Nagore，2013），其中对这种游戏迭代次数的有限性做出了说明。

9. 双盲研究是不可能的，甚至连控制程度在标准之下的实验都是不可能的——哪怕是你真想做，光经验效应（一个人做厌了，另一个人风声鹤唳）就能让实验无法重复，更不用说反身性了。

10. 乌尔里奇（Ulrich）选择用随笔来叙述他的假说，而不选择更具科学性的概念，是因为［穆齐尔（Musil, 1996 : 270）］"大概说来，随笔是按顺序写段落，从各个方面看待事物，不把事物当作一个整体来理解——事物从整体上理解，就立刻失去了大部分的内容，融化成一个概念……就会是一副随意、瘫痪、缓和的样子，不符合逻辑的系统化，也不符合单轨意志"，也就是和数学思想的结构很相近。

11. 随笔体（essayism）的一段详细评述见哈里森（Harrison, 1992）。

12. 波斯诺克（Posnock,2008:68）专门引用了穆齐尔（Musil, 1996:269）的这一段：

他天生就有要发展的意志，这就让他不相信任何完美的东西；但按他的这套方式运行的事物，看上去又似乎都是完美的。他有一种模糊的直觉，认为万物之理并不像装出来那样可靠：事物、自我、形式、原则，全都是不保险的，一切都在进行一番看不见的、不停息的变化，不可靠的东西比可靠的东西更贴近未来，而现在只不过是一个没有最终定论的假说。事实会诱惑科学家过早地相信，而科学家对待事实的态度则是冷漠离世。有这么好的例子摆在那里，他除了保持遗世独立以外，还能有什么更好的选择呢？这就是他不想成为任何东西的原因。一个角色，一种职业，一种明确的、有限的存在模式——于他而言，这些都是观念，那副骨架已经在透过这些东西窥探世界了，他最终剩下的东西就只有这副骨架。

13. 罗蒂（Rorty, 1996: 8）。

14. 福特（Ford, 2010: 69）。

15. 如果你注意力更集中，球才在轨道开头你就看清楚了，改变一下凝视捷思的第三个组成部分：调整你的跑步速度，让球的图像以一个常速上升。也就是说，如果你看到球击出去之后是加速上升，就向后跑，因为球会掉到你身后的地上；如果球是减速上升，就朝着球的方向跑过去。

16. 夏佛等（Shaffer et al., 2004）。

17. 把经济学自居为演绎科学的问题，西尔（Syll，2016）中有大量评述。例见 45-49，60-69。

18. 在数学上，归纳法是一种证明方法，因此是一个获得演绎结果的工具。现实中也可以使用归纳法，用过去论知未来。休谟（Hume）怀疑这种归纳法，我和他站在同一阵营：未来凭什么要和过去看上去相似？在危机中，显然不相似。此处，我不是在用其中任何一种方法来使用归纳法一词。

19. 道金斯（Dawkins, 2006:96）。

20. 事实上，经济学中的演绎法要追溯到杰文斯身上。杰文斯（Jevons，1871: 24）把经济学类比到物理学上，巩固了经典的公理化方法："作为出发点，一定要有几个有关自然和人类思想的最简单的原则或公理。这就像广阔的力学原理全都是建立在几个简单的运动原理之上一样。"沙巴斯（Schabas,1990: 84-89）对此进行了进一步讨论。

21. 博尔赫斯（Borges,1973: 45）。

22.这是一种让幻想变成现实的努力，在博尔赫斯的《环形废墟》中得到了映照：一个老人走进了一座古殿的废墟，殿里"装着一个最小的可见世界"。他的目标是要用梦创一子,"梦一整分钟,把他插入到现实之中",梦的时候要"在一千零一个神秘夜里一纠一缠、一质一点",然后才能"把他插入到现实之中"。儿子终于醒来了,老人害怕儿子会发现他只"不过是个幻象",于是,他"心里面又羞又慌,他明白了,自己也是一个幻象,有另外一个人在梦他"。此前,我描述了特隆星上的经济情况。在这个星球上,现实追赶着梦,同时又被梦所拥抱。在《环形废墟》里,梦成了现实——但只是做梦人的现实。见贝尔-维拉达的评论。(Bell-Villada, 1981: 92)

23.这种推论在哲学上用了很多个词来表示。查尔斯·桑德斯·皮尔斯(C. S. Peirce)把这些称作"溯因推理",和归纳的那些相反。也有人称它们为"解释性归纳""理论式归纳"或"理论式推断"。更近期时,许多哲学家用了"达到最佳说明的推论"一词[哈尔曼(Harman,1965);利普顿(Lipton,2004)]。

## 第十五章:结语

1.林奇(Lynch , 2008)提供了现代天气预报的发展史。除了我提到的那些开发生命游戏的人和那些提出自我复制机器的人以外,还有一个人,就是约翰·冯·诺伊曼(John von Neumann)。他不但在数学、物理学、计算机科学和经济学里做了基础性工作,还是这些领域中的核心人物。

2.在"影响投资"的金融社区里,有些成员具有社会性思想,此处这一点能够合乎他们的兴趣。"影响投资"里的投资是看中利润而做的,但也同时把社会性回报视作一个目标。

# 参考文献

Acemoglu, Daron, AsumanOzdaglar, and AlirezaTahbaz–Salehi. 2015. "Systemic Risk and Stability in Financial Networks." American Economic Review 105, no. 2: 564–608. doi: 10.3386/ w18727.

Ackerman, Frank. 2002. "Still Dead after All These Years: Interpreting the Failure of General Equilibrium Theory." Journal of Economic Methodology 9, no. 2: 119–139. doi: 10.1080 /13501780210137083.

Adrian, Tobias, and Adam Ashcraft. 2012. Shadow Banking: A Review of the Literature. Staff Report No. 580. New York: Federal Reserve Bank of New York.

Adrian, Tobias, and Hyun Song Shin. 2013. Procyclical Leverage and Value–at–Risk. Staff Report No. 338. New York: Federal Bank of New York.

Aguiar, Andrea, Richard Bookstaber, DrorKenett, and Tom Wipf. 2016. "A Map of Collateral Uses and Flows." Journal of Financial Market Infrastructures 5, no. 2: 1–28. doi: 10.21314/ JFMI.2016.069.

Aguiar, Andrea, Richard Bookstaber, and Thomas Wipf. 2014. "A Map of Funding Durability and Risk." Office of Financial Research, OFR Working Paper 14–03.

Amihud, Yakov, and Haim Mendelson. 1988. "Liquidity and Asset Prices: Financial Management Implications." Financial Management 17, no. 1: 5−15. http://www.jstor.org/stable/3665910.1991. "Liquidity, Maturity, and the Yields on U.S. Treasury Securities." Journal of Finance46, no. 4: 1411−25. doi: 10.1111/j.1540−6261.1991.tb04623.x.

Anderson, P. W., Kenneth J. Arrow, and David Pines, eds. 1988. The Economy as an Evolving Complex System. Redwood City, CA: Addison−Wesley.

Arthur, W. Brian. 1999. "Complexity and the Economy." Science 284, no. 5411: 107−169. doi: 10.1126/ science.284.5411.107.

Bacher, Rainer, and UrsNaf. 2003. "Report on the Blackout in Italy on 28 September 2003." Swiss Federal Office of Energy.

Bargigli, Leonardo, Giovanni Di Iasio, Luigi Infante, Fabrizio Lillo, and Federico Pierobon. 2015. "The Multiplex Structure of Interbank Networks." Quantitative Finance 15, no. 4: 673−691. doi: 10.1080/14697688.2014.968356.

Becker, Gary S. 1976. The Economic Approach to Human Behavior. Chicago: University of Chicago Press.

Beinhocker, Eric D. 2006. The Origins of Wealth: Evolutio−n, Complexity, and the Radical Remaking of Economics. Boston: Harvard Business School Press.2013. "Reflexivity, Complexity, and the Nature of Social Science." Journal of EconomicMethodology 20, no. 4: 330−42.

Bell−Villada, Gene H. 1981. Borges and His Fiction: A Guide to His Mind and Art. Texas Pan American Series. Chapel Hill: University of North Carolina Press.

Bentham, Jeremy. 2007. An Introduction to the Principles of Morals and Legislation. Dover Philosophical Classics. Mineola, NY: Dover.

Berger, Allen N., and Christa H. S. Bouwman. 2009. "Bank Liquidation Creation." Review of Financial Studies 22, no. 9: 3779–3837. doi: 10.1093/rfs/hhn104.

Bloch, William Goldbloom. 2008. The Unimaginable Mathematics of Borges' Library of Babel. Oxford: Oxford University Press.

Boccaletti, Stefano, GinestraBianconi, ReginoCriado, Charo I. Del Genio, Jesus Gomez– Gardenes, Miguel Romance, Irene Sendina–Nadal, Zhen Wang, and Massimiliano Zanin. 2014. "The Structure and Dynamics of Multilayer Networks." Physics Reports 544, no. 1: 1–122.

Bookstaber, Richard. 2007. A Demon of Our Own Design: Markets, Hedge Funds, and the Perils of Financial Innovation. Hoboken, NJ: J. Wiley.

Bookstaber, Richard, Jill Cetina, Greg Feldberg, Mark Flood, and Paul Glasserman. 2014. "Stress Tests to Promote Financial Stability: Assessing Progress and Looking to the Future." Journal of Risk Management in FinancialInstitutions 7, no. 1: 16–25.

Bookstaber, Richard, Paul Glasserman, GarudIyengar, Yu Luo, VenkatVenkatasubramanian, and Zhizun Zhang. 2015. "Process Systems Engineering as a Modeling Paradigm for Analyzing Systemic Risk in Financial Networks." Journal of Investing 24, no. 2: 147–162.

Bookstaber, Richard, and DrorY. Kenett. 2016. "Looking Deeper, Seeing More: A Multilayer Map of the Financial System." Office of Financial Research, OFR Brief 16–06.

Bookstaber, Richard, and Joseph Langsam. 1985. "On the Optimality of Coarse Behavior Rules." Journal of Theoretical Biology 116, no. 2: 161–193. doi: 10.1016/S0022–5193（85）802 62–9.

Bookstaber, Richard, Mark Paddrik, and Brian Tivnan. Forthcoming. "An Agent–Based Model for Financial Vulnerability." Journal of Economic Interaction and Coordination.

Borges, Jorge Luis. 1969. Ficciones. New York: Grove Press.1973.

Borges on Writing. New York: E. P. Dutton &Co.2004. The Aleph and Other Stories. Translated by Andrew Hurley. New York: Penguin.

Bouchaud, Jean–Philippe, J. Doyne Farmer, and Fabrizio Lillo. 2008. "How Markets Slowly Digest Changes in Supply and Demand." In Handbook of Financial Markets: Dynamics and Evolution, edited by Thorsten Hens and Klaus Reiner Schenk–Hoppe. Amsterdam: North–Holland. http://arxiv.org/pdf/0809.0822.pdf.

Bousquet, Antoine. 2009. The Scientific Way of Warfare: Order and Chaos on the Battlefields of Modernity. New York: Columbia University Press.

Brunnermeier, Markus K. 2009. "Deciphering the Liquidity and Credit Crunch 2007–2008." Journal of Economic Perspectives 23, no. 1: 77–100. https://www.princeton.edu/~markus /research/papers/liquidity_credit_crunch.pdf.

Brunnermeier, Markus, and Lasse Heje Pedersen. 2009. "Market Liquidity and Funding Liquidity." Review of Financial Studies 22, no. 6: 2201–38. doi: 10.1093/rfs/hhn098.

Buldyrev, Sergey, Roni Parshani, Gerald Paul, H. Eugene Stanley, and ShlomoHavlin. 2010. "Catastrophic Cascade of Failures in Interdependent Networks." Nature 464, no. 7291: 102528. doi:10.1038/nature08932.

Christian, Brian. 2011. "Mind vs. Machine." The Atlantic, March. http://www.theatlantic.com /magazine/archive/2011/03/mind−vs−machine/308386/.

Chowdhury, Debashish, Ludger Santen, and Andreas Schadschneider. 2000. "Statistical Physics of Vehicular Traffic and Some Related Systems." Physics Report 329, no. 4−6: 199−329. doi: 10.1016/S0370−1573（99）00117−9.

Clower, Robert. 1989. "The State of Economics: Hopeless but Not Serious." In The Spread of Economic Ideas, edited by David C. Colander and A. W. Coats. New York: Cambridge University Press.

Commodity Futures Trading Commission, and Securities and Exchange Commission. 2010."Findings Regarding the Market Events of May 6, 2010." Washington, DC: U.S. Commodity Futures Trading Commission, U.S. Securities and Exchange Commission.

Coram, Robert. 2002. Boyd: The Fighter Pilot Who Changed the Art of War. 1st ed. Boston: Little, Brown.

Crawford, Vincent P., Miguel A. Costa−Gomes, and IriberriNagore. 2013. "Structural Models of Nonequilibrium Strategic Thinking: Theory, Evidence, and Applications." Journal of Economic Literature 51, no. 1: 5−62. doi: 10.1257/jel.51.1.5.

D'Agostino, Gregorio, and Antonio Scala, eds. 2014. Networks of Networks: The Last Frontier of Complexity. Switzerland: Springer International.

Davis, Martin. 1958. Computability and Unsolvability. McGraw–Hill Series in Information Processing and Computers. New York: McGraw–Hill.

Dawkins, Richard. 2006. The Selfish Gene: 30th Anniversary Edition with a New Introduction by the Author. Oxford: Oxford University Press.

Dawson, John W. 1997. Logical Dilemmas: The Life and Work of Kurt Godel. Wellesley, MA: A. K. Peters.

Dostoyevsky, Fyodor. 2015. Notes from the Underground. CreateSpace Independent Publishing Platform.

Duffie, Darrell. 2010. "Presidential Address: Asset Price Dynamics with Slow–Moving Capital." Journal of Finance 65, no. 4: 1237–1267.

Ellsberg, Daniel. 1961. "Risk, Ambiguity, and the Savage Axioms." QuarterlyJournal of Economics 75, no. 4: 643–669. doi: 10.2307/1884324.

Emerson, Ralph Waldo. 1983. Essays and Lectures. New York: Literary Classics of the United States.

Epstein, Larry G., Massimo Marinacci, and KyoungwonSeo. 2007. "Coarse Contingencies and Ambiguity." Theoretical Economics 2, no. 4: 355–394. https://econtheory.org/ojs/index.php /te/article/viewFile/20070355/1486.

Epstein, Larry G., and Tan Wang. 1994. "Intertemporal Asset Pricing under Knightian Uncertainty." Econometrica 62, no. 2: 283–322. doi:

10.2307/2951614.

Evans, George W., and Seppo Honkapohja. 2005. "An Interview with Thomas J. Sargent." Macroeconomic Dynamics 9, no. 4: 561−583. doi: 10.1017/S1365100505050042.

Fama, Eugene F., and James D. MacBeth. 1973. "Risk, Return, and Equilibrium: Empirical Tests." Journal of Political Economy 81, no. 3: 607−36. http://www.jstor.org/stable/1831028.

Farmer, J. Doyne. 2002. "Market Force, Ecology and Evolution." Industrial and Corporate Change 11, no. 5: 895−953. doi: 10.1093/icc/11.5.895.

Farmer, J. Doyne, and John Geanakoplos. 2009. "The Virtues and Vices of Equilibrium and the Future of Financial Economics." Complexity 14, no. 3: 11−38. doi: 10.1002/cplx.20261.

Financial Crisis Inquiry Commission [FCIC]. 2011. The Financial Crisis Inquiry Report: Final Report of the National Commission on the Causes of the Financial and Economic Crisis in the United States. Washington, DC: Government Printing Office. https://www.gpo.gov/fdsys/pkg/GPO−FCIC/pdf/GPO−FCIC.pdf.

Fisher, Irving. 1892. "Mathematical Investigations in the Theory of Value and Prices." Connecticut Academy of Arts and Sciences Transactions 9: 1−124.

Ford, Daniel. 2010. A Vision So Noble: John Boyd, the OODA Loop, and America's War on Terror. Durham, NH: Warbird Books.

Fostel, Ana, and John Geanakoplos. 2008. "Leverage Cycles and the

Anxious Economy." American Economic Review 98, no. 4: 1211−1244. doi: 10.1257/aer.98.4.1211.

Friedman, Milton. 1953. Essays in Positive Economics. Chicago: University of Chicago Press.

Frydman, Roman, and Michael D. Goldberg. 2011. Beyond Mechanical Markets: Asset Price Swings, Risk, and the Role of the State. Princeton, NJ: Princeton University Press.

Gabrielsen, Alexandros, Massimiliano Marzo, and Paolo Zagaglia. 2011. "Measuring Market Liquidity: An Introductory Survey." Quaderni DSE Working Paper no. 802. doi: 10.2139 /ssrn.1976149.

Gardner, Martin. 1970. "Mathematical Games: The Fantastic Combinations of John Conway's New Solitaire Game 'Life.5" Scientific Ame^−ican 223: 120−123.

Gigerenzer, Gerd. 2008. Rationality for Mortals: How People Cope with Uncertainty. Evolution and Cognition. Oxford: Oxford University Press.

Gigerenzer, Gerd, and Henry Brighton. 2009. "Homo Heuristics: Why Biased Minds Make Better Inferences." Topics in Cognitive Science 1: 107−143. http://onlinelibrary.wiley.com/doi/10.1111 /j.1756−8765.2008.01006.x/pdf.

Gigerenzer, Gerd, and Wolfgang Gaissmaier. 2011. "Heuristic Decision Making." Annual Review of Psychology 62: 451−482. doi: 10.1146/ annurev−psych−120709−145346.

Glasserman, Paul, and H. Peyton Young. 2015. "Contagion in Financial Networks." Office of Financial Research, OFR Working Paper no. 15−21. https://financialresearch.gov/working− papers/files/OFR-wp−2015−21_Contagion−in−Financial−Networks.pdf.

Gorton, Gary. 2010. Slapped by the Invisible Hand: The Panic of 2007. Financial Management Association Survey and Synthesis Series. Oxford: Oxford University Press.

Gray, Robert M. 2009. Probability, Random Processes, andErgodic Properties. 2nd ed. New York: Springer.

Haldane, Andrew G., and Robert M. May. 2011. "Systematic Risk in Banking Ecosystems." Nature 469: 351−55. doi: 10.1038/nature09659.

Hammond, Grant Tedrick. 2001. The Mind of War: John Boyd and American Security. Washington, DC: Smithsonian Institution Press.

Harman, Gilbert H. 1965. "The Inference to the Best Explanation." Philosophical Review 74, no. 1: 88−95.

Harrison, Thomas J. 1992. Essayism: Conrad, Musil and Pirandello. Baltimore: John Hopkins University Press.

Hasbrouck, Joel, and Duane J. Seppi. 2001. "Common Factors in Prices, Order Flows, and Liquidity." Journal of Financial Economics 59, no. 3: 383−411. doi: 10.1016/S0304−405X（00）00091−X.

Helbing, Dirk, IllesFarkas, and TamasVicsek. 2000. "Simulating Dynamical Features of Escape Panic." Nature 407: 487−490. doi: 10.1038/35035023.

Helbing, Dirk, and Pratik Mukerji. 2012. "Crowd Disasters as Systemic Failures: Analysis of the Love Parade Disaster." EPJ Data Science 1:

7. doi: 10.1140/epjds7.

Hemelrijk, Charlotte K., and Hanno Hildenbrandt. 2012. "Schools of Fish and Flocks of Birds: Their Shape and Internal Structure by Self-Organization." Interface Focus 8, no. 21:726−737. doi: 10.1098/rsfs.2012.0025.

Hobsbawm, Eric. 1999. Industry and Empire: The Birth of the Industrial Revolution. New York: New Press.

Hollier, Denis. 1989. Against Architecture: The Writings of Georges Bataille. Translated by Betsy Wing. Cambridge, MA: MIT Press.

Humphrys, Mark. 2008. "How My Program Passed the Turing Test." In Parsing the Turing Test: Philosophical and Methodological Issues in the Quest for the Thinking Computer, edited by Robert Epstein, Gary Roberts, and Grace Beber. New York: Springer.

Hutchison, Terence W. 1972. "The 'Marginal Revolution' Decline and Fall of English Political Economy." History of Political Economy 4, no. 2: 442−468. doi: 0.1215/00182702−4−2−442.

International Monetary Fund. 2007. World Economic Outlook: Globalization and Inequality. World Economic and Financial Surveys. Washington, DC: International Monetary Fund.

Jevons, William Stanley. 1871. The Theory of Political Economy. New York: Macmillan.1874. The Principles of Science: A Treatise on Logic and Scientific Method. London:Macmillan.1879. "Preface to the Second Edition." In The Theory of Political Economy. London:Macmillan.\9\8. Elementary Lessons in Logic: Deductive and Inductive with

Copious Questions and Examples, and a Vocabulary of Logical Terms. New York: Macmillan.

Jevons, William Stanley, and H. S. Foxwell. 1884. Investigations in Currency andFinance. London: Macmillan.

Kahneman, Daniel. 2011. Thinking, Fast and Slow. New York: Farrar, Straus and Giroux.

Kay, John. 2012. "The Map Is Not the Territory: Models, Scientists, and the State of Macroeconomics." Critical Review 24, no. 1: 87−99. http://dx.doi.org/10.1080/08913811.2012.684476.

Keynes, John Maynard. 1936. The General Theory of Employment, Interest, and Money. London: Harcourt Brace Jovanovich.1937. "The General Theory of Employment." Quarterly Journal of Economics 51, no. 2:209−223.1938. Letter to Harrod. 4 July. Retrieved from http://economia.unipv.it/harrod/edition/editionstuff/rfh.346.htm.1973. The Collected Writings of John Maynard Keynes. Vol. 8, A Treatise on Probability.London: Macmillan.

Khandani, Amir E., and Andrew W. Lo. 2011. "What Happened to the Quants in August 2007? Evidence from Factors and Transactions Data." Journal of Financial Markets 14, no. 1: 1−46. doi: 10.1016/j.finmar.2010.07.005.

Kirilenko, Andrei A., Albert S. Kyle, MehrdadSamadi, and TugkanTuzun. Forthcoming. "The Flash Crash: The Impact of High Frequency Trading on an Electronic Market." Social Science Research Network. doi: 10.2139/ssrn.1686004.

Kirman, Alan. 1989. "The Intrinsic Limits of Modern Economic Theory: The Emperor Has No Clothes." Economic Journal 99, no. 395: 126–39. doi: 10.2307/2234075.1992. "Whom or What Does the Representative Individual Represent?" Journal of Economic Perspectives 6, no. 2: 117–36.

Knight, Frank H. 1921. Risk, Uncertainty, and Profit. Boston: Houghton Mifflin.

Krugman, Paul. 2009. "How Did Economists Get It So Wrong?" New York Times, September 6. http://www.nytimes.com/2009/09/06/magazine/06Economic−t.html.

Kuhn, Thomas S. 1962. The Structure of Scientific Revolutions. Chicago: University of Chicago Press.

Kundera, Milan. 1984. The Unbearable Lightness of Being. Translated by Michael Henry Heim. New York: Harper &Row.1988. "Key Words, Problem Words, Words I Love." New York Times, March 6.2003. The Art of the Novel. Translated by Linda Asher. First Perennial Classics. New York:Perennial.

Kyle, Albert S. 1985. "Continuous Auctions and Insider Trading." Econometrica 53, no. 6: 1315−35. http://www.jstor.org/stable/1913210.

Kyle, Albert S., and Anna A. Obizhaeva. 2011a. "Market Microstructure Invariants: Empirical Evidence from Portfolio Transitions." Social Science Research Network, December 12. doi: 10.2139/ssrn.1978943.2011b. "Market Microstructure Invariants: Theory and Implications of Calibration." Social Science Research Network, December 12.

doi: 10.2139/ssrn.1978932.

Kyle, Albert S., and Wei Xiong. 2001. "Contagion as a Wealth Effect." Journal of Finance 56, no. 4: 1401−40. doi: 10.1111/0022−1082.00373.

Lewis, Michael. 2010. The Big Short: Inside the Doomsday Machine. New York: W. W. Norton.

Lloyd, Seth. 2007. Programming the Universe: A Quantum Computer Scientist Takes on the Cosmos. New York: Vintage Books.

Lipton, Peter. 2004. Inference to the Best Explanation. 2nd ed. London: Routledge.

Lo, Andrew W. 2012. "Reading about the Financial Crisis: A Twenty−one−Book Review." Journal of Economic Literature 50, no. 1: 151−78. doi: 10.1257/jel.50.1.151.

Lorenz, Edward N. 1963. "Deterministic Nonperiodic Flow." Journal of the Atmospheric Sciences 20, no. 2: 130−41. doi: 10.1175/1520−0469（1963）020<0130:DNF>2.0.C0;2.

Lowenstein, Roger. 2000.When Genius Failed: The Rise and Fall of Long−Term CapitalManagement.New York: Random House.

Lucas, Robert, Jr. 1977. "Understanding Business Cycles." Carnegie−Rochester Conference Series on Public Policy 5: 7−29. doi: 10.1016/0167−2231（77）90002−1.1981. Studies in Business−Cycle Theory. Cambridge, MA: MIT Press.2009. "In Defense of the Dismal Science." The Economist, August 6. http://www.economist.com/node/14165405.2011. "What Economists Do." Journal of Applied Economics 14, no. 1: 1−4.

Lucas, Robert, Jr., and Edward C. Prescott. 1971. "Investment under Uncertainty." Econometrica39, no. 5: 659−81. doi: 10.2307/1909571.

Luria, A. R. 1968. The Mind of a Mnemonist: A Little Book about a Vast Memory. Trans. Lynn Solotaroff. New York: Basic Books.

Lynch, Peter. 2008. "The Origins of Computer Weather Prediction and Climate Modeling." Journal of Computational Physics 227: 3431−44. doi: 10.1016/j.jcp.2007.02.034.

Maerivoet, Sven, and Bart De Moor. 2005. "Cellular Automata Models of Road Traffic." Physics Report 419, no. 1: 1−64. doi: 10.1016/j.physrep.2005.08.005.

Majdandzic, Antonio, Boris Podobnik, Sergey V. Buldyrev, Dror Y. Kenett, ShlomoHavlin, and H. Eugene Stanley. 2014. "Spontaneous Recovery in Dynamical Networks." Nature Physics 10, no. 1: 34−38. doi: 10.1038/nphys2819.

Martel, Robert. 1996. "Heterogeneity, Aggregation, and a Meaningful Macroeconomics." In Beyond Microfoundations: Post−Walrasian Macroeconomics, edited by David Colander. New York: Cambridge University Press.

Merton, Robert K. 1948. "The Self−Fulfilling Prophecy." Antioch Review 8, no. 2: 193−210. doi: 10.2307/4609267.

Mill, John Stuart. 2004. Principles of Political Economy. Great Minds Series. Amherst, NY: Prometheus Books.

Miller, John H., and Scott E. Page. 2007. Complex Adaptive Systems: An Introduction to Computational Models of Social Life. Princeton Studies in Complexity. Princeton, NJ: Princeton University Press.

Morris, Stephen, and Hyun Song Shin. 2004. "Liquidity Black Holes." Review of Finance 8, no. 1: 1–18. doi: 10.1023/B:EUFI.0000022155.98681.25.

Mosselmans, Bert. 2013. William Stanley Jevons and the Cutting Edge of Economics. New York: Routledge.

Musil, Robert. 1996. The Man without Qualities, vol. 2, Into the Millennium. Translated by Sophie Wilkins. New York: Vintage Press.

Muth, John F. 1961. "Rational Expectations and the Theory of Price Movements." Econometrica29, no. 3: 315–35. doi: 10.2307/1909635.

Nietzsche, Friedrich. 2006. The Gay Science. Translated by Thomas Common. Dover Philosophical Classics. Mineola, NY: Dover Publications.

Office of Financial Research. 2012. Annual Report. Washington, DC: Office of Financial Research. https://www.treasury.gov/initiatives/wsr/ofr/Documents/0FR_Annual_Report_071912_Final.pdf.

Page, Scott E. 2011. Diversity and Complexity. Primers in Complex Systems. Princeton, NJ: Princeton University Press.

Peters, Ole, and Alexander Adamou. 2015. "The Evolutionary Advantage of Cooperation." Nonlinear Sciences: Adaptation and Self–Organizing SystemsarXiv, no. 1506.03414.

Polanyi, Michael. 1974. Personal Knowledge: Towards a Post–Critical Philosophy. Chicago: University of Chicago Press.

Poovey, Mary. 2008. Genres of the Credit Economy: Mediating Value in Eighteenth–and Nineteenth–Century Britain. Chicago: University of Chicago Press.

Popper, Karl R. 1957. The Poverty of Historicism. New York: Harper Torchbooks.

Posnock, Ross. 2008. Philip Roth>s Rude Truth: The Art of Immaturity. Princeton, NJ: Princeton University Press.

Rizvi, S. Abu Turab. 1994. "The Microfoundations Project in General Equilibrium Theory." Cambridge Journal of Economics 18, no. 4: 357–77.

Rolnick, Art. 2010. "Interview with Thomas Sargent." The Region [published by the Federal Reserve Bank of Minneapolis], September, 26–39. https://www.minneapolisfed.org/~7media /files/pubs/region/10–09/ sargent.pdf.

Rorty, Richard. 1996. "Something to Steer By." London Review of Books 18, no. 12: 7–8.

Rucker, Rudy. 2005. Infinity and the Mind: The Science and Philosophy of the Infinite. Princeton Science Library. Princeton, NJ: Princeton University Press.

Russell, Bertrand. 1995. My Philosophical Development. London: Routledge.2000. The Autobiography of Bertrand Russell. 2nd ed. New York: Routledge.

Saari, Donald G. 1995. "Mathematical Complexity of Simple Economics." Notices ofthe American Mathematical Society 42: 222–30.1996. "The Ease of Generating Chaotic Behavior in Economics." Chaos, Solitons and

Fractals 7, no. 12: 2267−78. doi: 10.1016/S0960−0779（96）00085−9.

Samuelson, Paul Anthony. 1969. "Classical and Neoclassical Theory." In Monetary Theory, edited by Robert W. Clower. London: Penguin Books.

Sargent, Thomas J. 1993. Bounded Rationality in Macroeconomics. New York: Oxford University Press.

Scarf, Herbert. 1960. "Some Examples of the Global Instability of the Competitive Equilibrium." International Economic Review 1, no. 3: 157−72. doi: 10.2307/2556215.

Schabas, Margaret. 1990. A World Ruled by Number: William Stanley Jevons and the Rise of Mathematical Economics. Princeton Legacy Library. Princeton, NJ: Princeton University Press.

Schivelbusch, Wolfgang. 2014. The Railway Journey: The Industrialization of Time and Space in the Nineteenth Century. Berkeley: University of California Press.

Schooler, Lael J., and Ralph Hertwig. 2005. "How Forgetting Aids Heuristic Inference." Psychological Review 112, no. 3: 610−28. doi: 10.1037/0033−295X.112.3.610.

Schumpeter, Joseph A. 1954. History of Economic Analysis. New York: Oxford University Press.

Seligman, M.E.P. 1972. "Learned Helplessness." Annual Review of Medicine 23, no. 1: 407−12. doi: 10.1146/annurev.me.23.020172.002203.

Shackle, G.L.S. 1972. Epistemics and Economics: A Critique of Economic Doctrines. Cambridge: Cambridge University Press.

Shaffer, Dennis M. Scott M. Krauchunas, Marianna Eddy, and Michael K. McBeath. 2004. "How Dogs Navigate to Catch Frisbees." Psychological Science 15: 437−41. doi:10.1111/j.0956−7976 .2004.00698.

Shleifer, Andrei, and Robert Vishny. 2011. "Fire Sales in Finance and Macroeconomics." Journal of Economic Perspectives 25, no. 1: 29−48. doi: 10.1257/089533011798837710.

Simon, Herbert. 1947. Administrative Behavior: A Study of Decision−Making Processes in Administrative Organizations. New York: Macmillan.

Singer, Tania, and Matthias Bolz, eds. 2013. Compassion: Bridging Practice and Science. Munich, Germany: Max Planck Society. http://www.compassion−training.org/en/online/index.html?iframe=true&width=100%&height=100%#22.

Smith, Rupert. 2008. The Utility of Force: The Art of War in the Modern. New York: Vintage.

Solow, Robert. 2010. "Building Science for a Real World." Testimony presented at a hearing before the Subcommittee on Investigations and Oversight, Committee on Science and Technology, U.S. House of Representatives, July 20. https://www.gpo.gov/fdsys/pkg/CHRG −lllhhrg57604/pdf/CHRG−lllhhrg57604.pdf.

Soros, George. 1987. The Alchemy of Finance: Reading the Mind of the Market. Hoboken, NJ: Wiley & Sons.2010. The Soros Lectures: At the Central European University. New York: BBS / PublicAffairs.2013.

"Fallibility, Reflexivity, and the Human Uncertainty Principle." Journal of Economic

Methodology 20, no. 4: 309−29. doi: 10.1080/1350178X.2013.859415.

Summer, Martin. 2013. "Financial Contagion and Network Analysis." Annual Review of Financial Economics 5: 277−97. doi: l0.ll46/annurev−financial−ll0ll2−l20948.

Sun Tzu. 2009. The Art of War. Translated and with commentary by Lionel Giles, Barton Williams, and Sian Kim. Classic CollectorJs Edition. El Paso, TX: Special Edition Books.

Suvakov, Milovan, and VeljkoDmitrasinovic. 2013. "Three Classes of Newtonian Three−Body Planar Periodic Orbits." Physical Review Letters 110: 114301. doi: 10.1103/PhysRevLett .ll0.ll430l.

Syll, Lars Palsson. 20l6.Error! Hyperlink reference not valid. On the Use and Misuse of Theories and Models in Mainstream Economics. World Economics Association Book Series, vol. 4. London: College Publications.

Tames, Richard L., ed. 1971. Documents of the Industrial Revolution, 1750−1850. London: Hutchinson Educational.

Tirole, Jean. 2011. "Illiquidity and All Its Friends." Journal of Economic Literature 49, no. 2: 287325. https://www.imf.org/external/np/seminars/eng/20l3/macro2/pdf/tirole2.pdf.

Tversky, Amos, and Daniel Kahneman. 1974. "Judgment under Uncertainty: Heuristics and Biases." Science 185, no. 4157: 1124−31.1983. "Extensional versus Intuitive Reasoning: The Conjunction Fallacy in

Probability Judgment." Psychological Review 90, no. 4: 293−315. doi: 10.1037/0033−295X.90.4.293.

U.S. Senate, Committee on Homeland Security and Governmental Affairs, Permanent Subcommittee on Investigations. 2011. Wall Street and the F−inancial Crisis: Anatomy of a Financial Collapse. Washington, DC: Government Printing Office. http://www.hsgac.senate.gov//imo/media/doc/Financial_Crisis/FinancialCrisisReport.pdf.

Vayanos, Dimitri. 2004. "Flight to Quality, Flight to Liquidity, and the Pricing of Risk." NBER Working Paper, no. 10327. doi: 10.3386/ w10327.

Wallace, Anise. 1980. "Is Beta Dead?" Institutional Investor, July, 23−30.

Walras, Leon. 1984. Elements of Pure Economics. Translated by William Jaffe. Philadelphia: Orion.

Wang, Bing−Hong, Yvonne−RoamyKwong, and Pak−Ming Hui. 1998. "Statistical Mechanical Approach to Fukui−Ishibashi Traffic Flow Models." Physical Review E 57, no. 3: 2568−73. http:// dx.doi. org/10.1103/PhysRevE.57.2568.

Watson, Matthew. 2014. Uneconomic Economics and the Crisis of the Model World.Houndmills, Basingstoke: Palgrave Macmillan.

Wells, A. M. 1849. Review of European Life and Manners; in Familiar Letters to Friends by Henry Colman. The American Review: A Whig Journal of Politics NS 4/10, no. 20（August）: 159−75.

Wittgenstein, Ludwig. 1984. Culture and Value. Translated by Peter

Winch. Chicago: University of Chicago Press.

Wolfram, Stephen. 2002. A New Kind of Science. Champaign, IL: Wolfram Media.

Zheng, Hong, Young−Jun Son, Yi−Chang Chiu, Larry Head, Yiheng Feng, Hui Xi, Sojung Kim, and Mark Hickman. 2013. "A Primer for Agent−Based Simulation and Modeling in Transportation Applications." Federal Highway Administration, Report No. FHWA−13−054. https://www.fhwa.dot.gov/advancedresearch/pubs/13054/13054.pdf.

Zhou, Dong, Amir Bashan, Reuven Cohen, YehielBerezin, NadavShnerb, and ShlomoHavlin. 2014. "Simultaneous First− and Second−Order Percolation Transitions in Interdependent Networks." Physical Review E 90, no. 1: 012803. doi: 10.1103/PhysRevE.90.012803.